COMO TORNAR-SE UM DITADOR

O CULTO DA PERSONALIDADE NO SÉCULO XX

FRANK DIKÖTTER

Título original:
How to be a Dictator.
The Cult of Personality in the Twentieth Century

Tradução: Jaime Araújo
Revisão: Cátia Loureiro

Capa: Paper Talk
Na capa:
Hitler e Mussolini : © Photo12 /Alamy/Fotobanco.pt
Estaline : © Archive Photos /AKG Images/Fotobanco.pt

Depósito Legal n.º 467922/20

Biblioteca Nacional de Portugal – Catalogação na Publicação

DIKÖTTER, Frank, 1961-

Como tornar-se um ditador : o culto da personalidade
no século XX. - (História narrativa)
ISBN 978-972-44-2031-8

CDU 94(100)"19"

Paginação:
João Jegundo

Impressão e acabamento:
Papelmunde
para
EDIÇÕES 70
março de 2020

EDIÇÕES 70, uma chancela de Edições Almedina, S.A.
LEAP CENTER – Espaço Amoreiras
Rua D. João V, n.º 24, 1.03 - 1250-091 Lisboa – Portugal
e-mail: editoras@grupoalmedina.net

www.edicoes70.pt

COMO TORNAR-SE UM DITADOR

O CULTO DA PERSONALIDADE NO SÉCULO XX

FRANK DIKÖTTER

70

ÍNDICE

«De modo que, em primeiro lugar, coloco como inclinação geral de toda a humanidade um desejo perpétuo e inquieto de poder pelo poder que cessa apenas na morte. A causa disso não é sempre que um homem espere um prazer mais intenso do que aquele que já alcançou ou que não consiga contentar-se com o poder moderado, mas que ele não consegue assegurar o poder e meios para viver bem que já possui sem a aquisição de mais.»

THOMAS HOBBES, *Leviatã*

«É melhor ser amado do que temido, ou vice-versa? A resposta é que preferíamos ser as duas coisas, mas, como elas não se coadunam facilmente, se tivermos de escolher, é muito mais seguro ser temido do que amado... Os homens receiam menos trair alguém que se tornou amado do que alguém que se torna temido. O amor une quando alguém reconhece que nos deve gratidão, mas, como os homens são uns trastes, a gratidão é esquecida assim que se torna inconveniente. O medo significa o medo do castigo, e isso é algo de que as pessoas nunca se esquecem.»

NICOLAU MAQUIAVEL, *O Príncipe*

W. M. Thackeray, *The Paris Sketch Book*, Londres: Collins' Clear-Type Press, 1840.

PREFÁCIO

Em 1840 o romancista satírico William Makepeace Thackeray, famoso por ridicularizar os poderosos, publicou uma caricatura de Luís XIV. À esquerda vemos um cabide com a espada do rei, a sua pele de arminho e manto de flores de lis, a sua peruca com longos caracóis e os sapatos com saltos aristocráticos. No centro encontra-se o próprio homem, um pobre Ludovicus de roupa interior, com pernas fininhas, uma barriga saliente, careca, despido e desdentado. Mas à direita ele aparece de traje completo, um orgulhoso Ludovicus Rex em todo o seu esplendor. Thackeray despira o Rei dos Reis para mostrar o homem, frágil e desprezível sem o seu aparato de poder: «Assim criam os cabeleireiros e os sapateiros os deuses que adoramos.»([1])

«L'État, c'est moi», proferiu alegadamente o rei do século XVII: «Eu sou o Estado.» Na sua ótica, Luís XIV respondia apenas perante Deus. Ele foi um monarca absoluto, que durante mais de setenta anos usou o seu poder aristocrático para enfraquecer a nobreza, centralizar o Estado e expandir o seu reino pela força das armas. Também se projetou como um Rei Sol infalível em torno do qual tudo girava. Certificou-se de que era glorificado por todos, com medalhas, pinturas, bustos, estátuas, obeliscos e arcos triunfais surgindo por todo o reino. Poetas, filósofos e historiadores oficiais elogiavam os seus feitos, aclamando-o como omnisciente e omnipotente. Ele transformou um pavilhão de caça régio a sudoeste de Paris no Palácio de Versalhes, um edifício monumental com 700 divisões numa extensa herdade onde instalou a corte, obrigando os seus cortesãos nobres a competirem pelas suas boas graças.([2])

Luís XIV foi um mestre do teatro político, mas todos os políticos, até certo ponto, dependem da imagem. Luís XVI, descendente do Rei Sol, foi enviado para a guilhotina depois da revolução de 1789, e o conceito de direito divino morreu com ele. Os revolucionários defendiam que os direitos de soberania eram concedidos pelo povo, não por Deus. Nas democracias que surgiram gradualmente nos dois séculos seguintes, os governantes perceberam que tinham de agradar aos eleitores, que podiam afastá-los nas urnas.

Existiam, evidentemente, outras formas de alcançar o poder, além das eleições. Era possível organizar um golpe de Estado, ou adulterar o sistema. Em 1917 Lenine e os bolcheviques tomaram de assalto o Palácio de Inverno, proclamando um novo governo. Mais tarde referiram-se ao seu golpe de Estado como uma «revolução» inspirada em 1789. Muitos anos depois, em 1922, Mussolini marchou sobre Roma, obrigando o parlamento a ceder-lhe o poder. Mas como descobriram estes e outros ditadores, o poder desinteressado tinha um prazo de validade. O poder conquistado através da violência tem de ser mantido através da violência, se bem que a violência possa ser um instrumento pouco eficaz. Um ditador tem de contar com forças militares, uma polícia secreta, uma guarda pretoriana, espiões, informadores, interrogadores e torturadores. Mas é melhor fingir que a coerção é efetivamente consentimento. Um ditador tem de incutir o medo no seu povo, mas se conseguir convencê-lo a aclamá-lo provavelmente sobreviverá mais tempo. O paradoxo do ditador moderno, em suma, é que ele tem de criar a ilusão de apoio popular.

Durante todo o século XX, centenas de milhões de pessoas aclamaram os seus próprios ditadores, ao mesmo tempo que eram conduzidas para o caminho da servidão. Em vastas extensões do planeta, o rosto de um ditador aparecia em cartazes e edifícios, com retratos em todas as escolas, escritórios e fábricas. As pessoas comuns tinham de se curvar perante a imagem dele, passar pela sua estátua, recitar a sua obra, louvar o seu nome, exaltar o seu génio. As tecnologias modernas, da rádio e da televisão à produção industrial de cartazes, crachás e bustos, tornaram os ditadores omnipresentes de um modo que teria sido inimaginável no tempo de Luís XIV. Mesmo em países relativamente pequenos como o

Haiti, milhares de pessoas eram constantemente obrigadas a saudar o seu líder, marchando diante do palácio presidencial, ofuscando as festividades organizadas em Versalhes.

Em 1956 Nikita Krutchov condenou publicamente Estaline, especificando o seu reino de medo e terror. Ele deu um nome ao que considerava a «bajulação repugnante» e «mania da grandeza» do seu antigo chefe, chamando-lhe o «culto do indivíduo». Isto foi traduzido para «culto de personalidade». Pode não ser um conceito rigorosamente elaborado e proposto por um grande sociólogo, mas a maioria dos historiadores considera-o bastante adequado.([3])

Quando Luís XIV ainda era menor, a França foi abalada por uma série de revoltas, com os aristocratas a tentar limitar o poder da coroa. Eles não o conseguiram, mas deixaram uma forte impressão no jovem rei, que desenvolveu um pavor eterno a revoltas. Ele transferiu o centro de poder de Paris para Versalhes, obrigando os nobres a passarem mais tempo na corte, onde ele podia observá-los a competirem para conquistar a aprovação real.

Os ditadores, da mesma forma, tinham medo do seu próprio povo, mas ainda mais do seu círculo pessoal na corte. Eles eram fracos. Se fossem fortes, teriam sido eleitos por maioria. Em vez disso, decidiram tomar um atalho, quase sempre sobre os cadáveres dos seus opositores. Mas se eles conseguiam conquistar o poder, outros também conseguiam, o que aumentava a probabilidade de um golpe traiçoeiro. Existiam rivais, geralmente tão implacáveis como eles. Mussolini era apenas um de vários dirigentes fascistas estabelecidos e enfrentou uma revolta nas fileiras do partido antes de marchar sobre Roma em 1922. Estaline era ofuscado por Trotski. Mao foi repetidamente destituído dos seus cargos por rivais mais poderosos nos anos 30. Kim Il-sung, rodeado de dirigentes comunistas com um passado muito mais distinto de luta clandestina, foi imposto a uma população relutante pela União Soviética em 1945.

Existiam muitas estratégias para um ditador chegar ao poder e livrar-se dos seus rivais. Havia a purga sangrenta, a manipulação e o «dividir para reinar», para referir apenas algumas. Mas a longo prazo o culto de personalidade era a mais eficaz. O culto rebaixava tanto os adversários como os aliados, obrigando-os a colaborar através da subordinação comum. Levando-os a aclamá-lo diante dos outros, o ditador transformava todos em mentirosos. Quando toda a gente mentia, ninguém sabia quem estava a mentir, o que tornava mais difícil arranjar cúmplices e organizar um golpe de Estado.

Quem desenvolvia o culto? Existiam hagiógrafos, fotógrafos, dramaturgos, compositores, poetas, editores e coreógrafos. Existiam poderosos ministros da propaganda, e às vezes ramos inteiros da indústria. Mas a responsabilidade maior era dos próprios ditadores. «A política numa ditadura começa na personalidade do ditador», escreveu o médico de Mao Tsé-tung num clássico livro de memórias.([4]) Os oito ditadores neste livro tinham personalidades muito diversas, mas todos tomaram todas as principais decisões que conduziram à sua própria glorificação. Alguns intervinham mais vezes do que outros. Mussolini, segundo um relato, passava metade do seu tempo a projetar-se como o governante omnisciente, omnipotente e indispensável de Itália — além de dirigir meia dúzia de ministérios. Estaline desbastava constantemente o seu próprio culto, suprimindo o que considerava um elogio excessivo para o deixar reaparecer anos depois quando achava que o momento era oportuno. Ceauşescu promovia compulsivamente a sua própria pessoa. Hitler também tratava de todos os pormenores da sua imagem nos primeiros anos, embora posteriormente delegasse mais do que é costume comparativamente a outros ditadores. Todos usaram os plenos recursos do Estado para se promoverem. Eles eram o Estado.

Mas nem todos os historiadores colocavam o ditador na ribalta. Ian Kershaw, famosamente, descreveu Hitler como uma «não-pessoa», um homem medíocre cujas características pessoais não podiam justificar a sua popularidade. O foco, na sua opinião, devia incidir sobre «o povo alemão» e a perceção que este tinha dele.([5]) Mas como era possível saber o que o povo pensava do seu líder, quando a liberdade de expressão é sempre a primeira vítima de uma ditadura? Hitler não foi eleito por uma maioria, mas um ano depois de chegar ao poder os nazis já tinham atirado cerca de 100 000 pessoas comuns para os campos de concentração. A Gestapo, os Camisas Castanhas e os tribunais não hesitavam em prender os que não aclamassem devidamente o seu líder.

Às vezes, as manifestações de dedicação a um ditador pareciam tão espontâneas que observadores estrangeiros — mas também historiadores posteriores — julgavam que elas eram genuínas. O culto de Estaline, assegura-nos um historiador da União Soviética, «era geralmente aceite e seguido com profunda fé por milhões de soviéticos de todas as classes, idades e profissões, sobretudo nas cidades».([6]) Esta é uma afirmação imprecisa e infundada, não mais verdadeira ou falsa do que o seu contrário, ou seja, dizer que milhões de soviéticos de todas as classes sociais não acreditavam no culto de Estaline, sobretudo no meio rural. Até os apoiantes mais zelosos achavam impossível ler a mente do seu líder, para não falar dos pensamentos de milhões de pessoas arregimentadas pelo seu próprio regime.

Os ditadores que subsistiam tinham vários talentos. Muitos eram peritos em esconder os seus sentimentos. Mussolini julgava-se o melhor ator de Itália. Num momento de distração, Hitler também se denominou o maior ator da Europa. Mas numa ditadura muitas pessoas comuns também aprendiam a representar. Tinham de sorrir forçadamente, papaguear os princípios do partido, gritar os *slogans* e saudar o seu líder. Em suma, tinham de criar a ilusão de consentimento. As que não colaborassem eram multadas, presas e às vezes fuziladas.

O problema não era tanto que poucos súbditos adorassem os seus ditadores, mas que ninguém soubesse muito bem quem acreditava no quê. O objetivo do culto não era convencer ou persuadir, mas lançar a confusão, destruir o bom senso, impor a obediência, isolar os indivíduos e destruir a sua dignidade. As pessoas tinham de se autocensurar e, consequentemente, vigiavam as outras, denunciando as que não se mostrassem suficientemente sinceras nas suas manifestações de dedicação ao líder. Sob a aparência de uma uniformidade geral, existia um vasto espectro, variando entre os que genuinamente idealizavam o seu líder — verdadeiros crentes, oportunistas, rufiões — e os que lhe eram indiferentes, apáticos ou até hostis.

Os ditadores eram populares nos seus próprios países, mas também admirados por estrangeiros, incluindo distintos intelectuais e políticos. Alguns dos maiores cérebros do século XX mostraram-se dispostos a ignorar ou até justificar a tirania em nome do bem maior, ajudando a consolidar as referências dos seus ditadores preferidos. Eles surgem apenas fugazmente nestas páginas, pois já foram tratados em vários estudos excelentes, especialmente na obra de Paul Hollander.([7])

Como o culto tinha de parecer genuinamente popular, emanando do coração do povo, era invariavelmente impregnado de superstição e magia.

Nalguns países as conotações religiosas eram tão fortes, que poderíamos ser tentados a vê-lo como uma forma peculiar de religião secular. Mas em todos os casos essa impressão era deliberadamente cultivada pelas chefias. Hitler apresentava-se como um messias associado às massas num vínculo místico e quase religioso. François Duvalier esforçou-se por assumir o ar de um sacerdote vuduísta, incentivando rumores sobre os seus poderes sobrenaturais.

Nos regimes comunistas em particular havia uma necessidade acrescida de algum tipo de ressonância tradicional. A razão para isso era simples: poucas pessoas em países predominantemente rurais como a Rússia, China, Coreia ou Etiópia compreendiam o marxismo-leninismo. Os apelos ao líder como uma espécie de figura divina eram mais eficazes do que a filosofia política abstrata do materialismo dialético que uma população maioritariamente analfabeta nas zonas rurais tinha dificuldade em compreender.

Na ditadura, a fidelidade a uma pessoa é mais importante do que a fidelidade a um credo. A ideologia, afinal, pode ser fraturante. Um conjunto de obras pode ser interpretado de várias maneiras, podendo gerar várias fações. Os maiores inimigos dos bolcheviques eram os mencheviques, mas todos acreditavam em Marx. Mussolini desprezava a ideologia e mantinha o fascismo deliberadamente vago. Não era homem para se deixar coibir por um conjunto rígido de ideias. Orgulhava-se de ser intuitivo, seguindo os seus instintos em vez de adotar uma visão do mundo consistente. Hitler, como Mussolini, tinha pouco para oferecer exceto ele próprio, além de um apelo ao nacionalismo e ao antissemitismo.

A questão é mais complicada no caso dos regimes comunistas, já que estes, supostamente, deviam ser marxistas. No entanto, também neste caso teria sido pouco prudente que tanto os cidadãos comuns como os membros do partido passassem muito tempo a refletir sobre a obra de Karl Marx. Era-se estalinista sob o domínio de Estaline, maoista sob o domínio de Mao e kimista sob o domínio de Kim.

No caso de Mengistu, a obediência aos princípios do socialismo, além das obrigatórias bandeiras e estrelas vermelhas, era superficial. Por toda a Etiópia havia cartazes da santíssima trindade, nomeadamente, Marx, Engels e Lenine. Mas era Lenine, e não Marx, quem atraía Mengistu. Marx oferecera uma visão de igualdade, mas Lenine forjara um instrumento para conquistar o poder: a vanguarda revolucionária. Em vez de esperar que os trabalhadores adquirissem consciência de classe e derrubassem o capitalismo, como sugerira Marx, um grupo de revolucionários profissionais, organizados segundo rigorosos padrões militares, encabeçaria a revolução e estabeleceria a ditadura do proletariado para orientar a transição do capitalismo para o comunismo a partir de cima, eliminando implacavelmente todos os inimigos do progresso. Para Mengistu, a coletivização do campo poderá ter sido marxista, mas era sobretudo um meio de extrair mais cereais, permitindo-lhe fortalecer as suas tropas.

Os ditadores comunistas tornaram irreconhecível o marxismo. Marx propusera que os trabalhadores do mundo se unissem numa revolução proletária, mas Estaline contrapôs com a noção do «socialismo num só país», defendendo que a União Soviética devia fortalecer-se antes de exportar a revolução para o exterior. Mao leu Marx, mas virou-o do avesso ao colocar os camponeses e não os operários na linha da frente da revolução. Em vez de sustentar que as condições materiais eram a força primordial da mudança histórica, Kim Il-sung propunha exatamente o contrário, afirmando que o povo devia alcançar o verdadeiro socialismo através do espírito da autoconfiança. Em 1972 o pensamento do Grande Líder foi consagrado na Constituição, enquanto o marxismo desapareceu completamente da Coreia do Norte. No entanto, em todos estes casos, o conceito leninista da vanguarda revolucionária permaneceu praticamente inalterado.

Na maioria das vezes a ideologia era um ato de fé, uma prova de lealdade. Isso não significa que os ditadores não tivessem uma visão do mundo, ou um conjunto de crenças. Mussolini acreditava na autossuficiência económica e evocava-a como um encantamento. Mengistu fixou-se na Eritreia como uma província rebelde e tinha a certeza de que a guerra implacável era a única solução. Mas em última análise a ideologia era o que o ditador decidia e decretava, e isso podia mudar com o passar do tempo. Ele personalizava o poder e a sua palavra era a lei.

Os ditadores mentiam ao seu povo, mas também a si mesmos. Alguns embrenhavam-se no seu próprio mundo, convencidos do seu génio. Outros desenvolviam uma desconfiança patológica em relação ao seu próprio círculo pessoal. Todos estavam rodeados de sicofantas.

Eles vacilavam entre a arrogância e a paranoia, e, consequentemente, tomavam as grandes decisões sozinhos, com resultados devastadores que custaram a vida a milhões de pessoas. Alguns desligaram-se completamente da realidade, como Hitler nos seus últimos anos, para não falar de Ceauşescu. Mas muitos persistiram. Estaline e Mao morreram de causas naturais, tornando-se objeto de adoração durante muitas décadas. Duvalier conseguiu transmitir o seu poder ao filho, prolongando o seu culto doze anos, e, no caso do culto mais extravagante alguma vez visto, o clã Kim na Coreia do Norte chegou agora à terceira geração.

A lista de líderes geralmente considerados ditadores modernos ultrapassa largamente a centena. Alguns estiveram no poder durante meses, outros durante décadas. Entre os que podiam ter sido incluídos neste livro estão, sem nenhuma ordem específica, Franco, Tito, Hoxha, Sukarno, Castro, Mobutu, Bokassa, Kadafi, Saddam, Assad (pai e filho), Khomeini e Mugabe.

A maioria tinha algum tipo de culto de personalidade, criando variações sobre um tema comum. Mas existiram algumas exceções, como Pol Pot. Dois anos depois de ele conquistar o poder, até a sua identidade exata era posta em questão. No Camboja as pessoas obedeciam ao Angkar, ou «A Organização». Mas como salientou o historiador Henri Locard, a decisão de não construir um culto de personalidade teve consequências desastrosas para os Khmer Vermelhos. A ocultação por trás de uma organização anónima que destruía à nascença toda e qualquer oposição foi contraproducente. «Ao não induzir a adulação e a submissão, o Angkar só podia gerar o ódio.»([8]) Até o Grande Irmão de *1984*, o livro de George Orwell, tinha um rosto que vigiava as pessoas em todas as esquinas das ruas.

Os ditadores que sobreviveram dependiam quase sempre de dois instrumentos de poder: o culto e o terror. No entanto, demasiadas vezes, o culto tem sido tratado como uma simples aberração, um fenómeno repugnante mas marginal. Este livro põe o culto de personalidade no seu devido lugar, no âmago da tirania.

1
MUSSOLINI

Situada na periferia do centro histórico, a EUR é um dos bairros mais austeros de Roma, atravessado por avenidas largas e lineares e edifícios imponentes revestidos de reluzente travertino branco — o mesmo material usado para construir o Coliseu. EUR é a sigla de Esposizione Universale Roma, uma gigantesca exposição mundial concebida por Benito Mussolini para assinalar o vigésimo aniversário da Marcha sobre Roma em 1942. Como explicou o seu principal arquiteto, Marcello Piacentini, o projeto mostraria uma civilização nova e eterna, uma «civilização fascista». Embora a exposição nunca se realizasse, interrompida pela Segunda Guerra Mundial, muitos dos edifícios foram concluídos na década de 50. Uma das estruturas mais icónicas da EUR, construída sobre um pódio elevado como um antigo templo romano, rodeado de majestosos pinheiros-mansos, alberga os arquivos do Estado.([1])

Numa grandiosa sala de leitura com colunas imponentes, é possível consultar a correspondência empoeirada e amarelecida endereçada ao Duce. No auge da sua glória, ele recebia até 1500 cartas por dia. Todas passavam por um secretariado pessoal com cerca de cinquenta pessoas, que selecionavam várias centenas de itens para ele apreciar. Quando Mussolini perdeu o poder no verão de 1943, o arquivo continha meio milhão de ficheiros.([2])

No dia 28 de outubro de 1940, comemorado como o primeiro dia do calendário fascista, chegaram telegramas de todos os cantos do país. Havia odes à «Sua Suprema e Gloriosa Excelência», com Salustri Giobbe exaltando «o grande génio que triunfou sobre todas as tempestades do mundo». O prefeito de Trieste, para citar outro exemplo, mandou dizer que toda a população venerava o seu génio, enquanto a cidade de Alexandria o aclamara formalmente como o Criador da Grandeza.([3])

Acima de tudo, porém, os admiradores do Duce queriam fotografias autografadas. Os pedidos vinham de pessoas de todas as profissões, idades e classes sociais, de crianças na escola que lhe escreviam a oferecer saudações de Natal a mães lamentando a morte dos seus filhos soldados. Mussolini geralmente fazia-lhes a vontade. Quando Francesca Corner, uma pensionista de Veneza com noventa e cinco anos de idade, recebeu uma resposta, ela foi tomada por uma «forte vaga de emoção», segundo o prefeito local, que testemunhou e relatou zelosamente o acontecimento.([4])

Como a maioria dos ditadores, Mussolini promovia a ideia de que era um homem do povo, acessível a todos. Em março de 1929, numa reunião de dirigentes, gabou-se de ter respondido a 1 887 112 casos individuais que lhe foram apresentados pelo seu secretariado pessoal. «Sempre que os cidadãos, mesmo das aldeias mais remotas, se me dirigiram individualmente, receberam uma resposta.»([5]) Era uma afirmação ousada, mas, como confirmam os arquivos, não totalmente desprovida de mérito. Segundo um relato, Mussolini passava mais de metade do seu tempo a cuidar da imagem.([6]) Ele era o mestre supremo da propaganda, ao mesmo tempo ator, encenador, orador e brilhante autopublicitário.

Poucos podiam ter previsto a sua ascensão ao poder. O jovem Mussolini tentou a sua sorte como jornalista para o Partido Socialista Italiano, mas desentendeu-se com os seus camaradas por defender a entrada de Itália na Primeira Guerra Mundial. Foi recrutado para o Exército e ficou ferido quando uma bomba de morteiro explodiu acidentalmente em 1917.

Como noutros lugares na Europa, o fim da guerra inaugurou um período de agitação operária. Após anos de chacinas no campo de batalha e de arregimentação nas fábricas, os trabalhadores começaram a participar em greves que paralisaram a economia. Inspirados na tomada de poder de Lenine na Rússia em 1917, municipalidades inteiras tornaram-se socialistas e começaram a hastear a bandeira vermelha, declarando-se a favor de uma ditadura do proletariado. Foram os Anos Vermelhos, quando o número de filiados no Partido Socialista aumentou para mais de 200 000 em 1920 e a Confederação Geral do Trabalho tinha mais de dois milhões de associados.([7])

Em 1919 Mussolini lançou um movimento que viria a ser o Partido Fascista. O seu programa era vagamente libertário, patriótico e anticlerical, sendo vivamente promovido nas páginas do *Popolo d'Italia* de Mussolini. Mas o fascismo não conseguiu conquistar votos suficientes nas eleições gerais nem para garantir um único lugar no parlamento. Os membros do partido desertaram em massa, restando menos de 4000 adeptos empenhados em todo o país. Ridicularizado pelos seus opositores políticos, Mussolini proclamou de forma amarga que «o fascismo chegou a um beco sem saída», especulando abertamente que poderia trocar a política por uma carreira no teatro.([8])

A sua perda de coragem foi momentânea. Em setembro de 1919, o poeta Gabriele d'Annunzio liderou 186 revoltosos num assalto a Fiume, uma cidade reclamada por Itália após a queda da monarquia austro-húngara um ano antes. Mussolini percebeu então que o poder que não conseguira obter através de eleições livres podia ser conquistado através da força bruta. Mas d'Annunzio também inspirou Mussolini de outras formas. Em Fiume, o extravagante poeta autoproclamou-se Duce, um termo derivado da palavra latina *dux*, que significa chefe. Durante quinze meses, até ser expulso pelo Exército, d'Annunzio dominou a cidade portuária istriana, aparecendo regularmente numa varanda para falar aos seus apoiantes, que vestiam camisas negras e saudavam o seu líder com o braço estendido. Todos os dias havia paradas, fanfarras, distribuições de medalhas e discursos intermináveis. Como explicou um historiador, o fascismo aproveitou de d'Annunzio não tanto um credo político, mas uma forma de fazer política. Mussolini percebeu que a pompa e a cerimónia agradavam muito mais às multidões do que editoriais incendiários.([9])

O fascismo como ideologia continuava a ser pouco preciso, mas Mussolini percebeu então a forma que o mesmo assumiria: ele seria o líder, enviado pelo destino para restabelecer a fortuna da sua nação. Começou a ter aulas de aviação em 1920, apresentando-se como o novo homem com a visão e o vigor para levar a cabo a revolução. Era já um jornalista talentoso que sabia empregar um estilo conciso, direto e singelo para transmitir sinceridade e determinação; mas passou a agir como ator, usando frases destacadas e gestos curtos mas imperiosos para se apresentar como um líder indómito: a cabeça inclinada para trás, o queixo erguido, as mãos nas ancas.([10])

Em 1921 o governo começou a cortejar abertamente os fascistas, esperando usá-los para enfraquecer os partidos da oposição à esquerda. O Exército também se mostrou favorável. As brigadas fascistas, nalguns casos protegidas pelas autoridades locais, percorriam as ruas espancando os seus opositores e assaltando centenas de sedes de sindicatos e centros do partido socialista. Com o país a aproximar-se da guerra civil, Mussolini evocava a ameaça bolchevique, transformando o fascismo num partido dedicado à destruição do socialismo. A Itália, escreveu, precisava de um ditador para a salvar de uma insurreição comunista. No outono de 1922, quando as brigadas fascistas já se haviam tornado suficientemente poderosas para controlar grandes extensões do país, Mussolini ameaçou enviar cerca de 300 000 fascistas armados para a capital, se bem que na realidade menos de 30 000 Camisas Negras estivessem prontos, a maioria tão mal equipada, que não poderia fazer frente à guarnição militar em Roma. Mas o *bluff* funcionou. Quando os fascistas começaram a ocupar repartições públicas em Milão e noutros lugares na noite de 27/28 de outubro, o rei Vítor Emanuel, lembrando-se do destino dos Romanovs depois de 1917, chamou Mussolini a Roma e nomeou-o primeiro-ministro.([11])

Uma coisa era uma nomeação régia, outra completamente diferente era criar uma imagem popular. Mussolini, ainda em Milão, queria desenvolver o mito de uma Marcha sobre Roma, em que ele entrava na capital a cavalo, conduzindo as suas legiões através do Rubicão para impor a sua vontade a um parlamento fraco. Mas mesmo depois de ter sido chamado a formar governo, existiam apenas alguns milhares de fascistas na capital. Uma marcha fictícia foi organizada a toda a pressa. Os Camisas Negras dirigiram-se para a capital e a sua primeira ordem do dia era destruir os prelos dos jornais da oposição, para garantir que a versão fascista dos acontecimentos prevalecesse. Mussolini chegou de comboio na manhã de 30 de outubro. A sua tropa vitoriosa foi revista pelo rei e mandada regressar no dia seguinte. Sete anos depois, para comemorar o aniversário da Marcha sobre Roma, foi inaugurada uma estátua equestre em Bolonha.

Tinha cinco metros de altura, com o Duce olhando para o futuro e segurando as rédeas numa mão e uma bandeira na outra.([12])

Mussolini tinha apenas trinta e nove anos de idade. Era um homem baixo, mas dava a impressão de ser mais alto porque mantinha as costas e o torso direitos. «Tinha um rosto amarelado, cabelos pretos com grandes entradas a partir de uma testa alta, uma boca grande, feições móveis, um queixo saliente e, no centro da cabeça, dois olhos grandes, penetrantes e muito pretos que pareciam quase saltar-lhe da cara.» Acima de tudo, o seu modo de falar e os seus gestos teatrais — a cabeça inclinada para trás, o queixo projetado para a frente, olhos revirados — eram calculados para dar uma impressão de poder e vitalidade. Em privado ele podia ser cortês e perfeitamente agradável. O jornalista inglês George Slocombe, que o conheceu em 1922, notou que a sua pessoa pública se alterava drasticamente em encontros individuais. Os seus músculos ficavam menos tensos, o queixo rígido amolecia e a voz tornava-se cordial. Slocombe salientou que Mussolini estivera na defensiva a sua vida inteira. «Agora que assumiu o papel de agressor, ele não consegue libertar-se facilmente da sua desconfiança instintiva em relação a estranhos.»([13])

A prudência em relação a outras pessoas, incluindo os seus próprios ministros e dirigentes do partido, ficou-lhe para toda a vida. Como explicou Ivone Kirkpatrick, uma observadora perspicaz colocada na embaixada britânica, «Ele era sensível ao surgimento de qualquer possível rival e encarava todos os homens com a desconfiança de um camponês».([14])

Tinha muitos rivais com que se preocupar. Embora ele projetasse uma imagem de liderança férrea, o fascismo não era tanto um movimento unido mas uma amálgama inconsistente de chefes locais de brigadas. Apenas um ano antes, Mussolini enfrentara uma revolta nas fileiras do partido de alguns dos fascistas mais estabelecidos, incluindo Italo Balbo, Roberto Farinacci e Dino Grandi. Eles haviam-no acusado de ser demasiado próximo dos parlamentares em Roma. Grandi, um dirigente fascista de Bolonha com uma reputação de violência, tentara provocar a queda de Mussolini. Balbo, um jovem magro de cabelo desgrenhado, era uma figura extremamente popular que permaneceria um sério rival durante várias décadas. A resposta de Mussolini foi formar um governo de coligação que excluía todos os eminentes fascistas de funções públicas.

Na sua primeira aparição como primeiro-ministro ele intimidou a Câmara de Deputados, que lhe era hostil, e elogiou o Senado, que lhe era favorável. Acima de tudo, garantiu-lhes que respeitaria a Constituição. Aliviada, a maioria concedeu-lhe plenos poderes, com alguns oradores implorando mesmo que Mussolini estabelecesse uma ditadura.([15])

Mussolini apareceu brevemente no palco internacional, visitando Lausana e Londres para ser cortejado por potenciais aliados. Na estação de Victoria ele e o seu séquito tiveram uma receção triunfante, tendo de passar por um «mar de gente aos gritos, encandeados pelos *flashes* das máquinas dos fotógrafos». Ainda a desfrutar da glória da sua Marcha sobre Roma, ele foi aclamado pela imprensa como o Cromwell de Itália, o Napoleão italiano, o novo Garibaldi de camisa negra. Embora a sua imagem internacional fosse constantemente reforçada, ele teria de esperar dezasseis anos antes de voltar a cruzar a fronteira italiana.([16])

No seu próprio país, poucas pessoas tinham visto o Duce. Mussolini estava ansioso por seduzir toda a população, com viagens-relâmpago pelo país, visitas intermináveis e não anunciadas a aldeias, reuniões com trabalhadores e inaugurações de projetos públicos. Não tardou a adquirir o seu próprio comboio, exigindo que este abrandasse quando houvesse um grande ajuntamento de pessoas e cuidando de se manter sempre à janela: «Todos deviam ser capazes de me ver», explicou ao seu camareiro, incumbido de descobrir de que lado dos carris as multidões se juntavam. O que a princípio era uma necessidade política tornar-se-ia com o tempo numa obsessão.([17])

Embora Mussolini desconfiasse dos seus rivais, pôs imediatamente um dos seus colaboradores mais fiáveis à frente da imprensa no Ministério do Interior, instituição gerida pelo próprio Duce. A tarefa de Cesare Rossi era promover o fascismo na imprensa, usando fundos secretos para financiar publicações que favorecessem Mussolini e atrair jornais independentes para a órbita do governo. Rossi também financiava um grupo secreto de militantes fascistas encarregados de eliminar inimigos do regime. Um deles era Amerigo Dumini, um jovem aventureiro conhecido por «o assassino do Duce». Em junho de 1924, ele e vários cúmplices sequestraram Giacomo Matteotti, um dirigente e deputado socialista que criticava abertamente Mussolini, apunhalando-o repetidamente com uma lima de carpinteiro antes de enterrar o corpo numa vala nos arredores de Roma.([18])

O assassinato causou grande indignação. A opinião pública voltou-se contra Mussolini, que ficou então mais isolado que nunca. Ele fez um discurso apaziguador, que por sua vez afastou os seus seguidores, que já estavam a ser atacados pelo parlamento e pela imprensa. Temendo que eles pudessem virar-se contra si, decidiu-se finalmente pela ditadura com um discurso violento proferido na Câmara de Deputados a 3 de janeiro de 1925. Mussolini anunciou, em tom de desafio, que os esforços para formar uma coligação parlamentar eram inúteis e que ele seguiria então um caminho de exclusivo domínio fascista. Somente ele, declarou audaciosamente, era responsável por tudo o que tinha acontecido. «Se o fascismo tem sido uma associação criminosa, então eu sou o chefe dessa associação criminosa.» E só ele corrigiria as coisas — pela força e através de uma ditadura pessoal se necessário.([19])

O que se seguiu foi uma campanha de intimidação a todos os níveis, com o esmagamento das liberdades civis. Em poucos dias, a polícia, com a ajuda das milícias fascistas, revistou centenas de casas e prendeu membros da oposição.

A imprensa foi amordaçada. Já antes do discurso de Mussolini de 3 de janeiro de 1925, um decreto de julho de 1924 concedera aos prefeitos o poder de encerrar qualquer publicação sem aviso. Mas a imprensa liberal continuou a vender doze vezes mais do que os jornais fascistas, produzindo quatro milhões de exemplares por dia. Muitos foram então encerrados, os seus jornalistas mais críticos perseguidos. Foram destacados comissários da polícia para as tipografias que ainda tinham autorização para funcionar, garantindo que a propaganda do Estado era transmitida a todos. O *Corriere della Sera*, um dos mais importantes jornais da oposição, foi transformado em órgão fascista. Uma lei draconiana sobre segurança pública, em novembro de 1926, explicava as razões para a apreensão imediata pela polícia, incluindo escritos que eram «lesivos para o prestígio do Estado ou das suas autoridades». Um manto de secretismo instalou-se sobre o país. As linhas telefónicas e o correio eram monitorizados, enquanto rufiões de camisa negra e polícias à paisana colocavam as ruas sob vigilância.([20])

O ritmo da revolução foi acelerado por vários atentados contra a vida de Mussolini. A 7 de abril de 1926, Violet Gibson, uma aristocrata irlandesa, disparou uma arma sobre o Duce, raspando-lhe o nariz. Seis meses depois, um rapaz de quinze anos deu-lhe um tiro durante um desfile para comemorar a Marcha sobre Roma. O rapaz foi linchado no local por fascistas, o que levantou suspeitas de que o incidente tinha sido encenado para fins políticos. Entre novembro de 1925 e dezembro de 1926 todas as associações civis e partidos políticos foram colocados sob a alçada do Estado. A liberdade de associação foi suspensa, mesmo para pequenos grupos de três ou quatro pessoas. Como proclamou Mussolini, «Tudo no Estado, nada fora do Estado, nada sem o Estado».([21])

Na véspera de Natal de 1925 Mussolini foi investido de plena autoridade executiva sem a intervenção do parlamento, recebendo o novo título de Chefe de Governo. Nas palavras de um visitante estrangeiro, ele parecia então «um carcereiro com todas as chaves penduradas no cinto e um revólver na mão, passeando incontestado de um lado para o outro de Itália, como nos corredores silenciosos e sombrios de uma grande prisão».([22])

Mas Mussolini também desconfiava dos fascistas. Em fevereiro de 1925 nomeou Roberto Farinacci secretário do Partido Nacional Fascista, a única organização política legalmente autorizada no país. Farinacci tratou de limitar o poder dos fascistas e destruir a máquina do partido, abrindo caminho a um sistema de governo pessoal dominado por Mussolini. Milhares dos membros mais extremistas do partido foram afastados. Assim como se recusara a nomear dirigentes fascistas para o governo de coligação em 1922, o Duce passou então a contar com os prefeitos locais nomeados diretamente pelo Estado para vigiar a nação. Mussolini gostava de dividir para reinar, certificando-se de que os funcionários do partido e do Estado se vigiavam mutuamente, deixando a substância do poder para si.([23])

Enquanto alguns membros do partido eram afastados, outros começavam a adular o seu líder. Farinacci, por exemplo, desenvolveu assiduamente o culto do seu chefe. Em 1923, durante a visita de Mussolini à sua aldeia natal de Predappio, os dirigentes locais propuseram assinalar o local de nascimento do Duce com uma placa de bronze. Dois anos depois, quando inaugurou o memorial, Farinacci anunciou que todos os membros do partido deviam fazer uma peregrinação religiosa a Predappio e prestar um «juramento de fidelidade e dedicação» ao Duce.([24])

Percebendo que a sua própria sobrevivência dependia do mito do grande ditador, outros dirigentes do partido juntaram-se ao coro, apresentando Mussolini como um salvador, um milagreiro «quase divino». Os seus destinos estavam ligados ao do Duce, o único capaz de sustentar o fascismo. Mussolini era o centro em torno do qual dirigentes tão diferentes como Grandi e Farinacci podiam colaborar através da subordinação comum.([25])

Roberto Farinacci, depois de expurgar as fileiras do partido, foi por sua vez demitido em 1926, substituído por Augusto Turati, um jornalista que se tornou chefe de brigada nos primeiros anos do movimento fascista. Turati tratou de consolidar o culto do Duce, exigindo um juramento aos membros do partido para garantir a sua obediência total a Mussolini. Em 1927 ele redigiu o primeiro catecismo, intitulado *Uma Revolução e Um Líder*, em que explicava que, embora houvesse um Grande Conselho, o Duce era o «único líder, o único chefe, de quem emana todo o poder». Existia, segundo ele, «um espírito, uma alma, uma luz, uma realidade de consciência em que todos os irmãos se podem encontrar e reconhecer: o espírito, a bondade, a paixão de Benito Mussolini». Um ano depois, num prefácio para um manual escolar sobre as origens e desenvolvimento do fascismo, ele identificava a revolução com Mussolini, e Mussolini com a nação: «Quando a nação inteira segue o caminho do fascismo, o seu rosto, o seu espírito, a sua fé unem-se num só ao Duce.»([26])

Embora às vezes confessasse não gostar do culto em torno da sua pessoa, Mussolini foi na verdade o seu principal arquiteto. Ele era um mestre da arte de projetar a sua própria imagem, estudando cuidadosamente certos gestos e poses. Ensaiava na Villa Torlonia, uma vasta mansão neoclássica numa extensa herdade que se tornou na sua residência em 1925. À noite, sentava-se numa cadeira confortável numa sala de projeções para estudar todos os pormenores das suas aparições públicas. Mussolini considerava-se o maior ator de Itália. Anos mais tarde, quando Greta Garbo visitou Roma, o rosto do Duce ensombrou-se: ele não queria que ninguém o ofuscasse.([27])

O seu repertório mudava com o passar do tempo. O famoso semblante carregado — imitado por um subserviente Farinacci — já tinha sido abandonado em 1928 e, com o passar dos anos, as suas feições duras amoleceram. O queixo tornou-se menos rígido. O olhar furioso, tão impressionante em 1922, tornou-se mais sereno. O seu sorriso parecia simpático. Como notou George Slocombe, «Com a exceção de Estaline, nenhum outro líder europeu exibe o seu ar de confiança serena e imperturbável, o resultado de anos ininterruptos de autoridade suprema».([28])

Il Popolo d'Italia («O Povo de Itália») tinha sido o jornal particular de Mussolini desde 1914 e, durante muitos anos, ele enaltecera-se como um líder nato nas suas páginas. Depois de entregar a direção ao seu irmão Arnaldo em 1922, o jornal começou a apresentar o Duce como um semideus.([29])

Cesare Rossi, que tinha sido colocado à frente da imprensa em 1922, teve de fugir do país depois do assassinato de Matteotti, mas o seu gabinete prosperou. A partir de 1924 o Gabinete de Imprensa certificou-se de que todos os jornais se enchessem do que um crítico chamou «repugnante adulação» a Mussolini. Os seus discursos eram generosamente reproduzidos. Como disse Italo Balbo, um dos líderes dos Camisas Negras, «a Itália é um jornal no qual Mussolini escreve todos os dias a primeira página».([30])

Em 1925 o Gabinete de Imprensa assumiu a direção do Instituto Luce, uma instituição dedicada a produzir e distribuir material cinematográfico. Mussolini geria-a diretamente, vendo em primeira mão e editando novas reportagens na sua sala de projeções na Villa Torlonia. Em poucos anos, todos os cinemas, das salas degradadas em bairros operários aos palácios do cinema com móveis dourados e opulentos tapetes, foram obrigados por lei a exibir documentários produzidos pelo Luce com Mussolini como seu principal assunto.([31])

O Luce também produzia imagens do Duce, impressas e montadas em álbuns para sua aprovação. Depois de toda a má publicidade gerada pelo caso de Matteotti, a fotografia tornou-se crucial para a humanização da sua imagem. Havia fotografias dele e da sua família na Villa Torlonia. Os terrenos da mansão também serviam de fundo para fotografias do Duce montado a cavalo, galopando e saltando obstáculos de madeira logo de manhã. Havia imagens dele em carros de corrida, a brincar com filhotes de leão, discursando para multidões, debulhando trigo ou a tocar violino. Ele aparecia como esgrimista, regatista, nadador e piloto. Como comentou o jornalista francês Henri Béraud em 1929: «Para onde quer que olhemos, aonde quer que vamos, encontramos Mussolini, mais

Mussolini, sempre Mussolini.» Ele aparecia em retratos, em medalhas, em gravuras e até em sabonetes. O seu nome adornava jornais, livros, muros e vedações. «Mussolini é omnipresente, é como um Deus. Ele observa-nos de todos os ângulos e nós vemo-lo em todos os lugares.»([32])

Mussolini foi também humanizado através de uma biografia publicada primeiro em inglês em 1925. Intitulada *The Life of Benito Mussolini*, saiu em italiano como *Dux* no ano seguinte. Seguir-se-iam dezassete edições e dezoito traduções. Escrita por Margherita Sarfatti, sua antiga amante, o livro convertia em mito a infância do Duce. Filho de um ferreiro, ele nasceu num domingo às duas horas da tarde, quando «O Sol entrara na constelação de Leão oito dias antes». Um «rapazinho muito traquina e turbulento», dominava os outros antes mesmo de saber andar. Ele era um daqueles homens «que nascem para impor a admiração e devoção a todos à sua volta», visto que as pessoas eram dominadas «pelo seu magnetismo e pela força da sua personalidade». A descrição do ferimento que ele sofreu em 1917 transformou-o num objeto de reverência quase religiosa, pois, apesar da «sua carne trespassada de setas, marcada por feridas e banhada de sangue», ele sorria afavelmente aos que o rodeavam.([33])

Embora Mussolini tivesse revisto o texto de *Dux*, preferia a biografia oficial de Giorgio Pini, tão ostensivamente benevolente que só seria traduzida em 1939. *A Vida de Mussolini* de Pini foi distribuída gratuitamente às escolas, onde longos excertos de Sarfatti também eram lidos nas aulas. Foram publicados manuais escolares fascistas, concebidos especialmente para as crianças, todos perpetuando a lenda do Duce como um trabalhador incansável e dedicado ao seu povo. Aprovado pelo ministro da Educação em 1927, o *Livro para o Jovem Fascista*, de Vincenzo de Gaetano, identificava o movimento com a pessoa de Mussolini: «Quando falamos do fascismo, falamos Dele. O fascismo é a sua causa; ele criou-o, ele infundiu-o com o seu espírito e deu-lhe vida.» Algumas crianças aprendiam de cor a história da sua vida. A primeira frase dava o tom: «Eu acredito no Supremo Duce — o criador dos Camisas Negras — e em Jesus Cristo, Seu Único Protetor.» Nas paredes de todas as escolas elas liam o *slogan* «De Mussolini para as Crianças de Itália»; na capa dos seus cadernos viam o retrato dele.([34])

Mussolini estava sempre a afinar a sua própria imagem. À nação era dito que ele nunca dormia, trabalhando em prol do país até altas horas da madrugada. Para o provar, ele deixava as luzes acesas à noite no seu escritório no Palazzo Venezia, um marco arquitetónico construído pelos papas no século XV. O epicentro da nação era a Sala del Mappamondo, um espaço enorme com cerca de dezoito metros de comprimento e quinze de largura. Tinha pouca mobília, com a secretária do Duce colocada a um canto de costas para a janela. Depois de serem acompanhados até à porta, os visitantes tinham de atravessar a sala, intimidados mesmo antes de enfrentarem os olhos do líder.

O seu escritório dava para uma pequena varanda, que ele usava para falar às multidões em baixo. Preparava os seus discursos meticulosamente, às vezes memorizando-os, outras escrevendo-os, ensaiando enquanto andava de um lado para outro na Sala del Mappamondo. Mas também podia ser espontâneo, alterando o texto e adaptando os seus gestos ao estado de espírito da multidão. Falava com uma voz metálica em frases curtas e simples, proferidas como os golpes de um martelo. A sua memória era lendária, embora usasse diferentes estratégias para manter a sua reputação; por exemplo, fazendo perguntas ou ensaiando a partir de uma enciclopédia.([35])

Na Villa Torlonia ou na Sala del Mappamondo, Mussolini concedia audiências a um grande número de admiradores. Todos os dias tinham a sua quota: «Professores da Austrália, parentes distantes de nobres ingleses, homens de negócios americanos, escoteiros da Hungria, poetas do Extremo Oriente, toda a gente que deseje encontrar-se na sua Augusta Presença é calorosamente recebida.» Como comentou astutamente Percy Winner, correspondente da Associated Press, nada podia ilustrar melhor a sede de aprovação de Mussolini do que o facto de durante anos ter estado em contacto, aparentemente sem ponta de irritação, com uma série interminável de visitantes aduladores.([36])

As visitas tinham também um fim estratégico, nomeadamente consolidar a sua reputação como um homem forte internacional. O respeito no exterior silenciava os seus críticos internos. Ele esforçava-se seriamente por iludir jornalistas e escritores estrangeiros com o seu charme, esforço amplamente recompensado por uma série de artigos e livros adulatórios, que a imprensa fascista invariavelmente destacava. Os jornalistas estrangeiros que o criticavam não recebiam mais convites.

Impressionados com a imensidão do seu escritório, aliviados com a receção cordial e pose serena de um homem de reputação tão terrível, muitos iam-se embora com a sensação de que tinham conhecido um profeta. Um simples sorriso era muitas vezes suficiente para desarmar um visitante mais apreensivo. O escritor francês René Benjamin, vencedor do mais prestigiado prémio literário de França, o Goncourt, estava tão assustado com o encontro, que mal conseguiu percorrer a longa distância entre a porta e a secretária de Mussolini, onde foi imediatamente conquistado por um largo sorriso. Maurice Bedel, um compatriota que em 1927 também vencera o Prémio Goncourt, dedicou um capítulo inteiro ao sorriso do Duce. «Será que mesmo por alguns breves instantes», interrogou-se, «ele deixa de ser um semideus transportado por um destino violento?». Outros sentiram-se fascinados com os seus olhos. A poetisa Ada Negri achou que eles eram «magnéticos», mas também reparou nas mãos: «Ele tem umas mãos muito belas, psíquicas, como asas quando se abrem.»([37])

Grandes líderes também foram prestar homenagem. Mohandas Gandhi, que o visitou duas vezes, proclamou-o «um dos maiores estadistas da época», enquanto Winston Churchill, em 1933, descreveu «o génio romano» como «o maior legislador entre os homens vivos». Só dos Estados Unidos ele recebeu William Randolph Hearst, o governador de Nova Iorque Al Smith, o banqueiro Thomas W. Lamont, o futuro candidato à vice-presidência, o coronel Frank Knox, e o arcebispo de Boston William Cardinal O'Connell. Thomas Edison chamou-lhe o «maior génio dos tempos modernos» depois de um breve encontro.([38])

Sempre desconfiado em relação aos outros, Mussolini não só se rodeava de seguidores medíocres como os substituía regularmente. O pior, segundo a maioria dos relatos, era Achille Starace, um sicofanta sem sentido de humor que substituiu Augusto Turati como secretário do partido em dezembro de 1931. «Starace é um cretino», protestou um seguidor. «Eu sei», respondeu Mussolini, «mas é um cretino obediente».([39])

Starace era um fanático e a sua primeira tarefa foi subordinar o partido ainda mais à vontade de Mussolini. Fê-lo primeiro afastando dirigentes fascistas pouco dispostos a acatar as diretrizes do partido e depois aumentando o número de filiados, que duplicou de 825 000 em 1931 para mais de dois milhões em 1936. Muitos novos recrutas eram oportunistas e não ideólogos, mais interessados numa carreira do que nos princípios do fascismo. O resultado da admissão de tantos cidadãos comuns nas fileiras do partido, como salientou um crítico em 1939, foi que o partido se despolitizou. «O fascismo matou o antifascismo e o fascismo», explicou. «A força do fascismo», continuava, «está na falta de fascistas». A fidelidade ao líder e não a crença no fascismo tornou-se primordial, e era exigida a todos, dentro ou fora do Partido Fascista. No tempo de Starace, embora muitos membros do partido provavelmente não fossem fascistas, poucos não eram mussolinistas.([40])

Isso convinha muito bem a Mussolini. Ele orgulhava-se de depender da intuição, do instinto e da pura força de vontade e não apenas do intelecto, desdenhando repetidamente a ideia de uma visão do mundo ideologicamente consistente. «Não acreditamos em programas dogmáticos, em sistemas rígidos que contenham e neguem a realidade inconstante, incerta e complexa.» Na sua própria carreira, ele não hesitara em mudar de rumo quando as circunstâncias o exigiram. Era incapaz de desenvolver uma filosofia política e, de qualquer maneira, não estava disposto a ser coibido por qualquer princípio moral, ideológico ou outro. «Ação, ação, ação — isso resumia todo o seu credo», salientou um dos seus biógrafos.([41])

A política tornou-se na glorificação em massa de um indivíduo. «Mussolini Tem sempre Razão» era o lema do regime. Mussolini não era apenas enviado pela Providência, mas a própria encarnação da Providência. Todos os Italianos lhe deviam obediência cega. As palavras «Acreditar, Obedecer, Lutar» foram pintadas em letras pretas em edifícios e muros por todo o país.

Starace incentivou o chamado estilo fascista, que afetava todos os aspetos da vida quotidiana. Um «Salve o Duce» passou a abrir todas as reuniões, enquanto a saudação romana, com o braço direito estendido, substituiu o aperto de mão. A população inteira passou a usar uniforme. Até os bebés posavam para fotografias de camisa negra. As crianças vestiam uniformes negros ao sábado — declarado «Sábado Fascista» pelo Grande Conselho em 1935 — e apresentavam-se na sede local do partido para aprender a marchar a passo certo, com uma espingarda de brincar ao ombro.([42])

Um Ministério da Cultura Popular substituiu o Gabinete de Imprensa, criado anos antes por Cesare Rossi. A nova organização era gerida pelo genro do Duce, um jovem talentoso chamado Galeazzo Ciano, que procurou imitar o Ministério do Esclarecimento Público e Propaganda do Reich alemão. Como o seu equivalente alemão, enviava instruções diárias aos diretores dos jornais especificando o que devia ser mencionado e o que estava proscrito. Isso tinha um preço, com os fundos secretos que haviam sustentado o Gabinete de Imprensa aumentando rapidamente. Entre 1933 e 1943 foram gastos mais de 410 milhões de liras, o equivalente aproximado na altura de 20 milhões de dólares americanos, a promover o regime e o seu líder em jornais por todo o país. Em 1939 até as máximas do Duce já apareciam no cabeçalho de jornais subsidiados. «Ou a Amizade Preciosa ou a Hostilidade Brutal», proclamava o *Cronaca Prealpina*, evocando um discurso que Mussolini proferira em Florença em maio de 1930, enquanto *La Voce di Bergamo* anunciava: «O Segredo da Vitória: Obediência». Algumas publicações estrangeiras aceitaram subsídios. *Le Petit Journal*, o quarto jornal mais popular em França, recebeu uma contribuição secreta de 20 000 liras.([43])

Os fundos secretos eram também usados para aliciar artistas, académicos e escritores a aderirem ao movimento. Segundo uma estimativa, o custo desses subsídios aumentou de 1,5 milhões de liras em 1934 para 162 milhões em 1942. Um dos beneficiários foi Asvero Gravelli, um antigo partidário fascista e autor de uma hagiografia intitulada *Interpretações Espirituais de Mussolini*, publicada em 1938. «Deus e História são dois termos que se identificam com Mussolini», declarou Gravelli, ousadamente, embora resistisse à tentação de o comparar a Napoleão: «Quem se assemelha a Mussolini? Ninguém. Comparar Mussolini a estadistas de outras raças é diminuí-lo. Mussolini é o primeiro novo Italiano.» O autor recebeu 79 500 liras pelos seus esforços.([44])

Augusto Turati tinha começado a desenvolver a radiodifusão como instrumento de propaganda em 1926. A sua voz podia ouvir-se regularmente na rádio, com as de outros dirigentes fascistas, incluindo Arnaldo Mussolini. O próprio Duce foi para o ar pela primeira vez a 4 de novembro de 1925, embora a transmissão fosse prejudicada por problemas técnicos. Os aparelhos de rádio continuavam fora do alcance da maioria das pessoas comuns nos anos 20, visto que a Itália era ainda um país pobre e em grande parte agrário. Em 1931 havia apenas 176 000 assinantes de rádio em todo o país, a maioria nas cidades. Quando os professores se queixaram de que as crianças não podiam ouvir a voz de Mussolini, Starace certificou-se de que cerca de 40 000 rádios gratuitos fossem instalados em escolas primárias entre 1933 e 1938. O número total de assinantes, graças a subsídios do Estado, disparou para 800 000 antes do início da Segunda Guerra Mundial. Os números, porém, não refletiam o alcance da rádio, pois foram instalados altifalantes nas praças públicas. Nos meados da década de 30 os discursos de Mussolini já ressoavam por todo o país.([45])

O próprio Mussolini desenvolveu o dom da omnipresença. Quando em 1929 entrara pela primeira vez no Salão Real, um auditório enorme no Palazzo Venezia onde se realizavam grandes conferências, ele experimentara o palco, olhando em volta da sala como um coreógrafo antes de decidir que o mesmo era demasiado baixo. «As pessoas na parte de trás da sala terão dificuldade em me ver», concluiu, ordenando que elevassem a plataforma, uma ordem repetida várias vezes, até que os seus subalternos perderam a conta de quantos estrados tinham sido modificados para satisfazer o seu chefe.([46])

Em 1932 foi construída uma avenida com quatro faixas de rodagem entre o Coliseu e o Palazzo Venezia, atravessando o coração da cidade e criando um enorme espaço ao ar livre para os seus discursos a partir da varanda, que atraíam multidões cada vez maiores. A própria ideia de que qualquer italiano podia ir a Roma ver e ouvir o Duce tornou-se parte da sua lenda. Bortolo Pelanda, um agricultor de setenta e um anos de idade, fez cerca de 500 quilómetros a pé de Belluno Veronese a Roma para realizar o seu sonho de ouvir Mussolini. Arturo Rizzi construiu uma geringonça em torno de duas bicicletas para levar a sua família de oito pessoas de Turim a Roma, segundo informaram os jornais.([47])

Depois da Marcha sobre Roma, Mussolini começara a viajar pelo país, um ritual que se tornaria mais frequente com o passar do tempo, sobretudo depois de ele anunciar a sua política de «Chegar ao Povo» em 1932. Todas as aparições eram meticulosamente encenadas. As escolas e as lojas eram fechadas no dia marcado, enquanto jovens fascistas e ativistas do partido recrutados na região circundante e transportados em autocarros fretados enchiam a praça. Eles davam o tom, cantando, gritando e aplaudindo quando mandados. Os cidadãos comuns recebiam um cartão cor-de-rosa no correio da manhã com uma ordem para comparecer no evento. A falta de comparência podia resultar numa multa ou pena de prisão. A polícia circulava entre a multidão para garantir que toda a gente se comportava.([48])

As pessoas eram obrigadas a esperar várias horas, do meio-dia ao pôr do sol. Mesmo quando Mussolini ainda estava longe, milhares comprimiam-se e esticavam o pescoço para olhar para a varanda, esperando ansiosamente que ele aparecesse. Muitas vezes o Duce falava apenas depois do pôr do sol. Ligavam-se holofotes gigantes para iluminar a varanda, surgiam tochas no meio da multidão e acendiam-se fogueiras em edifícios próximos. Nesse ambiente teatral, dois guardas fardados avançavam um passo, posicionando-se em cada lado da varanda enquanto a multidão começava a aplaudir. As trombetas soavam quando o secretário local do partido se deslocava para a frente da varanda, gritando «Fascisti! Salute al Duce!». Quando o Duce finalmente aparecia e sorria, a multidão já tinha sido levada ao rubro, libertando a tensão da espera numa explosão de alegria.([49])

Todas as visitas eram noticiadas por uma imprensa entusiástica, enquanto os discursos importantes eram filmados pelo Instituto Luce e exibidos em cinemas por todo o país. A multidão, já criteriosamente selecionada, sabia exatamente como se mostrar à altura das circunstâncias, tendo já visto o ritual nos ecrãs. As cidades competiam umas com as outras, tentando oferecer receções cada vez mais calorosas e festivas para captar as boas graças do regime. Em Milão, cidade preferida do Duce, foram montadas enormes varandas temporárias para os seus discursos públicos, decoradas com águias de pasta de papel.([50])

A maior celebração do regime foi provavelmente a Mostra della Rivoluzione, uma exposição inaugurada a 28 de outubro de 1932 para comemorar o décimo aniversário da Marcha sobre Roma. Cerca de quatro milhões de visitantes passaram pelos terrenos do Palazzo delle Esposizione entre 1932 e 1934, com ingressos mais baratos para membros das organizações do partido. Mussolini estava no centro da exposição, organizada cronologicamente para assinalar os episódios mais marcantes da revolução fascista. Como explicou Dino Alfieri, o seu curador, a revolução estava «inextricavelmente associada ao pensamento e vontade de Mussolini». A Sala T, no final da exposição, era dedicada ao Duce, com manuscritos e objetos pessoais cuidadosamente expostos em vitrinas, incluindo o seu lenço, ainda ensanguentado depois do atentado contra a sua vida perpetrado por Violet Gibson em abril de 1926. Uma reconstituição exata do seu escritório no *Popolo d'Italia* permitia aos visitantes aproximarem-se do seu líder.([51])

Outro local de peregrinação, além da Sala T, era a aldeia natal do Duce. Em 1925, o secretário do partido, Roberto Farinacci, visitara Predappio para prestar um juramento de fidelidade ao líder. Sete anos depois, no décimo aniversário da revolução fascista, Achille Starace transformou a pequena aldeia medieval num local de celebração nacional. Uma nova cidade nasceu em torno do culto de Mussolini. «Do homem mais humilde à sua soberana majestade», pessoas de todas as camadas sociais prestavam homenagem ao líder em Predappio. Todos os dias milhares de peregrinos chegavam de autocarro em excursões organizadas ou sozinhos, às vezes a pé ou de bicicleta, percorrendo em silêncio a casa da família e fazendo uma vénia diante da cripta. A mãe de Mussolini, Rosa Maltoni, era comparada à Virgem Maria e comemorada na igreja de Santa Rosa. O pai era exaltado como um herói da revolução. Longe de Predappio, muitas escolas, hospitais, pontes e igrejas receberam o nome dos pais de Mussolini.([52])

Mussolini recebia não só milhares de cartas e visitas, mas também presentes de pessoas de todas as classes sociais. Já em novembro de 1927 Augusto Turati ordenara aos membros do partido que parassem de enviar doações ao líder, mas pouco podia fazer para travar os admiradores fora do partido. Henrietta Tower, uma das mulheres mais ricas dos Estados Unidos e residente permanente em Roma, deixou-lhe uma mansão com um espólio de 3000 obras de arte incluindo cerâmica, tapeçarias, têxteis e pinturas, quando morreu em 1933. Ela não foi uma exceção, pois três castelos e sete grandes herdades foram doados ao Duce entre 1925 e 1939 (ele aceitava em nome do Estado). Escritores, fotógrafos, pintores e escultores aplicavam os seus talentos e enviavam obras enaltecendo o Duce, incluindo retratos a pastel e bustos bordados. Algumas foram expostas na Villa Torlonia. De pessoas comuns chegava um tributo diário na forma de produtos agrícolas frescos, apesar dos melhores esforços do Estado para as convencer a desistir. Só no dia 2 de agosto de 1934 foram destruídas dezenas de quilos de fruta, doces, biscoitos, massa e tomates.([53])

*

A grande avenida entre o Coliseu e o Palazzo Venezia transformou a varanda de Mussolini no centro simbólico do poder fascista. Mas ao cruzar em linha reta as escavações mais importantes da cidade, a Via dei Fori Imperiale, ladeada de grandes estátuas de bronze de generais romanos, associava também o Duce diretamente à Roma Antiga.

O emblema do fascismo, um feixe de varas atadas em volta de um machado, chamado fasces (*fasci* em italiano), tinha origem na Roma Antiga. Representava não só a força através da união, mas também o ressurgimento da grandeza perdida do Império Romano. Como a suástica na Alemanha, encontrava-se gravado em edifícios, candeeiros, fontes, degraus de entrada e até em tampas de esgoto. As brigadas fascistas, com as suas patentes e formações, eram organizadas segundo o modelo romano. Havia a saudação romana e, depois de 1935, o passo romano. Mussolini mantinha até um lobo romano numa jaula exposta no Capitólio. O Dia do Trabalhador já não era comemorado a 1 de maio mas a 21 de abril, o dia da fundação de Roma. Como explicou Mussolini: «A saudação romana e as canções, fórmulas e comemorações romanas são todas essenciais para atiçar as chamas do entusiasmo que mantém vivo um movimento. O mesmo se passava na Roma Antiga.»([54])

Mussolini não quis apenas deixar a sua marca na capital, decidiu construir a «Roma de Mussolini», uma vasta metrópole que evocava os tempos de glória imperial. «Roma tem de se apresentar como uma maravilha para as nações do mundo», proclamou ele em 1926, «vasta, ordenada e poderosa, como foi nos tempos do Império Augustano». Os séculos que se haviam seguido ao imperador Augusto, ele considerava «decadentes». Bairros medievais inteiros na velha capital deviam ser demolidos para dar lugar a edifícios fascistas modernos dignos de um novo centro imperial. Mussolini queria ser lembrado como «o grande destruidor», o que reconstruiu Roma. A sua ameaça nunca foi concretizada, embora quinze igrejas e centenas de outras estruturas tivessem sido arrasadas em várias zonas da cidade.([55])

Para projetar poder e prestígio, a Roma de Mussolini devia ter o dobro do tamanho. Cerca de 600 quilómetros quadrados de pântanos a sul da capital foram drenados, convertidos em terrenos agrícolas e distribuídos aos pobres. Foram construídas estradas. Littoria, batizada em homenagem aos lictores que transportavam os fasces nos tempos romanos, foi inaugurada pelo Duce em 1931, seguida de outras cidades-modelo, todas com uma câmara municipal, uma igreja, uma estação de correio e uma sede do Partido Fascista, construídas ao longo de ruas que irradiavam da praça central.

Como no tempo de Augusto, Roma estender-se-ia até ao mar. Foi projetada a Roma al Mare, «a nova estância balnear da Roma imperial», associada à Esposizione Universale Roma, cuja realização estava programada para 1942. No centro da EUR havia um edifício neoclássico com sessenta e oito metros de altura, revestido de pedra branca e denominado Praça do Coliseu, em homenagem ao monumento romano mais antigo.

Mas como podia o novo império estender-se além-mar? Já usufruía, evidentemente, das possessões coloniais da Líbia, Trípoli e Somalilândia, mas estas tinham sido conquistadas por regimes anteriores, denunciados por Mussolini como fracos e corruptos. Para ser um verdadeiro imperador, o César moderno que fundasse uma nova Roma imperial tinha de expandir o império. Existiam outras razões. Como Adolf Hitler, que chegou ao poder em 1933, Mussolini pretendia igualar a França e a Grã-Bretanha e, como o seu homólogo alemão, achava que só as potências coloniais tinham acesso às matérias-primas necessárias para travar a guerra.

Na sua busca de prestígio, Mussolini já presidira a uma guerra selvagem contra rebeldes na Líbia em 1929. Na Cirenaica, a região costeira da sua colónia norte-africana, os militares espalharam o terror com armas químicas e execuções em massa, exterminando perto de um quarto da população local. Cerca de 100 000 beduínos foram expulsos e as suas terras cedidas a colonos italianos. Os horrores da guerra foram ocultados do público nacional por uma imprensa obediente, que saudava Mussolini por ter integrado a Líbia na civilização após séculos de barbárie.([56])

Mussolini começou a preparar-se para a guerra em 1931, pedindo aos seus generais que estivessem prontos em 1935. No ano seguinte, despediu Dino Grandi, assumindo a direção do Ministério dos Negócios Estrangeiros. Depois de a Alemanha se retirar da Sociedade das Nações em outubro de 1933, o Duce acelerou os esforços para rearmar o seu país. Afastou Italo Balbo e assumiu o comando, primeiro, do Ministério da Guerra e, depois, dos Ministérios da Marinha e do Ar. Com a exceção do Ministério das Finanças, as rédeas do governo ficaram todas nas suas mãos. Mussolini convencera-se de que era um homem do destino, um Napoleão e um César combinados num só, um líder providencial cuja ação renovaria o mundo moderno. Ele passou a acreditar no lema do regime: «Mussolini Tem sempre Razão». Os sicofantas à sua volta incentivavam as suas ilusões.([57])

Com o objetivo de se preparar para a guerra, Mussolini incentivou uma economia autossuficiente. Foram lançadas inúmeras campanhas para estimular a população. Houve uma Batalha pelos Cereais para reduzir as importações, com fotografias de Mussolini ao lado de uma debulhadora. Houve uma Batalha pelo Arroz, uma Batalha pela Terra, uma Batalha de Nascimentos e uma Guerra às Moscas, todas lideradas pelo Duce.([58])

A Itália já tinha duas colónias no Corno de África. A conquista da Etiópia uniria os territórios da Eritreia e da Somália. Mussolini tinha visões de uma África Oriental italiana unificada onde milhões de colonos extrairiam ouro, diamantes, cobre, ferro, carvão e petróleo, permitindo-lhe construir o seu império e dominar o continente. Também desejava apagar a nódoa que deixara uma marca indelével na reputação do país. Em 1896 o imperador Menelik infligira uma humilhante derrota militar ao exército italiano em Adwa. O fiasco ainda causava ressentimento.

Mussolini não consultou ninguém exceto o rei antes de decidir declarar a guerra. A 2 de outubro de 1935, depois de um ano de conflitos fronteiriços com a Etiópia, os sinos das igrejas e as sirenes chamaram as pessoas para as praças das cidades, onde elas ouviram o seu líder declarar a guerra pelos altifalantes. A convocação tinha sido cuidadosamente preparada por Starace. Segundo uma estimativa, cerca de vinte e sete milhões de pessoas participaram no maior acontecimento encenado da história da humanidade.([59])

No entanto, os preparativos financeiros e militares para a guerra revelaram-se calamitosamente inadequados. A estratégia seguida pelo Duce, que marginalizou os seus generais para assumir o comando total, foi assassina. Mussolini ordenou o uso de centenas de toneladas de gás-mostarda, lançado não só sobre combatentes mas também sobre civis. Num sinistro prenúncio dos horrores levados a cabo pelos regimes de Hitler e Estaline, o assassínio em massa foi acompanhado de grandes atrocidades, com etíopes decapitados ou executados diante de valas abertas. Depois de uma tentativa falhada de assassinar o general Rodolfo Graziani, as forças ocupantes retaliaram matando cerca de 20 000 pessoas em apenas três dias na capital Adis Abeba. Famílias inteiras foram queimadas ou mortas a tiro, à mocada ou à facada, bebés esmagados e mulheres grávidas esventradas. Quando um jornal comparou o conquistador Graziani a Aníbal, Mussolini ficou furioso: só ele podia ser evocado em pé de igualdade com os gigantes da Roma Antiga. Entre os finais de 1935 e 1938, pelo menos um quarto de um milhão de pessoas morreu na Etiópia em resultado da guerra.([60])

As atrocidades foram prudentemente ocultadas do público, com a máquina de propaganda descrevendo a guerra como uma libertação para os Etíopes, levando a liberdade e a civilização às vítimas de um sistema de castas feudal. Subsídios secretos, mais uma vez, ajudaram a difundir essa visão tanto no plano interno como externo. Alguns jornalistas estrangeiros receberam o equivalente de mil dólares para visitar Adis Abeba e documentar favoravelmente a sua viagem.([61])

O reino de Itália passou então a ser um império. O diminuto rei Vítor Emanuel III foi promovido a imperador. Mussolini recebeu o título de Fundador do Império. Como nos tempos romanos, os despojos de guerra foram trazidos dos territórios conquistados. O enorme obelisco de Axum, pesando cerca de 160 toneladas e datado do século IV, foi transportado para Roma e inaugurado perto do Circo Máximo, a 28 de outubro de 1937, para comemorar o décimo quinto aniversário da Marcha sobre Roma. Como um imperador, Mussolini teve direito ao seu próprio fórum. Denominado Foro Mussolini, foi construído para comemorar a conquista da Etiópia, com frisos de mosaico mostrando tanques e aviões de combate. Outros monumentos surgiram por todo o império. Para «registar a fundação do império para as gerações futuras», foi esculpido um perfil de 150 metros do Duce nas rochas de uma montanha sobranceira ao desfiladeiro de Furlo, no centro de Itália.([62])

Quando Mussolini anunciou a anexação da Etiópia da sua varanda a 9 de maio de 1936, a multidão entrou em delírio. Como salientou um observador astuto: «Ele sabia que estava a gozar, talvez pela primeira vez, da admiração e apoio incondicionais de toda a nação italiana.» Foi o seu último dia de glória, pois a sua boa estrela começaria a perder influência.([63])

O império pode ter sido popular internamente, mas prejudicou as relações com a França e a Grã-Bretanha. A Sociedade das Nações condenou a Itália, isolando ainda mais Mussolini e levando-o a aproximar-se da Alemanha. Ele inicialmente encarara Hitler com desconfiança, sentindo-se ameaçado por um rival. Quando o chanceler alemão visitou Veneza em junho de 1934 para um primeiro encontro, o Duce ofuscou-o, dirigindo-se com todas as suas insígnias militares a uma multidão entusiasmada na Praça de São Marcos. Um pálido e inseguro Hitler, de casaco amarelo folgado e sapatos de verniz, observara-o de uma varanda num palácio vizinho, hipnotizado por um homem tão adorado pelo seu povo. «Ele achou que o entusiasmo por Mussolini era genuíno», comentou Alfred Rosenberg, o ideólogo do partido. Era a primeira viagem de Hitler ao estrangeiro, e ele percebeu que causara uma fraca impressão.([64])

Em setembro de 1937, depois da condenação da guerra na Etiópia pela comunidade internacional, o Duce visitou Berlim. Foi então a sua vez de se deixar impressionar pelo Führer, que não olhou a despesas para conceder ao seu convidado as honras devidas a um aliado respeitado. Perto de um milhão de pessoas, trazidas em comboios especiais das províncias, encheu obedientemente as ruas da capital para aclamar Mussolini. Um grande número de polícias à paisana deslocava-se entre a multidão, com cães à espreita. O Duce ficou encantado com o seu anfitrião, «manifestamente arrebatado pelo espetáculo de tanto poder e fascinado com o homem claramente decidido a exercê-lo». Mussolini já não era a figura vigorosa e jovial que impressionara o Führer em Veneza. Como notou o primeiro secretário da embaixada britânica em Berlim, as suas feições endureceram. «Ele estava gordo e careca, exibindo a aparência de um imperador romano da decadência.»([65])

Mussolini e a sua revolução dos Camisas Negras tinham sido fonte de inspiração para Hitler, mas o mestre começou então a imitar o discípulo. Meses depois de regressar de Berlim, juntou-se à Alemanha e ao Japão num pacto tripartido contra o comunismo sem consultar o Grande Conselho. O pacto levou Mussolini a trair a Áustria, invadida por Hitler em março de 1938. Depois de garantir a toda a gente, incluindo o Duce, que nem um único checoslovaco seria anexado, Hitler enviou as suas tropas para a Checoslováquia, abalando seriamente o prestígio de Mussolini, que afirmara aos seus ministros que não haveria anexação. «Sempre que Hitler invade um país, ele envia-me uma mensagem», barafustou, plenamente ciente da reação hostil do seu próprio povo e muito ofendido com os comentários trocistas que o rotulavam de *Gauleiter* de Itália, um simples subordinado do Führer.([66])

Mussolini recompôs-se depressa, decidindo invadir a Albânia para se manter a par do seu aliado, cujo Reich se estendia então até à fronteira italiana no sul. Mas também isso ele conseguiu estragar, apesar de a Albânia ser um mero enclave já nominalmente controlado por Itália. Julgando que o segredo do sucesso de Hitler era que este, e não os seus generais, ditava a estratégia, Mussolini mal se deu ao trabalho de informar o comandante da força expedicionária. Em vez de um ataque-relâmpago inspirado no Führer, a invasão desordenada revelou até que ponto o seu Exército estava mal preparado e equipado.([67])

Enquanto as duas potências combinavam em segredo preparar-se para uma futura guerra na Europa, a aliança com a Alemanha foi alargada para incluir um Pacto de Aço, assinado em maio de 1939. Hitler prometera evitar hostilidades durante três anos para dar tempo a Mussolini para se preparar para as batalhas futuras. Três meses depois, a Alemanha invadiu a Polónia. Galeazzo Ciano, então ministro dos Negócios Estrangeiros, foi um dos muitos que perceberam que Mussolini estava a arrastar o país para o abismo. «Tenho de lutar até ao fim. Senão isso será a ruína do país, a ruína do fascismo e a ruína do próprio Duce.»([68])

Mussolini estava então em maus lençóis. Não conseguira preparar o país para uma guerra total, mas ao mesmo tempo apostara em Hitler. Ele gabou-se ao seu homólogo em Berlim de que tinha 150 divisões apoiadas por reservas de doze milhões de soldados, mas na realidade apenas dez divisões com equipamento antiquado estavam prontas para o combate. Uma personalidade surpreendentemente indecisa escondendo-se por trás de uma fachada de infinita autoconfiança e força de vontade, Mussolini agonizava, sofrendo de crises de depressão, mudando de opinião, confessando mesmo que esperava secretamente que os Alemães fossem derrotados. Mas no início de 1940 ele convenceu-se de que Hitler venceria. «Ultimamente ele tem sentido cada vez mais o fascínio do Führer. Os êxitos militares deste último — os únicos êxitos que Mussolini realmente valoriza e deseja — são a causa disso», comentou Ciano no seu diário. A 10 de junho de 1940 Mussolini declarou guerra às Potências Aliadas.([69])

Durante quase duas décadas, Mussolini fomentara a ideia de que só ele era digno de confiança e não cometia erros. Usara o culto do líder para humilhar os seus concorrentes, certificando-se de que todos os potenciais adversários no Partido Fascista eram afastados da ribalta. Os que ficavam uniam-se na sua dedicação ao Duce, sicofantas decididos a superar-se nos elogios ao seu génio. Eles mentiam-lhe, tanto como ele lhes mentia. Mas Mussolini mentia sobretudo a si mesmo. Embrenhou-se na sua própria visão do mundo, tornando-se «escravo do seu próprio mito», nas palavras do seu biógrafo, Renzo de Felice. Ele sabia que os que o rodeavam eram bajuladores que escondiam informações que podiam provocar a sua ira. Não confiava em ninguém, não tinha verdadeiros amigos, nenhum companheiro de confiança com quem pudesse falar abertamente. Com o passar dos anos Mussolini isolou-se dos outros, tornando-se num prisioneiro dentro do Palazzo Venezia.([70])

Não satisfeito com tomar todas as grandes decisões sozinho, Mussolini procurava controlar tudo, aparentemente sem qualquer sentido de prioridade. Como escreveu o seu camareiro, a sua ditadura estendia-se a «motores de explosão, bórax, aros de bicicleta, traduções do latim, máquinas fotográficas, espelhos, lâmpadas elétricas e água mineral». Ele envolvia-se em tudo. No meio da guerra arranjou tempo para mudar a cor da capa de uma revista feminina de púrpura para castanho. Em janeiro de 1939, enquanto a Europa se preparava para a guerra, o seu genro reparou em unidades militares ensaiando para uma parada em frente do Palazzo Venezia. «O Duce passa muitas meias horas à janela do seu escritório, escondido por trás das cortinas azuis, observando os movimentos das várias unidades. Foi sua a ordem para que os tambores e as trombetas fossem tocados simultaneamente. Foi ele que escolheu a batuta do regente da banda, ensinando pessoalmente os movimentos que devem ser feitos e alterando as proporções e desenho da batuta. Ele acredita sinceramente que nas Forças Armadas também é a forma que determina a substância».([71])

Consequentemente, a Itália estava muito mal preparada para a guerra. A campanha para a autossuficiência económica que Mussolini dirigiu foi um êxito na frente de propaganda, mas causou uma diminuição na produção de aço mesmo antes de a guerra começar, uma vez que o país tinha de importar milhões de toneladas de carvão todos os anos.

Da mesma forma, a Batalha pelos Cereais fez aumentar a produção de cereais, mas tornou o país mais dependente de fertilizantes importados. Embora Starace quisesse pôr toda a gente de traje militar, não havia uniformes suficientes para os soldados, que na sua maioria estavam equipados com armas antiquadas. O próprio Starace foi demitido, assim como inúmeros outros bodes expiatórios, incluindo oficiais superiores do Exército, para afastar as culpas de Mussolini. O Duce, entre os muitos cargos que detinha, era também ministro do Ar, mas não sabia quantas das suas aeronaves estavam obsoletas. Não havia um orçamento militar nem uma equipa de planeamento adequada.([72])

No auge da sua glória, nos meados da década de 30, Mussolini parecia genuinamente popular. Existiam boas razões para que viajantes estrangeiros — para não falar de alguns historiadores posteriores — ficassem impressionados com o encanto que ele parecia exercer sobre a população. O culto de personalidade exigia fidelidade ao líder e não a crença num determinado programa político. Era deliberadamente superficial, capaz de abranger o maior número possível de pessoas. Estas tinham de comparecer periodicamente na praça pública e aplaudir o Duce.([73])

Muitos também aclamavam o líder como forma de criticar os abusos de fascistas locais. «Se o Duce soubesse!» («*Se lo sapesse il Duce!*») era uma expressão muito usada. Quanto maior a sensação de frustração e ira relativamente ao Partido Fascista, mais as pessoas identificavam Mussolini como um líder inocente cujos subalternos lhe ocultavam deliberadamente os factos ou lhe davam maus conselhos.([74])

O culto também estava impregnado de superstição e magia. Num país profundamente religioso, as pessoas projetavam em Mussolini sentimentos de devoção e adoração característicos da religião cristã. Havia lugares sagrados, imagens sagradas, peregrinações e até a esperança de um toque milagroso do líder. A fotografia dele era usada por muitos como talismã, para dar sorte. Acima de tudo, havia fé numa figura providencial, mais do que uma crença na ideologia fascista.([75])

Na realidade, as pessoas não tinham alternativa. Como salientou Emilio Lussu, um antifascista dedicado, em 1936, o regime exigia manifestações de aprovação popular, e os Camisas Negras iam à procura disso, de moca na mão. Quando o Duce discursava, as pessoas apareciam por ordem da polícia e aplaudiam quando mandadas, «como figurantes num elenco de milhares, para que os jornais pudessem publicar fotografias de locais públicos a abarrotar de pessoas em delírio».([76])

Pouco mais do que a aparência exterior de fidelidade ao líder era necessária, e passados alguns anos a maioria das pessoas tornou-se perita no jogo. Mussolini era um excelente ator, os seus subordinados, grandes intérpretes, mas a nação em geral era um espetáculo bem ensaiado. Os castigos para quem saísse da norma eram severos. Depois do caso Matteotti, em 1925, instalara-se um estado policial totalitário, que nos meados da década de 30 já tinha adquirido enormes poderes, fazendo todos os possíveis para colocar a população sob vigilância. A polícia política, conhecida por PolPol, operava em estreita colaboração com a Ovra, ou Organização para a Vigilância e Repressão do Antifascismo, designada abreviadamente por *piovra*, ou «polvo», cujos tentáculos chegavam a todo o lado. Havia também a polícia regular do Estado e os *carabinieri* locais, que faziam parte do Exército. Existiam cinco milícias especiais para os caminhos de ferro, estradas, correios, serviços telegráficos e telefónicos, portos e florestas. A capital tinha uma milícia metropolitana, com cerca de 12 000 agentes fazendo rondas à paisana. Vizinhos invejosos, colegas ciumentos ou até membros desavindos da mesma família denunciavam conversas suspeitas. Poucas pessoas teriam ousado falar abertamente na presença de mais de três outras. Como disse um observador, a Itália era uma «nação de prisioneiros, condenados ao entusiasmo».([77])

Apesar de todo o peso do estado policial, o entusiasmo pelo líder esmoreceu em 1939. Aumentou a circulação de jornais clandestinos, alguns supostamente impressos nos prelos do próprio *Popolo d'Italia*. A credibilidade do líder começou a ser atacada. Um partidário fascista aventou que o regime representava apenas 30 000 pessoas, no máximo. Já ninguém acreditava nas paradas, afirmava um relato de Roma. As pessoas estavam descontentes com às prateleiras vazias nas lojas por causa das sanções económicas impostas pela Sociedade das Nações. Os obrigatórios documentários exibidos nos cinemas já não inspiravam um silêncio respeitoso. Os espectadores aproveitavam a escuridão para vaiar ou rir irreverentemente. A letra M, vista em toda a parte em honra de Mussolini, significava miséria, gracejavam as pessoas.([78])

Mussolini, plenamente informado do crescente descontentamento popular pelos seus serviços secretos, percebeu que tinha de mostrar que a sua boa estrela continuava a brilhar com uma série de êxitos rápidos na guerra. Em junho de 1940, ele estava pronto para apostar a sua sorte e a do seu país declarando guerra à França e à Grã-Bretanha. «Que Deus ajude a Itália», escreveu o seu genro.([79])

Na madrugada de 28 de outubro de 1940 o exército italiano atravessou a fronteira albanesa para invadir a Grécia. Como Berlim não informara Mussolini antecipadamente dos seus planos para invadir a Polónia, a Holanda e a França, o Duce achou que devia ser a sua vez de surpreender Hitler. O próprio pessoal de Mussolini não sabia de nada. Rodolfo Graziani, chefe do Estado-Maior do Exército na altura, só soube da invasão através da rádio. Em vez de levar a cabo uma guerra-relâmpago, as tropas italianas foram travadas pelo mau tempo e repelidas para a Albânia em poucas semanas. A Grã-Bretanha interveio do lado da Grécia, destruindo metade da frota de guerra de Itália.

«Vamos quebrar as costas da Grécia», proclamou Mussolini em ar de desafio a 18 de novembro, enquanto uma multidão aplaudia zelosamente no exterior do Palazzo Venezia. O discurso foi amplamente distribuído pelo Ministério da Cultura Popular, transmitido pela rádio em sete línguas. Mas muitos italianos não acreditavam no seu líder, recorrendo antes à rádio britânica para saber o que estava a acontecer no seu próprio país. Nos três anos seguintes foram gastos cerca de 60 milhões de liras a combater programas de rádio clandestinos de Londres, em vão.([80])

Mussolini foi obrigado a recorrer a Hitler, que decidiu apoiá-lo em abril de 1941. Em poucas semanas, os Alemães atravessaram os Balcãs e chegaram a Atenas, a capital grega. Mas havia um preço a pagar: peritos militares, conselheiros económicos e agentes secretos invadiram a Itália, interferindo em todos os aspetos dos assuntos do país. O ditador de ferro parecia não mais do que um vassalo. «Nós éramos tratados, nunca como parceiros, mas sempre como escravos», confidenciou Ciano, amargurado, ao seu diário.([81])

Para onde quer que o Duce enviasse os seus soldados, estes eram derrotados. Meses depois de o Décimo Exército ter atravessado o deserto líbio para invadir o Egito em setembro de 1940, as tropas britânicas obrigaram-no a recuar. Em novembro de 1941 os Italianos travaram um último confronto na antiga capital imperial de Gondar, derrotados pelos Aliados com a ajuda de tropas irregulares etíopes. Na Frente Oriental, para onde Mussolini enviara uma unidade do Exército para ajudar na guerra contra a União Soviética, os Italianos sofreram baixas pesadas. Em julho de 1942 Mussolini era já um homem destroçado, abatido pela doença, isolado e desiludido com a perda de influência da sua boa estrela. Um colaborador próximo achou-o «pálido, de rosto encovado, olhos turvos e cansados e a boca revelando um sentimento de amargura».([82])

O homem que em tempos estivera sempre à vista de todos, no céu, no mar e em terra, começou a desaparecer de vista, evitando o público. Durante seis meses não foram publicadas novas imagens de Mussolini, outrora descrito como «o homem mais fotografado da Terra». Também deixou de ser ouvido. A 10 de junho de 1941 fizera uma breve aparição para assinalar o primeiro aniversário da entrada de Itália na guerra, mas durante dezoito longos meses depois disso não voltou a falar.([83])

A 2 de dezembro de 1942 Mussolini quebrou o seu silêncio, mostrando que ainda estava vivo. Mas era insuficiente e tarde de mais. A sua voz estava diferente, comentavam as pessoas em surdina. O seu discurso era superficial. Ele parecia ter perdido a noção da realidade, confirmando a impressão de um líder impelido pela arrogância e conduzindo o seu país para a ruína. Em vez de incitar o ódio ao inimigo, o seu discurso virou as pessoas contra si.([84])

Desde o início Mussolini fora obrigado a competir com o rei e o papa pela lealdade da população italiana. A imagem de Mussolini podia estar em toda a parte, mas era a cabeça do rei que aparecia nos selos e moedas. Mussolini era apenas o chefe de governo, enquanto o rei era o chefe de Estado. E por mais que o fascismo tentasse emular a religião, era o papa quem merecia a dedicação dos milhões de católicos do país.

As Potências Aliadas começaram a bombardear a Itália dez dias depois da declaração de guerra de Mussolini em 1940. Quase todas as cidades foram alvo de bombardeamentos, levados a cabo primeiro por aviadores britânicos e depois pelos Estados Unidos. A 19 de julho de 1943, depois de os aviões dos Aliados terem atingido a capital pela primeira vez, o papa Pio XII foi visto a visitar os bairros afetados de sotaina branca toda suja, rodeado de residentes devotos, enquanto Mussolini permanecia escondido no conforto do seu palácio.([85])

Durante meses, as pessoas tinham acusado Mussolini de ter levado a ruína e a miséria ao seu país. O Duce traíra a Itália. Ele era um criminoso, um assassino, um tirano sanguinário. Algumas amaldiçoavam-no em surdina, outras desejavam abertamente a sua morte.([86])

O rei desferiu o golpe final. Com o cheiro acre a fumo pairando ainda sobre Roma, o Grande Conselho dos Fascistas votou contra o seu líder. Um dia depois, a 25 de julho de 1943, Vítor Emanuel mandou prender Mussolini. Nem um único membro do partido protestou, apesar do seu voto solene de proteger Mussolini até à morte. Achille Starace, como outros dirigentes fascistas, tentou imediatamente captar as boas graças de Pietro Badoglio, primeiro duque de Adis Abeba e o novo chefe do governo.([87])

O historiador Emilio Gentile escreveu há décadas que um deus que se mostrasse falível «estava condenado a ser destronado e desconsagrado pelos seus fiéis com a mesma paixão com que o haviam adorado». Em várias zonas de Itália, multidões revoltadas invadiram as sedes locais do Partido Fascista no próprio dia da prisão de Mussolini, lançando efígies, bustos e retratos do ditador derrubado pelas janelas.([88])

Mas Mussolini tinha ainda um amigo. A queda humilhante de um aliado próximo era uma ameaça para a imagem de um líder intocável e sagrado, e Hitler organizou uma ousada operação de resgate, enviando um grupo de comandos para libertar Mussolini e levá-lo de avião para a liberdade. Uma semana antes, a 3 de setembro de 1943, Itália assinara um armistício, levando as tropas alemãs a ocupar o país. Então, enquanto a guerra destroçava o território, eles instalaram Mussolini em Salò para chefiar um novo regime, a República Social Italiana. O principal feito de Mussolini foi uma série de execuções de dirigentes fascistas que tinham votado contra ele na última reunião do Grande Conselho. O seu próprio genro, Galeazzo Ciano, foi amarrado a uma cadeira e baleado nas costas.

Numa entrevista de janeiro de 1945 a Madeleine Mollier, mulher do adido de imprensa da embaixada alemã, Mussolini parecera conformado com a sua sorte, descrevendo-se como «pouco mais do que um cadáver». «Sim, minha senhora, estou acabado. A minha boa estrela caiu», continuou. «Aguardo o fim da tragédia e — estranhamente desprendido de tudo — já não me sinto um ator. Sinto que sou o último dos espectadores.» O fim chegou poucos meses depois, quando foi capturado por guerrilheiros antifascistas. Ele e vários dos seus seguidores, incluindo a sua amante Clara Petacci, foram fuzilados sumariamente, os seus corpos empilhados numa carrinha e levados para Milão. Aí foram pendurados de cabeça para baixo de um barrote. Achille Starace, preso pouco depois, foi levado a ver os restos mortais do seu líder, depois executado e pendurado ao lado do homem que ele aclamara como um deus.([89])

Nos meses que se seguiram, as pessoas cantavam o hino fascista com manifesto sarcasmo, destruindo os símbolos da ditadura em edifícios e monumentos por todo o país, derrubando as estátuas do seu antigo líder. Elas culpavam apenas Mussolini, uma atitude tornada credível, paradoxalmente, pelo próprio culto de personalidade. «Um homem, e apenas um homem», declarara Churchill, famosamente, em dezembro de 1940, absolvendo todos os fascistas de qualquer responsabilidade.([90])

2
HITLER

«Ao caminhar com ele nos jardins da Villa Borghese», disse Hitler aos seus convidados num jantar a 21 de julho de 1941 enquanto a Luftwaffe bombardeava Moscovo, «pude facilmente comparar o seu perfil com o dos bustos romanos e percebi que ele era um dos Césares». A Marcha sobre Roma do Duce, explicou, foi um momento decisivo na História. «Os Camisas Castanhas provavelmente não teriam existido sem os Camisas Negras.»([1])

Duas décadas antes, o Partido Nazi, ainda na sua infância, com menos de 10 000 membros, tinha sido reanimado pela Marcha sobre Roma, aclamando Adolf Hitler como «o Mussolini da Alemanha» a 3 de novembro de 1922. Da mesma forma que Mussolini se apresentara ao seu povo como o Duce, os membros do partido começaram a referir-se a Hitler como o Führer, a palavra alemã para líder.([2])

Apenas três anos antes, quando Hitler fizera o seu primeiro discurso político numa cervejaria em Munique, poucos podiam ter previsto a sua ascensão ao poder. Quando jovem, ele esperara tornar-se artista em Viena, mas foi rejeitado duas vezes pela Academia de Belas-Artes. Levava um estilo de vida boémio, lendo muito e cultivando a sua paixão pela ópera e arquitetura.

Em 1914, depois de ter sido considerado inapto para servir no exército austro-húngaro, conseguiu alistar-se no exército da Baviera. Participou nalgumas das batalhas mais sangrentas da Primeira Guerra Mundial e perdeu temporariamente a visão em outubro de 1918, na sequência de um ferimento provocado por uma granada de gás-mostarda britânica. No hospital, quando soube do colapso militar da Alemanha, foi tomado pelo desespero, que se transformou rapidamente em ódio. Como muitos outros nacionalistas, ele achava que o Exército tinha sido traído pelos dirigentes civis que haviam derrubado a dinastia de Hohenzollern para estabelecer a República de Weimar e assinar um armistício na Revolução de Novembro.

Hitler regressou a Munique, onde vivera antes da eclosão da guerra. Encontrou uma cidade coberta de bandeiras vermelhas, onde o primeiro-ministro socialista Kurt Eisner estabelecera um Estado Livre da Baviera depois da abolição da monarquia de Wittelsbach em novembro de 1918. O assassinato de Eisner meses depois provocou uma revolta entre alguns trabalhadores, que se apressaram a proclamar uma República Soviética da Baviera. Foi uma experiência de curta duração, brutalmente reprimida por soldados do governo e voluntários paramilitares. Depois da revolução falhada, Hitler foi incumbido de lecionar soldados regressados da frente sobre os perigos do comunismo. Deu-se bem, descobrindo que tinha um talento: «O que eu antes sempre julgara ser verdade sem o saber aconteceu então: eu sabia "falar".»([3])

Os seus dotes de orador chamaram a atenção de Anton Drexler, fundador do Partido dos Trabalhadores da Alemanha (DAP), um grupo pouco coeso de conservadores que misturava o nacionalismo com o anticapitalismo num esforço para atrair segmentos mais vastos da população. Hitler entrou para o partido em setembro de 1919, depressa se tornando no seu orador mais influente. As pessoas afluíam em grande número para o ouvir. Um antigo apoiante recordou ter ficado pouco impressionado com um homem que parecia «um empregado de mesa no restaurante de uma estação de caminho de ferro», com botas pesadas, um colete de pele e um pequeno e estranho bigode. Mas assim que começava a falar, Hitler eletrizava o público. «Nos seus primeiros anos ele tinha um domínio da voz, frase e efeito que nunca foi igualado, e naquela noite ele estava no seu melhor.» Começou de um modo tranquilo e reservado, mas aos poucos animou-se, usando linguagem simples que as pessoas comuns podiam compreender. Quando começou a entusiasmar-se pelo seu tema, passou a atacar os Judeus, criticando o Kaiser, vociferando contra os especuladores da guerra, falando cada vez mais depressa com gestos teatrais, espetando de vez em quando o dedo no ar. Ele sabia adaptar a mensagem aos seus ouvintes, dando voz ao ódio e esperanças deles. «O público respondeu com uma explosão final de palmas e vivas frenéticos.» Em 1921 Hitler já conseguia encher um recinto tão grande como o Circus Krone de Munique com mais de 6000 seguidores.([4])

Em fevereiro de 1920 o partido adotou o novo nome de Partido Nacional-Socialista dos Trabalhadores Alemães (NSDAP, ou Partido Nazi). Pouco depois adquiriu um jornal fortemente endividado chamado *Völkischer Beobachter*, inicialmente publicado pela Sociedade Thule, um grupo sigiloso de ocultistas que usavam a suástica como seu símbolo e acreditavam no advento de um messias alemão para salvar a nação. Dietrich Eckart, o novo diretor do jornal, depositara as suas esperanças num jornalista chamado Wolfgang Kapp. Em março de 1920 Kapp e cerca de 6000 apoiantes intentaram um golpe de Estado contra a República de Weimar em Berlim, mas fracassaram quando as bases da administração pública decidiram fazer greve. Eckart voltou-se então para Hitler, vendo-o como o «salvador da pátria». Vinte anos mais velho, Eckart tornou-se no seu mentor, ajudando-o a melhorar a sua imagem, usando o *Völkischer Beobachter* para apresentar Hitler como o próximo grande homem da Alemanha.([5])

No verão de 1921 os dirigentes do partido saudaram a chegada de outro «orador popular e poderoso», o líder de uma organização rival chamada Associação dos Trabalhadores Alemães. Estes propunham uma fusão. Hitler entendeu isso como uma ameaça à sua posição e arriscou apresentando a sua demissão num acesso de cólera. Tudo dependia de Eckart, que serviu de mediador. Temendo perder a sua principal atração, os dirigentes cederam. Mas Hitler exigiu então ser «presidente com poderes ditatoriais». Meses depois Eckart apregoava nas páginas do *Völkischer Beobachter* que ninguém era mais generoso, íntegro e dedicado do que Hitler, que interviera no destino do partido com «punho de ferro».([6])

Assim que conquistou o poder no Partido Nazi, Hitler criou uma organização paramilitar chamada SA (abreviatura de *Sturmabteilung*, ou Divisão de Assalto). Ernst Röhm, um fiel seguidor, mandava os seus membros espancarem dissidentes que tentassem apupar Hitler em reuniões públicas. A SA também percorria as ruas de Munique, espancando os seus inimigos e perturbando eventos organizados pela oposição política.

O Partido Nazi passou a ser o partido do Führer, e Hitler trabalhava incansavelmente para o consolidar. Ele desenhou os vistosos panfletos vermelhos usados para recrutar novos membros e supervisionava as paradas, bandeiras, galhardetes, fanfarras e música que atraíam multidões cada vez maiores. Hitler era um coreógrafo meticuloso, atento a todos os pormenores. A 17 de setembro de 1921 foram publicadas instruções prescrevendo as medidas exatas e a combinação de cores da braçadeira da suástica. As camisas castanhas foram introduzidas depois de Mussolini marchar sobre Roma.([7])

Como Mussolini, Hitler também estudava com cuidado a melhor forma de se apresentar ao mundo exterior. Quando um antigo apoiante sugeriu que ele devia deixar crescer o bigode ou cortá-lo, Hitler manteve-se firme. «Não te preocupes», respondeu, «estou a criar uma moda. Com o passar do tempo as pessoas terão prazer em copiá-lo.» O bigode era tanto uma imagem de marca como a camisa castanha. Hitler, mais uma vez como Mussolini, era míope, mas tinha o cuidado de nunca ser visto em público usando óculos. Temendo facilitar o reconhecimento pela polícia, Hitler — ao contrário do seu homólogo italiano — evitava os fotógrafos. À medida que a sua fama aumentava, a especulação sobre a sua aparência acrescentava-lhe uma aura de mistério. Só no outono de 1923 é que Hitler aceitou ser fotografado por Heinrich Hoffmann, que logo se tornaria no fotógrafo oficial do partido. Esses primeiros retratos projetavam pura determinação e uma força de vontade quase fanática, mostrando um olhar sério, sobrancelhas erguidas, lábios franzidos e braços resolutamente cruzados. As fotografias foram generosamente divulgadas pela imprensa e eram vendidas como postais e retratos.([8])

Quando Adolf Hitler fez trinta e quatro anos, a 20 de abril de 1923, foi lançado o culto do líder. Uma manchete do porta-voz do partido aclamava-o como o «Führer da Alemanha». Alfred Rosenberg, outro antigo aliado, enaltecia Hitler como o «Líder da Nação Alemã», escrevendo sobre como o homem de Munique estabelecera uma «misteriosa interação» entre ele próprio e os seus muitos seguidores. Hitler, por outro lado, sabendo muito bem que os seus inimigos lhe chamavam demagogo, tirano, megalomaníaco e «Majestade Adolf I», descrevia-se em termos autodepreciativos como «nada mais do que um tambor e coletor», um simples apóstolo à espera de Cristo.([9])

Tudo isso era falsa modéstia. Como contou o próprio Eckart, um Hitler impaciente podia ser visto andando de um lado para outro no pátio e gritando, «Tenho de entrar em Berlim como Cristo no Templo de Jerusalém e escorraçar os agiotas». Procurando imitar Mussolini, a 8 de novembro de 1923 ele intentou um golpe de Estado invadindo uma cervejaria em Munique com a SA, anunciando a formação de um novo governo com o general Erich von Ludendorff, chefe das Forças Armadas alemãs durante a Primeira Guerra Mundial. O Exército não se juntou aos rebeldes. A polícia esmagou facilmente o golpe no dia seguinte. Hitler foi preso.([10])

O *Putsch* da Cervejaria fracassara. Hitler, atrás das grades, sucumbiu à depressão. Mas depressa se recompôs, reconhecendo que o martírio o chamava. A ampla cobertura da imprensa estabeleceu a sua notoriedade no país e no estrangeiro. Pessoas de todo o país enviaram-lhe presentes, e até alguns dos seus guardas sussurravam «*Heil*, Hitler» quando entravam no pequeno apartamento que lhe servia de cela. Os juízes no seu julgamento mostraram-se compreensivos, permitindo que Hitler usasse a sala de audiências como uma tribuna de propaganda, com as suas palavras transcritas em todos os jornais. Ele compareceu no tribunal não como acusado mas como acusador, apresentando os dirigentes da República de Weimar como os verdadeiros criminosos. Assumiu toda a responsabilidade pelo *Putsch*. «Eu sozinho assumo a responsabilidade», admitiu. «Se hoje estou aqui como revolucionário, é como um revolucionário contra a revolução. Não existe alta traição contra os traidores de 1918.» Então, escarneceu a ideia de que era apenas o tambor num movimento patriótico. «O meu objetivo desde o início era mil vezes superior [...] Eu queria ser o destruidor do marxismo.»([11])

A pena por alta traição foi surpreendentemente curta, de apenas cinco anos de prisão, depois reduzida para treze meses, mas suficientemente longa para permitir que Hitler escrevesse a sua biografia política. Quando foi libertado, dias antes do Natal de 1924, a maior parte do manuscrito intitulado *Mein Kampf — A Minha Luta* já estava concluída. O volume foi publicado no verão de 1925, mas só em 1933 se tornaria num êxito de vendas.

Mein Kampf resumia grande parte do que Hitler dissera nos seus discursos da cervejaria. Por trás de todos os males do país, quer fosse um sistema parlamentar corrupto quer a ameaça do comunismo, havia um envolvimento judaico. O seu programa era claro: revogar o Tratado de Versalhes, afastar os Judeus, punir a França, construir uma Alemanha maior e invadir a União Soviética por «espaço vital» (*Lebensraum*). Mas *Mein Kampf* também continha elementos da lenda de Hitler. Uma criança sobredotada, um leitor voraz, um orador nato, um artista não reconhecido impelido pelo destino a alterar a sorte de um povo. Um homem dominado por uma paixão sem igual que lhe permitia reconhecer as palavras que iriam «abrir as portas para o coração de um povo como as pancadas de um martelo». Um homem escolhido pelo Céu como mensageiro da sua vontade. Como disse um seguidor próximo, Hitler era um oráculo, um *Traumlaller* que falava profeticamente nos seus sonhos.([12])

O oráculo foi silenciado. O Estado da Baviera proibiu Hitler de falar em público quando ele saiu da prisão como um homem livre. O *Völkischer Beobachter* foi proscrito, o seu partido encerrado. A maior parte dessas restrições foi levantada em fevereiro de 1925, mas ainda em 1927 cartazes de propaganda mostravam o Führer amordaçado com ligaduras e as palavras «Proibido de Falar». Hitler apresentava-se como um patriota perseguido.([13])

O Führer voltou-se para a fotografia assim que saiu pelo portão de ferro tachonado da Prisão de Landsberg. Heinrich Hoffmann estava à sua espera no exterior para registar o momento para a posteridade, mas um guarda prisional ameaçou confiscar-lhe a máquina fotográfica. Hitler, de bigode bem aparado e o cabelo alisado para trás, posou então em frente da velha porta da cidade, colocando-se ao lado do estribo do *Daimler-Benz* e olhando resolutamente para a máquina fotográfica. A fotografia foi publicada em todo o mundo.([14])

Hitler não podia ser ouvido, mas era visto por todas as fileiras do partido e fora dele, pois Hoffmann publicara três livros de fotografias entre 1924 e 1926. O último volume, intitulado *O Despertar da Alemanha em Palavras e Imagens*, apresentava o líder como um salvador: «Um homem ergue-se de entre o povo, espalhando o credo do amor pela

Pátria.» Também foram publicados cartazes, alguns mostrando uma multidão de ouvintes esperando ansiosamente que o salvador aparecesse.([15])

No regresso a Munique, Hoffmann perguntou a Hitler o que pretendia fazer a seguir. «Começarei de novo, do princípio.» O partido foi ressuscitado e recebeu uma nova sede, designada «Casa Castanha», na Brienner Strasse. Hitler desenhou todos os pormenores, incluindo as cadeiras de pele vermelha com o brasão da águia soberana, copiada da Roma Antiga, gravado nas costas. Em cada lado da entrada, duas placas de bronze exibiam os nomes dos que tinham perdido a vida no *Putsch* da Cervejaria, então vistos como «mártires do movimento».([16])

Mas o número de filiados não aumentava. Só em 1927 é que a inscrição atingiu os 57 000, o número alcançado antes do *Putsch*. Estes foram os anos de eclipse político. A economia recuperava, sustentada por uma nova moeda que moderou a inflação e um fluxo de capital dos Estados Unidos. Os governos tornaram-se mais estáveis. A Alemanha voltou a ser recebida pela comunidade internacional quando entrou para a Sociedade das Nações em 1926. Os historiadores, retrospetivamente, chamariam a estes anos a «Idade de Ouro de Weimar».

O apoio ao NSDAP era tão fraco que a proibição de falar foi levantada em março de 1927. Mas apesar de todo o espetáculo em torno das aparições públicas de Hitler, com música estridente, bandeiras desfraldadas, faixas ondulantes e seguidores de braço estendido para saudar o líder, muitos lugares continuavam vazios. Os seus dotes de orador permaneciam intactos, mas a sua mensagem já não exercia a mesma atração. O movimento passava por um período de estagnação.([17])

Todavia, mesmo enquanto a sua popularidade estagnava, a sua imagem como figura divina propagava-se entre os seus apoiantes. Joseph Goebbels, um homem ambicioso e inteligente com um pé direito deformado que acabara de ingressar no partido, interrogava-se em outubro de 1925: «Quem é este homem? Meio plebeu, meio Deus! Verdadeiramente Cristo ou apenas São João Baptista?» Goebbels não era o único a interrogar-se. Mesmo quando a afluência foi menor do que a esperada no primeiro comício do partido em Nuremberga, realizado no verão de 1927, os membros da SA, de camisa castanha, enalteceram entusiasticamente o seu líder, que coreografara todo o evento. «A fé no Führer», declarou ele à multidão reunida, «e não a fraqueza da maioria, é decisiva». Nas fileiras do partido, a saudação «*Heil*, Hitler» tornou-se obrigatória, símbolo de uma ligação pessoal ao líder.([18])

O próprio Hitler era um astuto avaliador de carácter. Como recordou um dos seus primeiros apoiantes, ele conseguia avaliar uma pessoa à primeira vista, quase como um animal a farejar, distinguindo os que tinham «confiança ilimitada e fé quase religiosa» dos que mantinham uma distância crítica. Os primeiros eram levados a competir uns com os outros, os últimos, descartados assim que deixassem de ser úteis.([19])

Mein Kampf foi ridicularizado por inimigos, mas tratado como a Bíblia pelos seus seguidores. O livro afirmava repetidamente que os génios não se descobriam através de eleições gerais. «É mais fácil um camelo passar pelo buraco de uma agulha do que descobrir um grande homem em eleições.» Os seus seguidores consideravam-se apóstolos com a capacidade de ver, enquanto os não crentes eram cegos. Numa carta aberta a Hitler sobre o conceito de liderança, escrita em 1928, Goebbels reiterava essa ideia, afirmando que «O grande líder *não pode* ser eleito. Ele aparece quando deve aparecer.» Um líder não era escolhido pelas massas, um líder libertava as massas. O líder era aquele que, em tempo de grandes dúvidas, mostrava o caminho para a fé. «Vós sois o primeiro servidor na batalha pelo futuro», continuava, sugerindo que o líder se rodeasse de um pequeno grupo de verdadeiros homens que percorreria o país para pregar a fé àqueles que tinham caído no desespero. Um ano depois, quando Hitler fez quarenta anos, a 20 de abril de 1929, ele atribuiu ao líder ideal uma combinação de carácter, força de vontade, competência e sorte. Hitler já possuía três dessas qualidades. A sua estrela da sorte, previa Goebbels, brilharia em breve.([20])

O destino do partido alterou-se antes do fim do ano. A 3 de outubro de 1929, Gustav Stresemann, um pilar da democracia de Weimar, faleceu. Semanas depois deu-se a queda de Wall Street, que provocou vendas de pânico em todo o mundo. O desemprego subiu em flecha, ultrapassando a marca dos três milhões em poucos meses e culminando nos seis milhões em 1932. A confiança na democracia dissipou-se, a inflação aumentou e uma sensação de desespero e desânimo apoderou-se da maioria das pessoas. Hitler era o homem do momento.([21])

Foi lançada uma enorme campanha de propaganda. Enquanto os outros partidos se contentavam com bilhetes-postais ou um anúncio num jornal, os nazis dedicavam-se a atividades intensas e incessantes. Hitler sempre realçara a importância do discurso, e em 1930 mil oradores profissionais espalharam-se pelo país para divulgar a sua mensagem, chegando a todas as aldeias. Foram organizados comícios e reuniões, distribuídos cartazes e panfletos e pintadas suásticas nos passeios.

Mas o partido estava a pregar aos convertidos. Entre vastos segmentos da população erguia-se um muro de resistência que a propaganda não conseguia derrubar. O NSDAP autodesignava-se «o movimento de Hitler», pois a figura do Führer era o único elemento de propaganda verdadeiramente eficaz entre alguns comerciantes, agricultores protestantes e veteranos de guerra descontentes. Embora o eleitorado dos nazis aumentasse de 2,6 para 18,3 por cento entre maio de 1928 e setembro de 1930, os apoiantes de partidos políticos rivais, nas palavras do historiador Richard Bessel, «permaneciam notavelmente imunes à influência do culto que foi criado em torno de Hitler».([22])

Em setembro de 1931 a meia-sobrinha de Hitler, Geli Raubal, suicidou-se com um tiro no peito usando a pistola *Walther* do tio. Dois anos antes, mudara-se para o apartamento de Hitler em Munique, e o seu suicídio aos vinte e três anos de idade gerou imediatamente rumores de violência sexual, possivelmente até de assassínio. Foi um desastre publicitário, com a imprensa lembrando também aos leitores a homossexualidade de Ernst Röhm, o chefe da SA. Longe de ser o partido dos valores da família, o NSDAP, alegavam os inimigos dos nazis, era um grupo de pervertidos sexuais.([23])

Seis meses depois Heinrich Hoffmann publicou uma coletânea de fotografias intitulada *O Hitler Que Ninguém Conhece*. Esta humanizava a imagem do Führer. Baldur von Schirach, chefe da Juventude Hitleriana, escreveu o prefácio. Hitler, explicava ele, era não só um líder, mas também um «grande e bom homem». Poucas pessoas sabiam que ele cultivava hábitos simples e espartanos e trabalhava incessantemente para o bem de todos: «A sua capacidade de trabalho é extraordinária.» Ele não tinha vícios. «Poucos sabem que Hitler é abstémio, vegetariano e não fumador.» Os seus passatempos eram história e arquitetura. Lia vorazmente, gabando-se de possuir uma biblioteca com 6000 livros, «que ele não tinha apenas consultado, mas também lido». Hitler gostava de crianças e animais. A capa mostrava um Führer descontraído, sentado num prado alpino com um pastor ao lado. Uma centena de fotografias informais mostrava Hitler enquanto bebé, Hitler enquanto artista, Hitler em casa, Hitler a trabalhar, Hitler a descansar, Hitler a ler, a conversar, a fazer caminhadas e a sorrir.([24])

O livro saiu em março de 1932, a meio de uma campanha presidencial. Paul von Hindenburg, um marechal de campo muito respeitado, com oitenta e quatro anos de idade, tinha sido convencido a concorrer com Hitler. No primeiro dia da campanha oficial para a segunda volta das eleições, Goebbels publicou um artigo intitulado «Adolf Hitler como Ser Humano». Todos os temas do livro de fotografias eram reforçados. «Hitler é por natureza um homem bom», confirmava Goebbels. Um «ser humano entre outros seres humanos, um amigo dos seus camaradas, um incentivador prestável de todas as competências e todos os talentos». Ele era generoso e modesto, sendo por isso que todos os que o conheciam, «não só como político mas também como pessoa», lhe eram tão dedicados. Emil Ludwig, um biógrafo contemporâneo, comentou: «Tudo o que Hitler não possuía, os Alemães eram persuadidos a imaginar pelo seu discípulo Goebbels.»([25])

O homem bom mostrou-se a milhões de pessoas. Goebbels fretou um avião, levando-o a dezenas de cidades num circuito aéreo que popularizou o culto de Hitler. «Hitler sobre a Alemanha», gritavam as manchetes. As pessoas eram obrigadas a esperar durante horas, irrompendo em aplausos quando Hitler descia finalmente das nuvens no seu avião como um messias. As raparigas davam-lhe flores, os líderes locais prestavam a sua homenagem e bandas da SA tocavam música. As multidões aclamavam-no.([26])

Um cartaz eleitoral com o título incisivo de «Hitler» tornou-o imediatamente reconhecível. O seu rosto parecia flutuar livremente no espaço, realçado por um fundo escuro. Mas toda a propaganda não conseguiu dar a Hitler apoio suficiente para que ele vencesse a corrida presidencial. Hindenburg obteve uma vitória esmagadora e tornou-se presidente do Reich, ou chefe de Estado, em abril. Foram realizadas eleições nacionais meses depois. Hitler manteve o mesmo programa implacável. As suas cansativas viagens aéreas acabaram por compensar, quando o NSDAP se tornou no partido político mais importante em julho de 1932, com 37,3 por cento dos votos.

Apesar disso, Hindenburg recusou-se a nomear Hitler chanceler da Alemanha, o equivalente de chefe de governo. Em vez de aceitar um compromisso, Hitler enfureceu-se, recusando-se a fazer parte do governo. Percorreu o país para denunciar a «clique reacionária» no poder em Berlim. Em vez de o apoiar, no que parecia uma queda no esquecimento, um eleitorado mais criterioso deu ao partido menos de um terço dos votos em novas eleições realizadas em novembro de 1932. «A aura desapareceu [...] a magia falhou», constatou um jornal. «Um cometa em queda no nevoeiro de novembro», comentou outro. Os membros do partido sentiram-se desiludidos, abandonando as suas fileiras às dezenas de milhares.([27])

A 30 de janeiro de 1933 Hitler tornou-se chanceler da Alemanha. Isso resultou não tanto de um processo eleitoral, mas de uma série de sórdidas manobras políticas de bastidores em que Hindenburg desempenhou o papel principal. O velho presidente não confiava em Hitler, mas detestava ainda mais o rival deste. Quando Kurt von Schleicher, o último chanceler da República de Weimar, propôs governar como ditador efetivo para quebrar o impasse parlamentar, Hindenburg nomeou Hitler no seu lugar.

Semanas depois, o edifício do Reichstag, onde se reunia o parlamento, foi incendiado. Hitler usou o incidente para afirmar que estava em curso uma conspiração comunista. Hindenburg, que não confiava no sistema parlamentar para conter a ameaça da esquerda, foi convencido a aprovar um decreto suspendendo direitos fundamentais.

O terror e a propaganda avançaram então de mãos dadas, com centenas de milhares de Camisas Castanhas perseguindo os seus opositores. O presidente da câmara de Stassfurt, um social-democrata, foi morto a tiro a 5 de fevereiro de 1933. Inúmeros outros líderes da oposição foram intimidados, espancados ou exibidos pelas ruas a caminho da prisão. Mesmo assim, o NSDAP não conseguiu garantir uma maioria absoluta nas eleições de março de 1933, conquistando apenas 43,9 por cento dos votos. Uma Lei de Concessão de Plenos Poderes foi aprovada no mesmo mês, concedendo a Hitler poderes ilimitados durante quatro anos.([28])

Seguiu-se uma vaga ainda maior de terror. Em maio os sindicatos foram proibidos, enquanto em junho todos os outros partidos políticos foram dissolvidos. A violência não visava apenas opositores políticos ou párias sociais, mas dirigia-se a todos os opositores dos nazis. Cerca de

100 000 pessoas foram detidas sem julgamento só em 1933. Centenas morreram na prisão. Embora muitas fossem posteriormente libertadas, a sua detenção surtiu o efeito desejado, fazendo com que o medo se tornasse parte integrante da vida quotidiana.([29])

Assim que Hitler se tornou chanceler, algumas autoridades municipais começaram a demonstrar o seu zelo rebatizando ruas, praças, avenidas, escolas, estádios ou pontes com o nome do líder. A 31 de março de 1933 o centro de Hanôver passou a chamar-se Praça Adolf Hitler. Três dias depois uma avenida central entre a Charlottenplatz e o Wilhelm Palais, em Estugarda, recebeu o novo nome de Rua Adolf Hitler. Para jogar pelo seguro, uma escola secundária na mesma cidade foi denominada Escola Adolf Hitler. Em Charlottenburg, Berlim, as autoridades locais rebatizaram a Praça da Chancelaria em honra do Führer por ocasião do seu aniversário a 20 de abril de 1933. Em poucos anos até a mais pequena aldeia tinha forçosamente a sua Rua Adolf Hitler. Muitas tinham também uma Praça Adolf Hitler.([30])

As pessoas também escreviam para honrar o Führer. A 18 de fevereiro *Herr* Weber, proprietário de um café e pastelaria em Sondershausen, pediu autorização para chamar o seu estabelecimento «Chanceler do Reich A. Hitler». O Führer recusou. Três dias depois um criador de rosas propôs denominar uma nova variedade «Adolf Hitler», enquanto um engenheiro pediu para batizar uma turbina eólica em Berlim de «Torre Adolf Hitler». Um admirador de Düsseldorf batizou a filha de Hitlerine. Adolfine, Hitlerike e Hilerine também eram nomes populares.([31])

Mas não existiam estátuas de Adolf Hitler. Ao contrário da maioria dos outros ditadores, o Führer achava que as estátuas e os monumentos deviam ser reservados para as grandes figuras históricas do passado. Ele era um líder do futuro.([32])

Retratos do Führer adornavam todas as repartições públicas, mas fora dos organismos do Estado a procura da sua imagem também aumentou. Alguns empresários pediram autorização para usar o nome ou perfil de Hitler para vender sabonetes, charutos e doces. Outros ignoravam completamente o Estado e produziam bombons ou salsichas com a forma da suástica. Para proteger a «sagrada natureza e valor» dos símbolos do Estado, Goebbels promulgou uma lei a 19 de maio de 1933 proibindo a circulação de qualquer imagem do Führer sem a aprovação do partido.([33])

Hitler era apenas chanceler, e ao lado do seu retrato encontrava-se o do presidente. Hitler aproveitou ao máximo a situação, usando a aura de Hindenburg para se colocar numa linhagem direta de grandes líderes alemães. A 30 de janeiro de 1933 os dois homens tinham aparecido lado a lado na varanda na Wilhelmstrasse, saudando cerca de 60 000 Camisas Castanhas numa parada à luz de tochas coreografada por Goebbels. Dois meses depois, na cerimónia de abertura do Reichstag em Potsdam, Hitler inclinou-se respeitosamente perante Hindenburg para receber a sua bênção. O acontecimento foi exibido em todos os cinemas.([34])

Em 1934 os Camisas Castanhas, que tinham feito o trabalho sujo e estavam cada vez mais exigentes, pediram para ser incorporados no exército regular. Mas os generais conservadores encaravam-nos como rufiões. Hitler não queria antagonizar as Forças Armadas. Temia também que Ernst Röhm, o comandante da SA, se tornasse demasiado poderoso. A 30 de junho, na Noite das Facas Longas, ele mandou os seus guardas de elite da SS expurgarem a SA. Röhm foi detido e fuzilado, com dezenas de outros dirigentes. Milhares de Camisas Castanhas foram parar à cadeia. Hindenburg, que mantinha o comando do Exército como presidente, felicitou Hitler.

O velho marechal de campo morreu a 2 de agosto de 1934. Uma hora depois os cargos de presidente do Reich e chanceler da Alemanha foram reunidos na pessoa do Führer, que passou a comandar o Exército. O tradicional juramento de fidelidade ao cargo de presidente foi alterado e dado a Adolf Hitler em nome de todos os soldados.([35])

Hitler, depois de consolidar a custo a sua imagem como líder carismático, exigiu então um plebiscito para a sua confirmação. A população foi chamada a votar sobre a fusão dos dois cargos a 19 de agosto. Seguiu-se uma onda de propaganda. Surgiram cartazes de Hitler em toda a parte, com apenas uma palavra: «Sim». Na Baviera, onde a BMW tinha as suas fábricas, um observador comentou: «Hitler em todos os quadros informativos, Hitler em todas as montras. Aliás, Hitler em todas as janelas que podemos ver. Todos os elétricos, todas as janelas em todas as carruagens de comboio, todas as janelas dos automóveis: Hitler espreita por todas as janelas.» Nalguns lugares, os Camisas Castanhas, que continuaram a operar numa escala muito mais reduzida depois da purga, distribuíram gratuitamente retratos do Führer, exigindo que estes fossem colocados bem à vista. Voltavam horas depois se as suas ordens não fossem cumpridas. Também foram distribuídas bandeiras para serem penduradas das janelas. Os residentes no centro de Dresden receberam instruções precisas sobre o número exato de bandeiras com a suástica que deviam exibir.([36])

Noventa por cento dos eleitores votaram a favor. Cinco milhões de pessoas tiveram a coragem de inutilizar o boletim de voto ou votar «Não». Como comentou o académico judeu Victor Klemperer no seu diário, «Um terço votou "Sim" por medo, um terço por intoxicação, um terço por medo e intoxicação».([37])

A seguir ao plebiscito realizou-se o congresso anual do partido. Desde 1927 que este decorria em Nuremberga, uma pequena cidade na Baviera com edifícios fortificados que datavam do Sacro Império Romano-Germânico, considerado o Primeiro Reich. Os comícios tinham vindo a aumentar de tamanho ao longo dos anos, mas nenhum igualou o «Congresso da Unidade e Força», como a reunião de 700 000 pessoas ficaria conhecida mais tarde. Como anunciou o tenente de Hitler, Rudolph Hess, na cerimónia de abertura: «Este congresso é o primeiro a ter lugar sob o domínio ilimitado do nacional-socialismo. Realiza-se sob o lema de Adolf Hitler como o mais nobre e único líder da Alemanha, sob o lema do "Führer" como um conceito consagrado na lei do Estado.» O comício concentrou-se em exaltar o Führer. Albert Speer, o principal arquiteto do partido, construiu um campo enorme com uma tribuna rodeada de 152 holofotes projetando raios verticais para o céu noturno, criando aquilo a que os admiradores chamaram uma Catedral de Luz em torno do Führer, quando este se dirigiu a vastas formações de seguidores fardados e prisioneiros de cada uma das suas palavras. Como resumiu Hess: «O Partido é Hitler e Hitler é a Alemanha, tal como a Alemanha é Hitler!»([38])

Nos anos seguintes à sua libertação da prisão, em 1924, Hitler fizera da sua boa estrela o princípio orientador do partido. A crença em Adolf Hitler tornou-se decisiva: a sua intuição, visão e pura força de vontade impulsionaria o NSDAP. O hitlerismo centrava-se inteiramente em Hitler. Como salientara *Mein Kampf*, quando as pessoas adoravam um génio elas libertavam a sua força interior. Só os Judeus condenavam a veneração por grandes almas, considerando-a um «culto de personalidade». O povo como um todo devia unir-se na sua adoração por um homem.([39])

O culto de personalidade rebaixava todos os outros no seio do partido. Dez dias depois do plebiscito de 19 de agosto de 1934, uma circular do NSDAP ordenava que os retratos de Goering, Goebbels e outros dirigentes fossem retirados das instalações do partido. Quando os adeptos se reuniram para o comício seguinte em Nuremberga, um ano depois, o *slogan* proposto por Hess foi abreviado para «Hitler é a Alemanha, tal como a Alemanha é Hitler».([40])

Destacar-se em relação a todos os outros tinha muitas vantagens. A maioria das pessoas detestava os violentos Camisas Castanhas e tinha saudado a Noites das Facas Longas, desconhecendo a dimensão do massacre, porque Goebbels controlava rigorosamente os jornais. Muitos viam no seu chanceler um homem corajoso que punha o seu país acima dos antigos camaradas, agindo rapidamente contra homens poderosos que se haviam tornado num perigo para o Estado. Mas a purga também mostrara que existiam forças em conflito no seio do movimento nazi. Hitler parecia ser o único capaz de unir fações internas muito diversas e, às vezes, antagónicas no partido. Enquanto ele explorava as suas rivalidades em proveito próprio, elas tinham de o servir numa relação de subordinação. E quando as coisas corriam mal, os cidadãos comuns culpavam os subordinados, raramente o Führer, reforçando ainda mais a aura de invencibilidade do líder.([41])

Duas semanas depois do incêndio do Reichstag, Goebbels mudou-se para o Ordenspalais, um palácio do século XVIII na Wilhelmstrasse mesmo em frente da chancelaria. Como ministro da Propaganda e Esclarecimento do Reich, trabalhava incansavelmente para promover o culto do Führer. A 19 de abril de 1933, com Hitler prestes a fazer quarenta e quatro anos, Goebbels falou à nação. Muitos admiradores correram para se juntar às fileiras do partido, explicou, enquanto milhões de apoiantes comuns só o tinham visto de longe. Mas até os poucos que o conheciam bem sucumbiam à magia da sua personalidade. «Quanto mais o conhecemos», continuava Goebbels, «mais o admiramos e mais dispostos nos tornamos a entregar-nos plenamente à sua causa». Durante a década seguinte, Goebbels enalteceria o líder num discurso anual na véspera do seu aniversário, que passou a ser um importante feriado assinalado por paradas e festividades públicas.([42])

Todos os aspetos da vida quotidiana eram controlados pelo Estado de partido único. Num processo chamado *Gleichschaltung*, ou sincronização, o partido assumiu o controlo ou ocupou o lugar de todas as organizações, do sistema de ensino ao clube desportivo local. Todas adotaram a visão nazi. Goebbels supervisionava a imprensa, com todos os jornais difundindo a mesma mensagem, sempre dominados por rasgados elogios ao Führer.

A sua palavra estava em toda a parte. Os seus discursos mais importantes eram publicados em todos os principais jornais e distribuídos em milhões de panfletos produzidos pela gráfica do partido. A partir de 1937, todas as semanas eram produzidas centenas de milhares de cartazes com uma citação para serem expostos em filiais do partido e edifícios públicos. Os jornais tinham *slogans* semanais que publicavam por baixo de uma manchete, normalmente, se não mesmo sempre, algum dito de Hitler.([43])

As vendas de *Mein Kampf* dispararam. Na Semana do Livro Alemão realizada em Bremen em novembro de 1933, Will Vesper, membro do partido e crítico literário, declarou que *Mein Kampf* era «o livro sagrado do nacional-socialismo e da nova Alemanha que todos os alemães devem ter». Um milhão de exemplares já tinham sido vendidos no final do ano. Quatro anos depois, as vendas ultrapassaram a marca dos quatro milhões: «Um Livro Conquista Uma Nação!», anunciava um jornal de Berlim. Tornou-se no presente de eleição para os recém-casados, enquanto exemplares gratuitos foram mais tarde distribuídos a soldados na frente de combate.([44])

Também eram publicados excertos e resumos do texto sagrado. Em 1934, o capítulo intitulado «Nação e Raça» saiu em formato de brochura e foi distribuído às escolas dois anos depois. As compilações de citações do Führer, como, por exemplo, *As Palavras do Führer* e *As Palavras de Hitler*, tornaram-se populares. Mas alguns anos depois Hitler interveio, exigindo que essas publicações fossem proibidas, uma vez que simplificavam o seu pensamento. Ele queria que as suas obras fossem lidas na íntegra.([45])

A sua voz também se ouvia em toda a parte. Hitler falou pela primeira vez pela rádio um dia depois de se tornar chanceler. Não correu bem, com alguns ouvintes queixando-se mesmo de que o seu tom de voz era áspero e «pouco alemão». Hitler aperfeiçoou as suas capacidades radiofónicas.

Afinal, ele era um orador experiente. «O som, penso eu, é muito mais sugestivo do que a imagem», opinou. «Podemos retirar infinitamente mais desse meio.»([46])

Hitler voltou a ser ouvido na véspera das eleições de março de 1933. Goebbels estava eufórico: «Este hino vibra pelo éter através da rádio em toda a Alemanha. Quarenta milhões de alemães escutam-no de pé nas praças e nas ruas do Reich, ou sentados em tabernas e casas ao lado do altifalante, e tomam consciência do grande momento de transição na História.»([47])

«A rádio é toda minha», exultou Goebbels, aprovando rapidamente um programa para a venda de milhões de aparelhos baratos abaixo do custo de produção. «A Alemanha Inteira Escuta o Führer com a Rádio do Povo!» passou a ser o *slogan* e, em 1941, já cerca de 65 por cento de todos os lares tinham uma assinatura. Mas nem as pessoas sem rádio conseguiam fugir à voz do seu salvador. Foram erguidas colunas com altifalantes nas cidades e instalados altifalantes portáteis nas vilas e aldeias. Em março de 1936 Victor Klemperer deparou-se com um discurso de Hitler numa visita a Dresden. «Durante uma hora não consegui fugir dele. Primeiro numa loja aberta, depois no banco, depois novamente numa loja.»([48])

Hitler estava quase completamente ausente dos documentários cinematográficos antes de se tornar chanceler. Também aí Goebbels viu uma oportunidade para explorar uma nova tecnologia para fins de propaganda. A 10 de fevereiro de 1933, uma equipa de operadores de câmara e seus assistentes filmaram o discurso de trinta e três minutos de Hitler no Berliner Sportpalast, uma enorme arena coberta no bairro de Schöneberg, na capital. Mas o filme não conseguiu captar a ligação entre o orador e o seu público. Goebbels ficou com dúvidas. Apesar de Hitler se tornar presença frequente em documentários semanais, as suas aparições continuavam a ser esporádicas.([49])

Hitler interveio e contratou Leni Riefenstahl para realizar *O Triunfo da Vontade*, um sumptuoso documentário do comício do partido em Nuremberga em 1934. Riefenstahl usou câmaras portáteis, fotografia aérea e som sincronizado para produzir uma obra-prima de propaganda, apresentando um regime criminoso que acabara de levar a cabo uma purga sangrenta como uma experiência hipnotizante e quase religiosa em que o povo fiel se unia ao seu salvador numa espécie de elo místico. A estrela era Adolf Hitler, descendo como um deus das nuvens, de avião, na cena inicial. *O Triunfo da Vontade* ganhou prémios na Alemanha, Estados Unidos, França e outros países. Seguiram-se outros filmes, incluindo uma obra de propaganda intitulada *Dia da Liberdade: As Nossas Forças Armadas* e um documentário sobre os Jogos Olímpicos de 1936 em Berlim. Todos eles eram exibidos em antestreias especiais para a elite do partido, em salas de cinema em todo o país e levados para as zonas rurais em cinemas ambulantes.([50])

Goebbels tentou recrutar Hoffmann, mas o fotógrafo estava decidido a continuar a ser «apenas um homem de negócios». A sua empresa prosperava, com lojas em todas as principais cidades. Como a imagem do Führer era protegida por lei, o fotógrafo oficial detinha um monopólio sobre o mercado. Vendia as suas fotografias como retratos, postais, cartazes e calendários. O seu livro *O Hitler Que Ninguém Conhece*, publicado em 1932, vendeu cerca de 400 000 exemplares. Seguiu-se uma série igualmente bem-sucedida de livros de fotografias, incluindo *A Juventude em torno de Hitler*, *Hitler em Itália*, *Com Hitler no Oeste* e *O Rosto do Führer*. Todos foram publicados em vários formatos, de livros de luxo a edições em miniatura que cabiam facilmente no bolso de um soldado na frente.([51])

Os pintores, escultores, fotógrafos, tipógrafos e até os Correios eram remetidos para o estúdio de Hoffmann. O seu alcance aumentou ainda mais quando Hitler o nomeou para dirigir a Grande Exposição de Arte Alemã em 1937. Todos os anos, dezenas de obras de arte representando Hitler, muitas copiadas das fotografias de Hoffmann, enchiam salas inteiras.([52])

Goebbels controlava a propaganda, mas não as escolas e as universidades. Para sua grande deceção, o Ministério da Cultura que lhe tinha sido prometido foi para Bernhard Rust. Hitler gostava de dividir para reinar, incentivando a rivalidade entre os seus subalternos ou dando-lhes tarefas coincidentes para consolidar o seu próprio poder. Isso tornava-o no mediador supremo, reduzindo os outros a subordinados competindo continuamente para se superar uns aos outros.

Rust, um fervoroso nazi, certificou-se de que as crianças eram instruídas no culto do líder desde o primeiro dia de escola. A saudação nazi foi introduzida nos finais de 1933. O retrato do Führer estava em todas as salas de aula. Os velhos manuais escolares foram proscritos, com alguns queimados em fogueiras gigantes, enquanto os novos repetiam insistentemente a mesma mensagem: amai o líder e obedecei ao partido. Em vez de ler Goethe, recitavam o poema «Mein Führer», de Hans H. Seitz: «Agora já vos vi/ E levarei a vossa imagem comigo/ Aconteça o que acontecer/ Estarei do vosso lado.»([53])

Em biografias resumidas, as crianças aprendiam a história de um homem que se erguera da obscuridade para salvar o seu povo. *A História de Adolf Hitler Contada às Crianças Alemãs*, de Annemarie Stiehler, concluía: «Enquanto os Alemães trilharem a Terra, pensarão em Adolf Hitler com gratidão, naquele que subiu a pulso de soldado desconhecido durante a guerra mundial a Führer e salvou a Alemanha de grandes necessidades.» Nalgumas escolas as crianças rezavam todos os dias pelo Führer: «Querido Deus, peço-vos/ Que eu seja uma criança piedosa/ Protegei Hitler todos os dias/ Que nenhum acidente lhe aconteça/ Vós o enviastes na nossa aflição/ Ó Deus, protegei-o.»([54])

O Nosso Hitler, publicado em 1933 por Paul Jennrich, incitava os jovens leitores: «Acordem e sigam-no!» Os jovens inscreviam-se na Juventude Hitleriana, uma organização dirigida por Baldur von Schirach. Como esta era a única organização juvenil autorizada, o número de filiados disparou depois de 1934. Três anos depois, o ingresso na mesma tornou-se obrigatório para todos os jovens alemães. Estes juravam amor e fidelidade ao Führer. Cantavam, desfilavam e rezavam em seu nome: «Adolf Hitler, vós sois o nosso grande Führer. O vosso nome faz tremer o inimigo.»([55])

Tanto os adultos como as crianças aprendiam que «O Führer Tem sempre Razão». Robert Ley, dirigente da Frente Alemã do Trabalho e fiel seguidor do Führer, usou o *slogan* no comício de Nuremberga em 1936. O mesmo apareceu depois por todo o país, proclamado em faixas, cartazes e jornais.([56])

Goebbels, Riefenstahl, Hoffmann, Rust, Schirach e Ley trabalhavam todos incansavelmente para promover o seu líder. Mas o maior arquiteto do culto continuava a ser o próprio Hitler; ator principal, encenador, orador e publicitário reunidos numa só pessoa. Ele afinava constantemente a sua imagem. Depois de 1932 projetou-se como um líder próximo do seu povo, saudando milhões de pessoas em desfiles e comícios. Mas também estava empenhado em se apresentar como um grande estadista e ator no palco internacional.

Assim que se mudou para a chancelaria, contratou um designer de interiores para remodelar as instalações. Hitler detestava o velho edifício, encarando a sua pompa exagerada como uma parábola da decadência política da nação. As salas foram abertas para deixar entrar ar e luz. Foram retiradas as velhas divisórias, arrancados os soalhos e introduzidas linhas retas, limpas e desobstruídas. À medida que o templo da democracia era demolido, erguia-se uma nova Sala de Receções, com a suástica em mosaicos no teto e candeeiros de bronze nas paredes. Deus estava a arrumar a sua casa.([57])

Vários anos depois, o arquiteto preferido de Hitler, Albert Speer, recebeu carta-branca para construir uma nova chancelaria, um edifício amplo que monopolizou todo o lado norte da Vossstrasse. Hitler apreciava sobretudo o mármore polido da galeria principal, que tinha o dobro do comprimento do Salão dos Espelhos em Versalhes: «No longo percurso da entrada para a sala de receções, eles ficarão com uma ideia do poder e grandeza do Reich Alemão!» O escritório tinha 400 metros quadrados, proporcionando ao Führer grande prazer sempre que um convidado tinha de o percorrer para chegar à sua secretária.([58])

O apartamento de Hitler em Munique também foi remodelado, com todos os pormenores minuciosamente planeados, até aos puxadores das portas. O seu designer de interiores, Gerdy Troost, criou um ambiente de discreto luxo burguês, com livros e arte expostos de forma proeminente. «Podíamos estar em Park Terrace, Glasgow», comentou um visitante. Tudo foi projetado para transmitir um ambiente de familiaridade e estabilidade tranquilizadoras.([59])

Contudo, o palco principal para a atuação de Hitler como estadista culto e idóneo não ficava em Berlim nem em Munique. Em 1933 ele comprou um pequeno chalé no retiro de montanha bávaro de Obersalzberg, que foi renovado e ampliado para dar lugar a um extenso complexo chamado Berghof (o retiro alpino é às vezes designado Berchtesgaden, o nome da vila local). Gerdy Troost, que já remodelara a casa e o escritório de Hitler, encheu as espaçosas salas e quartos de dormir de tecidos, tapeçarias luxuosas e móveis modernos. O centro do Berghof era o

Grande Salão, uma sala de receções do tamanho de um pequeno ginásio dominada por uma janela enorme que podia ser aberta para oferecer uma vista panorâmica das montanhas cobertas de neve. Aí, Hitler dava as suas receções, com todos os pormenores concebidos para impressionar os seus convidados. Estes ficavam deslumbrados com o tamanho do Grande Salão, depois espantados com a enorme extensão da janela, a maior peça de vidro fabricada na altura. Não havia nada entre eles e o pico da montanha. Os móveis estavam dispostos ao longo da parede para deixar o centro da sala desocupado. Mas os sofás enormes tinham costas fundas, obrigando as visitas a reclinarem-se ou a empoleirarem--se na ponta. Hitler sentava-se muito direito numa cadeira, dominando todos os outros.([60])

No exterior, o Führer posava para a máquina fotográfica de Heinrich Hoffmann, dando de comer a um veado a partir do seu terraço, brincando com o seu cão, cumprimentando crianças. Milhares de simpatizantes e turistas não tardaram a chegar, esperando ver Hitler de relance. Parecia «um sonho maravilhoso estar tão perto do Führer», recordou uma mulher de Frankfurt. A visita de pessoas estranhas foi proibida em 1936, mas importantes personalidades continuaram a aparecer sem aviso: dois anos depois também foram banidas.([61])

No interior, Hitler recebia um fluxo constante de dignitários, de reis e embaixadores a líderes religiosos e secretários de Estado. Muitos eram simpatizantes criteriosamente selecionados, e a maioria mostrava-se devidamente impressionada. O antigo primeiro-ministro britânico Lloyd George, que fez uma visita em 1936, regressou a casa declarando que Hitler era o «George Washington da Alemanha» e um «líder de homens nato». Os duques de Windsor visitaram-no e posaram para a fotografia.([62])

No entanto, o Berghof oferecia também o palco ideal para intimidar potenciais adversários. Quando Kurt Schuschnigg apareceu para negociar o destino do seu país, Hitler tratou de sentar alguns dos seus generais de aspeto mais feroz atrás de si, fitando ameaçadoramente o chanceler da Áustria durante todo a conversa, que durou duas horas.([63])

Mas Hitler não era Mussolini, um ditador que conseguiu cativar alguns dos maiores líderes do mundo. A melhor tática de Hitler não era tanto encantar mas desconcertar, levando os que se encontravam com ele a uma falsa sensação de segurança. Hitler era um mestre na arte do disfarce, escondendo a sua personalidade por trás da imagem cuidadosamente fabricada de um homem modesto, generoso e simples. Ele sabia captar e dar expressão às emoções de uma multidão, mas também sabia ler os seus convidados, ajustando o tom de voz e postura para esconder as suas intenções e minimizar a ameaça que representava. Quando a jornalista americana Dorothy Thompson publicou *I Saw Hitler* em 1932, depois de uma longa entrevista, descrevendo-o como «sem forma e sem rosto» e «o protótipo perfeito do Homenzinho» que atacaria apenas «o mais fraco dos seus inimigos», Hitler riu-se. Ela foi apenas uma de muitas pessoas que subestimaram o que o homenzinho podia fazer — e faria.([64])

Da chancelaria e do Berghof, os dois centros de poder do Terceiro Reich, Hitler começou a concretizar a visão que expusera em *Mein Kampf*, embora o fizesse mais através da intuição, aproveitando as oportunidades quando estas surgiam, do que através da adesão a um programa definitivo. A Alemanha saiu da Sociedade das Nações em outubro de 1933. O serviço militar obrigatório foi reintroduzido, em violação do Tratado de Versalhes, em março de 1935, e as Forças Armadas aumentadas para seis vezes o número permitido. Ao mesmo tempo que fazia promessas de paz, Hitler preparava o seu país para a guerra. Em março de 1936 fez a sua primeira aposta internacional, quando o seu exército entrou na zona desmilitarizada na Renânia. Os seus próprios conselheiros militares avisaram-no dos riscos, e as suas tropas tinham ordens rigorosas para recuar se enfrentassem qualquer oposição da parte de França. Mas nada aconteceu, com a exceção de um fraco voto de condenação pela Sociedade das Nações. «Com a certeza de um sonâmbulo, sigo o caminho traçado para mim pela Providência», ironizou Hitler. Ele próprio começara a acreditar na sua própria infalibilidade.([65])

O golpe da Renânia arrasou os opositores de Hitler. Eles ficariam ainda mais isolados após um referendo duas semanas depois, uma demonstração de união cuidadosamente orquestrada entre o líder e o seu povo. Uma vaga de terror já reduzira as fileiras dos críticos do partido. As pessoas eram presas pela mais pequena infração. Robert Sauter, um cidadão comum que questionou a fiabilidade dos jornais, foi preso durante cinco meses. Paul Glowania, residente em Ludwigshafen, expressou algumas dúvidas sobre o regime na privacidade da sua própria casa; foi ouvido, denunciado e condenado a um ano de prisão. «A Alemanha encontra-se silenciosa, nervosa, reprimida; fala em sussurros; não existe opinião pública, nem oposição, nem debate sobre o que quer que seja», constatou W. E. B. Du Bois, o ativista de direitos humanos afro-americano que passou meses a viajar pelo país em 1936.([66])

A propaganda, aliada ao terror, convenceu a maioria a votar «Sim». Mesmo numa pequena vila de 1500 pessoas, havia cartazes em toda a parte, nas vedações e nas casas, incluindo retratos gigantes de Hitler. Em Breslau, todas as montras estavam obrigadas a ter um canto dedicado a Hitler. Os lojistas que resistiam eram ameaçados com um dia num campo de concentração. Noutros lugares, os Camisas Castanhas apareciam à porta de todas as casas, dizendo aos seus ocupantes quantos cartazes deviam ser exibidos. Ainda havia casos de resistência, com retratos de Hitler cobertos de tinta ou rasgados durante a noite. O resultado do referendo foi que 99 por cento votaram «Sim». «É o milagre do nosso tempo terem-me encontrado entre tantos milhões», disse Hitler a apoiantes eufóricos no comício do partido em setembro de 1936, «e eu ter-vos encontrado é a grande sorte da Alemanha».([67])

Hitler tinha então o apoio popular de que precisava para expandir o Terceiro Reich. Mas para fazer a guerra, ele achava que a economia tinha de se tornar autossuficiente. Já em 1933, as exportações tinham sido reduzidas e o consumo racionado. Foram introduzidos controlos de preços e construídos silos para os cereais. Em 1936 Hermann Goering foi nomeado para implementar o Plano de Quatro Anos, aumentando o esforço para alcançar a independência económica em 1940. O plano provocou a escassez generalizada. O jornalista americano William Shirer relatou, de Berlim, que longas filas de pessoas soturnas esperavam diante das mercearias, pois havia escassez de carne, manteiga, fruta e gorduras. A substituição da importação implicou cada vez mais que a roupa fosse fabricada a partir de pasta de madeira, a gasolina a partir do carvão e a borracha, do carvão e cal. As pessoas atentas aos custos interrogavam-se quanto dinheiro se gastava em propaganda, para não falar dos milhões esbanjados no retiro de montanha para o «simples trabalhador do seu povo».([68])

Panem et circenses, pão e circo, era um velho princípio bem conhecido dos ditadores modernos, mas o entretenimento também estava a falhar: os desfiles, os comícios e os discursos pareciam todos iguais.

«Desapareceu a crença nos poderes mágicos de Hitler», aventou um comentador. Ainda assim, muitos reconheciam a Hitler o mérito de ter libertado o país dos entraves de Versalhes. Hitler elevara o país à sua justa posição no mundo e devolvera o seu Exército à sua antiga glória.([69])

Acima de tudo, o culto oferecia proteção contra a desilusão com o sistema. As pessoas culpavam o partido, não o seu líder. Quanto mais dececionadas se sentiam, mais identificavam Hitler como um homem deliberadamente desinformado pelos seus subordinados. Ele só queria o melhor para o seu povo. «Se Hitler soubesse» tornou-se numa expressão popular.([70])

Depois de se descrever como um sonâmbulo guiado pela mão do destino, Hitler sabia que tinha de mostrar que a sua boa estrela ainda estava em ascensão. Em março de 1938 voltou a arriscar. Já antes da queda do Império Austro-Húngaro, em 1918, se tinham ouvido apelos à unificação da Áustria e da Alemanha numa Alemanha Maior. O Tratado de Versalhes proibiu a união e desapossou a Áustria da região dos Sudetas, entregando a zona dominada por alemães à Checoslováquia. Em fevereiro de 1938 Hitler tentara convencer o chanceler da Áustria a nomear simpatizantes nazis para importantes cargos em Viena. De volta ao seu país, Schuschnigg organizou um referendo sobre a questão da unificação. Hitler ficou furioso, enviou um ultimato e invadiu o país vizinho a 12 de março. Ele próprio atravessou a fronteira nesse mesmo dia num cortejo de automóveis, sendo recebido por multidões que o aclamavam. A Áustria tornou-se na província de Ostmark.

A reação internacional foi contida e encorajou Hitler a olhar para a região dos Sudetas. No entanto, como muito jogadores, ele hesitou, dividido entre a confiança e a dúvida. Em setembro de 1938 proferiu ameaças de guerra no comício anual do partido. Dias depois, Neville Chamberlain viajou para Obersalzberg, onde o seu anfitrião o recebeu à entrada do Berghof. A meio de uma conversa de três horas, Hitler mudou subitamente de papel, passando de um megalomaníaco imprevisível que ameaçava com a guerra a um parceiro de negociação perfeitamente razoável. O Führer prometeu não usar a força contra a Checoslováquia. Chamberlain concordou com a cedência dos Sudetas, assinando os Acordos de Munique duas semanas depois. «Ele tem um aspeto perfeitamente vulgar», confessou o primeiro-ministro britânico à sua irmã, mas Hitler era «um homem de palavra». Hitler bateu palmas por puro prazer assim que Chamberlain deixou o Berghof. Os Sudetas foram ocupados sem que um único tiro fosse disparado.([71])

A 20 de abril de 1939 Adolf Hitler fez cinquenta anos. «O quinquagésimo aniversário do criador da Alemanha Maior. Dois dias de bandeiras, pompa e tiragens especiais dos jornais, deificação sem limites», comentou Victor Klemperer. As festividades estavam a ser preparadas havia semanas por Goebbels, que falou à nação pela rádio a 19 de abril, pedindo aos Alemães que se juntassem a ele numa apaixonada oração a Deus Todo-Poderoso: «Que Ele satisfaça o desejo mais profundo do povo alemão e mantenha o Führer em boa saúde e força durante muitos mais anos e décadas.» Pouco depois, os dirigentes do partido compareceram na chancelaria para felicitar o líder. Às nove da noite o Führer apresentou-se ao povo. Centenas de milhares de pessoas formaram uma guarda de honra ao longo da estrada entre a Wilhelmstrasse e a Praça Adolf Hitler em Charlottenburg, onde Hitler inaugurou o novo troço do novo eixo este–oeste, também chamado Via Triumphalis. A avenida de dez faixas de rodagem estava resplandecente, com luzes potentes projetando suásticas douradas e águias imperiais, montadas em colunas de vinte em vinte metros, no céu noturno.([72])

Os presentes de aniversário, empilhados em várias salas na chancelaria, foram abertos por volta da meia-noite. Havia presentes do seu círculo pessoal. Albert Speer, o arquiteto do Führer que construíra a Via Triumphalis, usou um dos salões para instalar uma maqueta com quatro metros de altura de um gigantesco Arco do Triunfo a ser construído em Berlim. Pequenas estátuas de bronze, nus de mármore branco e pinturas antigas foram expostos em mesas compridas. Havia também contribuições do povo. Os agricultores enviaram os seus produtos. Um grupo de mulheres de Vestefália tricotara 6000 pares de meias para os soldados do Führer. Outras tinham feito um bolo de aniversário com dois metros de comprimento.([73])

As verdadeiras festividades ocorreram no dia seguinte, quando o antigo cabo do Exército se comportou como um imperador, passando revista à sua poderosa máquina de guerra perante um mundo espantado.

Ele vestia o seu habitual uniforme castanho, mas permaneceu sentado numa cadeira parecida com um trono colocada num estrado elevado, revestida de pelúcia vermelha e protegida por um dossel enorme decorado com águias e Cruzes de Ferro. Tanques, artilharia, carros blindados e dezenas de milhares de soldados em uniforme de combate saudaram o seu Führer ao longo da Via Triumphalis, com 162 aviões de combate voando por cima em formação cerrada.([74])

A Via Triumphalis atravessava o coração da capital, mas também ligava Hitler ao passado imperial do país. Albert Speer projetara a avenida como uma extensão da Unter den Linden, construída pela Prússia como uma Via Triumphalis depois da sua vitória nas Guerras Napoleónicas. O eixo fazia parte de um grandioso projeto para transformar Berlim na capital de um Reich milenário, uma cidade reluzente chamada Germânia que igualaria o Egito, a Babilónia e a Roma Antiga. O projeto, baseado em esboços originais fornecidos pelo próprio Führer, incluía um gigantesco Grande Salão com capacidade para receber 180 000 pessoas. O Arco do Triunfo, entretanto, atingiria uns impressionantes 117 metros. Como diria Speer mais tarde, Hitler exigia «o maior de tudo para exaltar as suas obras e aumentar o seu orgulho».([75])

«O Führer é enaltecido pela nação como nenhum outro mortal no passado», afirmava Goebbels, efusivamente. Hitler parecia ter unido de forma milagrosa uma nação ainda profundamente dividida apenas seis anos antes. Numa importante reflexão sobre o regime nazi, o jornalista e historiador alemão Sebastian Haffner calculou que mais de 90 por cento da população apoiava o Führer.([76])

Victor Klemperer era mais prudente: «Quem consegue avaliar o estado de espírito de oitenta milhões de pessoas, com a imprensa amordaçada e toda a gente com medo de abrir a boca?» Quando Hitler discursou no Theresienwiese, um espaço aberto no seu antigo poiso habitual de Munique, esperava-se uma afluência de meio milhão de pessoas, mas apareceram 200 000 no máximo. «Elas estavam ali como se o discurso nada tivesse que ver consigo», comentou um observador. A maioria tinha sido transportada à força para o evento a partir de empresas e fábricas próximas. O próprio Speer recordou que em 1939 as multidões que aclamavam o Führer eram completamente encenadas, mesmo que algumas pessoas se sentissem genuinamente entusiasmadas.([77])

«O quinquagésimo aniversário de Hitler foi comemorado com tanta extravagância que podíamos de facto considerar que a sua popularidade está a aumentar. Mas os que realmente conhecem as pessoas comuns percebem que muito, mas não tudo, é mera aparência», escreveu um crítico anónimo do regime. Durante duas semanas antes do evento, as pessoas tinham sido bombardeadas com exortações para decorar as suas casas. E ai das que não colaborassem. Até as igrejas receberam instruções específicas do Ministério da Propaganda sobre como tocar os sinos no grande dia.([78])

Mesmo que adorassem o Führer, como afirmava Goebbels, as pessoas viviam com medo da guerra. Até os nazis mais fanáticos soltaram um suspiro de alívio quando a Áustria foi integrada pacificamente no Reich, mas não confiavam no Acordo de Munique. Chamberlain, no seu regresso a Londres, tivera uma receção exuberante, erguendo uma fina folha de papel esvoaçando ao vento: «A paz para o nosso tempo», declarara, confiante. Multidões em delírio também tinham festejado noutros países da Europa, mas não na Alemanha. As pessoas achavam que era um *bluff*. «Eles não conhecem Hitler», murmuravam.([79])

Chamberlain estava convencido de que Hitler apenas esperava anexar os Sudetas, quando na verdade o Führer desejava eliminar toda a Checoslováquia. Isso ele fez a 15 de março de 1939, quando o país foi invadido e repartido entre a Alemanha, a Hungria e a Polónia. Uma semana depois, o presidente americano Franklin Roosevelt enviou uma mensagem a Hitler pedindo-lhe que prometesse não atacar outras nações na Europa. O próprio Chamberlain anunciou que a Grã-Bretanha interviria se a independência da Polónia fosse posta em causa. Apesar da aparência de força e união, uma espessa nuvem de medo pairava sobre as comemorações do aniversário.([80])

Meses depois, com os receios de uma guerra a aumentar, Hitler espantou o mundo ao assinar uma aliança com Estaline. Os arqui-inimigos passaram a ser aliados. Isso significava que não haveria uma guerra em duas frentes. Mas Hitler fez um erro de cálculo fatal. Com a União Soviética do seu lado, ele achou que a França e a Grã-Bretanha não ousariam intervir na Polónia. Era uma aposta muito arriscada, mas Hitler confiava na sua intuição, que até então não o havia desapontado. Ele construíra uma imagem de si mesmo como um homem do destino e passara a acreditar nela. Rejeitava opiniões discordantes, incluindo as dos seus próprios generais. Quando Hermann Goering sugeriu que não era necessário apostar tudo, Hitler respondeu: «Na minha vida tenho sempre arriscado tudo.» A Alemanha invadiu o oeste da Polónia a 1 de setembro, a União Soviética o leste da Polónia a 17 de setembro.([81])

A 3 de setembro a Grã-Bretanha e a França declararam guerra. As pessoas entraram em estado de choque. Em vez do entusiasmo delirante de 1914, a declaração de guerra provocou, nas palavras de Heinrich Hoffmann, «profundo desalento». «Hoje não há entusiasmo, nem hurras, nem aplausos, nem lançamento de flores, nem febre de guerra, nem histeria de guerra», observou William Shirer em Berlim. «Nem sequer há ódio aos Franceses e Britânicos.»([82])

Hitler também foi apanhado de surpresa. Hoffmann encontrou-o «afundado na sua cadeira, absorto em pensamentos, com uma expressão de incredulidade e desgosto atónito no rosto». Todavia, quando começaram a chegar notícias de rápidos avanços militares na Polónia, ele recuperou depressa.([83])

As tropas invasoras chegaram a Varsóvia numa semana, mas as ruas de Berlim não assistiram a festejos delirantes. «No metro, a caminho do estúdio da rádio, reparei na estranha indiferença das pessoas à grande notícia», escreveu Shirer no seu diário. A resignação tomou conta das pessoas. Quando os navios franceses e ingleses impuseram um bloqueio económico, o racionamento aumentou, afetando quase todos os bens essenciais e reduzindo para metade as importações de algodão, estanho, petróleo e borracha. Em muitas lojas — pastelarias, peixarias, mercearias —, a imagem do Führer, com a bandeira e insígnias da vitória, ocupou o lugar dos bens racionados nas montras. O imposto sobre os rendimentos sofreu um pesado aumento de 50 por cento para financiar o esforço de guerra.([84])

Em outubro até as galochas de borracha foram restringidas a 5 por cento da população. Durante o inverno as temperaturas caíram para menos de zero graus centígrados. Metade da população passava frio e não tinha carvão. Robert Ley leu uma proclamação de Natal na rádio: «O Führer tem sempre razão. Obedeçam ao Führer!»([85])

Quando Hitler comemorou o seu aniversário a 20 de abril de 1940 os sinos das igrejas não tocaram, pois muitos deles tinham sido derretidos para fabricar balas. Apesar das suas vitórias na Dinamarca e na Noruega, invadidas semanas antes, apenas setenta e cinco simpatizantes apareceram no exterior da chancelaria à espera de ver o líder.([86])

Hitler percebeu que não podia romper o bloqueio económico. Mais uma vez, ele arriscou tudo, apostando na vitória numa altura em que as suas tropas ainda tinham provisões suficientes. A 10 de maio de 1940 o exército alemão invadiu a Holanda, a Bélgica e a França. Foi um êxito retumbante, com os tanques flanqueando facilmente as fortificações francesas para chegar a Paris a 14 de junho. Quatro dias depois foi assinado um armistício na mesma carruagem da Compagnie des Wagons-Lits onde o marechal Ferdinand Foch ditara as suas condições à delegação alemã a 11 de novembro de 1918.

Quando a invasão da França fora anunciada seis semanas antes, muitas pessoas reagiram com apatia. «A maioria dos alemães que encontrei», comentou William Shirer, «estava profundamente deprimida». Mas com o novo êxito voltaram a aclamar Hitler, que foi saudado na Alemanha como o «Criador de Uma Nova Europa». O próprio Hitler supervisionou a coreografia do Desfile da Vitória, insistindo em que o mesmo «refletisse a vitória histórica» alcançada pelas suas tropas. Quando o seu comboio entrou lentamente na estação, uma multidão que esperara horas aclamou--o euforicamente. O Führer verteu uma lágrima, visivelmente dominado pela emoção. As pessoas apinharam-se no caminho para a chancelaria. «As ruas estão cobertas de flores e parecem um tapete colorido», escreveu Goebbels, pois «o entusiasmo domina toda a cidade».([87])

Surgiram episódios espontâneos de regozijo por todo o país, com as pessoas a festejar o armistício. Havia alívio depois do receio da guerra, mas também euforia genuína perante a facilidade com que Hitler alcançara os seus objetivos. Mais uma vez, parecia, a mão da Providência guiara o Führer à vitória.([88])

Num discurso eloquente no Reichstag, Hitler ofereceu a paz à Grã--Bretanha. Foi uma das suas melhores atuações, calculada para mobilizar uma população sedenta de paz para a luta inevitável contra a Grã--Bretanha. Os movimentos do corpo, as inflexões da voz, a própria escolha das palavras, o revirar dos olhos, o virar da cabeça indicando ironia, os gestos com as mãos, a astuta combinação da confiança de um conquistador com a humildade de um verdadeiro filho do povo, tudo criava a impressão de um sincero homem de paz. «Como muitos, ele consegue mentir mostrando uma cara séria», comentou William Shirer. Parte do espetáculo destinava-se aos seus generais, amontoados no primeiro balcão: com um gesto soberbo, ele promoveu doze generais ao posto de marechal de campo. Hermann Goering tornou-se marechal do Reich.([89])

A Grã-Bretanha recusou-se a pedir a paz. Com grande consternação, muitos cidadãos comuns perceberam então que a guerra não terminaria rapidamente. Seguiu-se a Batalha da Grã-Bretanha, mas o marechal do Reich Goering não conseguiu subjugar a ilha através dos bombardeamentos. Hitler adotou outro plano, muito desejado desde que escrevera *Mein Kampf*, nomeadamente, a conquista da Rússia. A Alemanha dependia fortemente do fornecimento de petróleo e cereais por Estaline. A União Soviética parecia fraca. As suas tropas tinham sofrido perdas pesadas depois de uma invasão malograda da Finlândia no inverno de 1939–1940. Hitler estava convencido de que conseguiria uma vitória rápida. Voltou a arriscar e traiu o seu aliado, mandando cerca de três milhões de soldados atravessar a fronteira russa em junho de 1941.

As tropas alemãs depressa se atolaram numa dispendiosa guerra de desgaste. Depois de o Japão atacar a esquadra americana em Pearl Harbor a 7 de dezembro de 1941, Hitler declarou guerra aos Estados Unidos, um país ao qual nunca tinha dado grande importância. Manifestamente, ele subestimou a capacidade americana de produzir trigo, carvão, aço e homens. A guerra em duas frentes que toda a gente temera tornou-se então realidade. As derrotas sucederam-se umas às outras, com o Führer, seguro do seu próprio génio, ignorando o alto-comando do Exército e interferindo em todos os aspetos da guerra. Ele recusou-se várias vezes a retirar as suas tropas de Estalinegrado, a cidade que recebera o nome da sua némesis. Depois de centenas de milhares de soldados alemães terem morrido numa das batalhas mais sangrentas na história da guerra, as restantes tropas da Wehrmacht renderam-se em fevereiro de 1943.([90])

Durante anos, os Alemães ouviram dizer que Hitler era o mestre da curta guerra-relâmpago, a *Blitzkrieg* travada longe da pátria. Num discurso no Berliner Sportpalast a 18 de fevereiro de 1943, difundido pela rádio e reproduzido em todos os jornais, Goebbels avisou a população que a guerra total se tornara então inevitável.([91])

Hitler deixou de ser visto. Para conter os boatos sobre a deterioração da sua saúde, falou brevemente a 21 de março de 1943. Foi uma prestação fraca, feita de um modo tão apressado, que alguns ouvintes suspeitaram de que fosse obra de um impostor. A sua mão sofria de um tremor que piorou com o passar do tempo, o que certamente contribuiu para a sua relutância em aparecer em público. Como comentou o seu secretário, ele acreditava que uma vontade de ferro podia prevalecer sobre tudo, mas não era capaz de controlar a sua própria mão.([92])

Na véspera do aniversário do Führer a 20 de abril de 1943, Goebbels explicou no seu discurso anual que homens de grande calibre não precisavam de aparecer na ribalta do palco mundial. Em dias intermináveis e noites sem dormir Hitler trabalhava arduamente em prol da nação, arcando com o fardo mais pesado e enfrentando o maior desgosto.([93])

Alguns escarneceram de Goebbels. Outros pareciam num estado de choque profundo. Muitos perceberam que Estalinegrado era um ponto de viragem, que a Alemanha estava a perder a guerra. Ouviram-se palavras duras contra o regime, embora as pessoas soubessem exprimir-se sem incorrer em responsabilidade penal. Tornou-se claro para todos que, se tinham sido cometidos graves erros estratégicos, só um homem podia ser responsável, um homem que poderia não descansar até ver tudo destruído.([94])

No verão de 1943, quando Mussolini foi afastado do poder, as críticas ao regime já se haviam tornado mais abertas. As pessoas ouviam rádios estrangeiras, ansiosas por saber mais sobre o avanço das tropas inimigas. A saudação nazi entrou em notável declínio. «Muitos membros do partido já não usam o crachá do partido», constatou um relatório do Serviço de Segurança da SS. «Esperemos que os Ingleses cheguem a Berlim antes dos Russos» tornou-se num desejo cada vez mais frequente, notou o diplomata dissidente Ulrich von Hassell.([95])

Com a guerra total, o racionamento tornou-se ainda mais drástico, impondo às pessoas comuns uma dieta de fome. Apesar disso, passavam melhor do que muitas outras. Logo após a invasão da Polónia, começou a matança sistemática de judeus e outros indesejáveis. Foram estabelecidos campos de extermínio na Polónia ocupada em 1941, com milhões de judeus de toda a Europa transportados em comboios fretados e selados, para serem eliminados em câmaras de gás. Os seus pertences eram confiscados, catalogados, etiquetados e enviados para a Alemanha para ajudar no esforço de guerra.

O papel e o cartão também foram racionados, mas não para o negócio fotográfico de Heinrich Hoffmann, visto que as imagens do Führer eram consideradas «estrategicamente vitais». Todos os meses, cerca de quatro toneladas de papel eram reservadas para a sua empresa.([96])

A 6 de junho de 1944 os Aliados desembarcaram na Normandia. O pesadelo do cerco tornou-se então realidade, com dois poderosos exércitos avançando para a Alemanha num gigantesco movimento em tenaz. Hitler, ainda convencido do seu próprio génio, importunava os seus generais e examinava obsessivamente os mapas. Mas como não vislumbrava qualquer vitória tornou-se cada vez mais desconfiado daqueles que o rodeavam. A 20 de julho de 1944 vários chefes militares tentaram assassiná-lo, colocando uma bomba dentro de uma pasta na Toca do Lobo, um posto de comando na Prússia. Hitler escapou com apenas alguns arranhões. Isso reforçou a sua crença de que o destino o havia escolhido. Continuou a insistir no esforço de guerra, julgando que uma arma milagrosa ou uma súbita alteração da situação o salvaria e ao seu povo no último instante.

Por essa altura ele já se havia tornado numa pessoa diferente. Heinrich Hoffmann descreveu-o como «uma sombra tremente do que era, uma carcaça queimada da qual toda a vida, fogo e chama há muito haviam desaparecido». Tinha o cabelo grisalho, as costas curvadas e arrastava os pés ao andar. Entre o seu próprio círculo pessoal, notou Albert Speer, a disciplina começou a afrouxar. Até os seus seguidores mais dedicados no Berghof permaneciam sentados quando ele entrava numa sala, continuando a conversar, alguns adormecendo nas suas cadeiras, outros falando alto sem inibição aparente.([97])

A 24 de fevereiro de 1945, com os Russos à porta, foi lida uma proclamação do Führer na rádio. Hitler previa uma reviravolta no destino da guerra. Foi bastante ridicularizado, mesmo por membros do partido: «outra profecia do líder», exclamou um deles com ironia. Os soldados falavam abertamente da «megalomania» do líder. Com o ribombar da guerra ao longe, os cidadãos comuns começaram a retirar as suásticas dos edifícios públicos, zangados com a recusa da liderança em se render. Outros tiraram a imagem de Hitler das suas salas de estar. «Eu cremei-o», disse uma senhora idosa.([98])

Nos últimos meses da guerra, Hitler retirou-se para o seu búnquer, construído debaixo da nova chancelaria. Foi «a última etapa na sua fuga à realidade», escreveu Speer. Ainda assim, ele ordenou que os combates prosseguissem, decidido a levar a morte e a destruição à nação que não o merecia.([99])

A 20 de abril de 1945, no quinquagésimo sexto aniversário de Hitler, a primeira bomba do inimigo atingiu Berlim. Os bombardeamentos foram contínuos. Dois dias depois, entre escombros fumegantes do Ministério da Propaganda, só restava a fachada branca. Os antigos e fiéis amigos começaram a abandonar o barco, incluindo Heinrich Himmler e Hermann Goering. Hitler suicidou-se com um tiro a 30 de abril. Quando soubera do fim pouco digno de Mussolini, ordenara que os seus restos mortais fossem incinerados para impedir qualquer profanação. O seu corpo, juntamente com o de Eva Braun, a sua amante de longa data, com quem se casara um dia antes, foi arrastado para fora do búnquer, regado com gasolina e cremado.

Seguiu-se uma vaga de suicídios entre os nazis mais dedicados, incluindo toda a família de Goebbels, Heinrich Himmler, Bernhard Rust e Robert Ley. Milhares de cidadãos comuns também se suicidaram. Assim que o Exército Vermelho chegou, relatou um pastor protestante, «famílias inteiras de gente boa e piedosa suicidaram-se, afogando-se, cortando os pulsos ou deixando-se queimar juntamente com as suas casas». Mas a morte do Führer não provocou manifestações espontâneas de luto público, nenhum extravasamento de dor por parte de apoiantes desolados. «Estranho», comentou uma mulher de Hamburgo depois de a rádio ter anunciado a morte de Hitler, «ninguém chorou nem sequer pareceu triste». Um jovem que sempre se interrogara sobre como os seus compatriotas iriam reagir à morte do seu líder ficou espantado com a «monumental indiferença» que se seguiu ao anúncio na rádio. O Terceiro Reich, notou Victor Klemperer, desapareceu de um dia para o outro, quase completamente esquecido.([100])

Toda a resistência se desmoronou assim que Hitler morreu. Esperando a mesma guerrilha feroz que tinham enfrentado no próprio país, os oficiais do Exército Vermelho foram apanhados de surpresa pela docilidade da população. Ficaram também surpreendidos com o número de pessoas que produziu bandeiras comunistas a partir de faixas vermelhas nazis com a suástica recortada do centro. Em Berlim, esta reviravolta foi designada «*Heil*, Estaline!».([101])

3
ESTALINE

«Em toda a parte em Moscovo vemos apenas Lenine», constatou o jornalista francês Henri Béraud em 1924, meses depois da morte do revolucionário e chefe de Estado comunista. «Cartazes de Lenine, desenhos de Lenine, mosaicos de Lenine, Lenine em pirogravura, Lenine em linóleo, Lenine em tinteiros, Lenine em mata-borrões. Lojas inteiras dedicadas a vender o seu busto, de todos os tamanhos, preços e materiais, do bronze, mármore, pedra, porcelana e alabastro ao gesso. E isso não inclui imagens de Lenine, de retratos oficiais a fotografias animadas e documentários cinematográficos.» Lenine, aventou Béraud, era provavelmente o chefe de Estado mais fotografado — depois de Mussolini.([1])

Mesmo antes de Lenine morrer os seus camaradas já tinham começado a glorificá-lo. Em agosto de 1918 uma revolucionária desiludida, chamada Fanny Kaplan, abordou Lenine quando ele saía da Fábrica Foice e Martelo em Moscovo e disparou vários tiros. Uma bala alojou-se no pescoço de Lenine; outra atravessou-lhe o ombro esquerdo. Contra todas as expectativas, ele sobreviveu. «Só os homens marcados pelo destino conseguem escapar à morte por um ferimento semelhante», comentou o seu médico. Surgiram panegíricos ao grande líder, impressos e distribuídos em centenas de milhares de cópias. Leon Trotski, fundador e comandante do Exército Vermelho, aclamou-o como uma «obra-prima criada pela natureza» para uma «nova era na história da humanidade», a «personificação do pensamento revolucionário». Nikolai Bukharine, diretor do jornal do partido, *Pravda*, escreveu sobre «o líder genial da revolução mundial», o homem com uma «capacidade quase profética de prever».([2])

Lenine recuperou e pôs fim à vaga de elogios, mas, quando problemas de saúde o obrigaram finalmente a abster-se de aparições públicas em 1922, o culto ganhou nova vida. Os bolcheviques, como os fascistas e os nazis, constituíam um partido unido não tanto por um programa mas por um líder escolhido. Foram a vontade, a visão e, sobretudo, a intuição de Lenine que guiaram a revolução, e não os princípios comunistas propostos por Marx meio século antes. Lenine era a personificação da revolução. Se ele já não podia liderar em pessoa, então os seus seguidores tinham de evocar o seu nome ou alegar inspirar-se diretamente no seu espírito revolucionário.([3])

A deificação de Lenine também serviu como substituto para um mandato popular. Mesmo no auge da sua popularidade em novembro de 1917, os bolcheviques conseguiram apenas menos de um quarto dos votos nas eleições. Eles recorreram à violência para tomar o poder, e quanto mais poder adquiriam, mais feroz se tornava a violência. À tentativa de assassinato de Fanny Kaplan seguiu-se um Terror Vermelho, com o regime visando sistematicamente grupos inteiros de pessoas, de operários fabris em greve a camponeses que desertavam do Exército Vermelho. Milhares de padres e freiras, declarados inimigos de classe depois da revolução, foram mortos; alguns crucificados, castrados, queimados vivos ou atirados para caldeirões de alcatrão a ferver. Toda a família imperial foi morta a tiro ou à punhalada, os seus corpos mutilados, queimados e atirados para um fosso. Se a violência repugnava muitas pessoas comuns, nem a linguagem abstrata da «luta de classes» nem a «ditadura do proletariado» — palavras estranhas que os aldeões num interior em grande parte analfabeto mal conseguiam pronunciar — as conseguia conquistar. Os apelos ao líder como figura divina, por outro lado, eram muito mais eficazes na criação de, pelo menos, a ilusão de algum tipo de ligação entre o Estado e os seus setenta milhões de súbditos.([4])

Lenine não nomeou um sucessor, mas em 1922 escolhera Estaline para o novo cargo de secretário-geral como forma de dominar Trotski, que se opunha à Nova Política Económica lançada por Lenine. A política invertia efetivamente a coletivização forçada introduzida após a revolução, quando os operários das fábricas tinham sido ordenados a produzir por decreto, vendo os seus bens confiscados pelo Estado. Batizado de comunismo de guerra, esse sistema deixara a economia em ruínas. A Nova Política Económica implicava um regresso ao mercado, permitindo que indivíduos operassem pequenas empresas. Cessaram as requisições forçadas de cereais, substituídas por um imposto sobre a produção agrícola. Trotski passou a encarar a Nova Política Económica como uma cedência aos capitalistas e camponeses ricos, exigindo em vez disso um papel ainda maior para o Estado na economia.

Estaline adquiriu grandes poderes como secretário-geral, apesar de possuir defeitos evidentes. Não era grande orador, falando com um forte sotaque georgiano numa voz pouco ressonante. Não tinha qualquer sentido de oportunidade e atuava com uma ausência quase completa de gestos. E, ao contrário de muitos dos seus colegas, não tinha a aura de um revolucionário que passara anos exilado no estrangeiro. Sabia escrever fluentemente, mas não era um teórico excecional capaz de interpretar a doutrina comunista. Estaline tirou o melhor partido possível dos seus defeitos, apresentando-se como um modesto servidor empenhado em promover o bem maior, enquanto os outros estavam constantemente à procura da ribalta.

Descrevia-se como um *praktik*, um homem de ação pragmático e não um intérprete da revolução. Segundo todos os relatos, tinha excecionais capacidades de organização, uma enorme capacidade de trabalho e uma grande força de vontade. Os seus rivais geralmente desprezavam-no, considerando-o um simples administrador, «uma notável mediocridade do nosso partido», como disse Trotski. Mas Estaline era um homem astucioso e sem escrúpulos que explorava as fraquezas dos outros para os transformar em cúmplices voluntários. Era também um estrategista talentoso com dotes genuínos para a política. Como Hitler, mostrava interesse pelas pessoas que o rodeavam, independentemente do seu lugar na hierarquia, lembrando-se dos seus nomes e de conversas passadas. Também sabia esperar a sua hora.([5])

Durante a convalescença de Lenine, Estaline tornou-se seu intermediário, usando os seus novos poderes para se aproximar do líder. Mas a relação era tempestuosa, e em 1923 os dois desentenderam-se.

O líder doente ditou uma série de apontamentos que ficaram conhecidos como o Testamento de Lenine, um documento que sugeria que Estaline tinha um temperamento grosseiro e que devia ser afastado do cargo de secretário-geral.

Vivo, Lenine era uma ameaça, morto, um trunfo. Assim que Lenine morreu, a 21 de janeiro de 1924, Estaline decidiu apresentar-se como o seu discípulo mais fiel. Foi o primeiro do círculo pessoal de Lenine a entrar no seu quarto de dormir, tomando a cabeça do falecido nas mãos, num gesto teatral para a aproximar do peito, e depois beijando-o firmemente na face e nos lábios.([6])

Durante várias semanas o cadáver embalsamado de Lenine esteve exposto num catafalco de vidro na Praça Vermelha, onde o frio do inverno manteve o seu corpo intacto. O partido mostrou-se dividido sobre o que fazer a seguir. A Rússia tinha uma antiga tradição de mumificar os seus homens santos. No Mosteiro de Caves em Kiev, onde viviam monges reclusos antes da revolução, as catacumbas exibiam os corpos de dezenas de santos, de rosto enegrecido e mãos macilentas pousadas sobre roupas esfarrapadas e empoeiradas. Um tratamento igual para o líder revolucionário trazia conotações religiosas que colidiam com a visão ateísta de vários dirigentes, incluindo a mulher de Lenine. Felix Dzerjinski, como presidente da comissão funerária, levou a melhor, com o apoio do secretário-geral. Lenine, na morte como na vida, devia servir a causa da classe operária, com milhões de pessoas a prestar homenagem diante do seu caixão.([7])

Assim que a primavera chegou meses depois, uma equipa de cientistas levou o corpo de Lenine e começou a fazer experiências com químicos para impedir a sua decomposição. Em agosto de 1924 Lenine reapareceu. O seu corpo embranquecido e marmóreo foi exposto num mausoléu mais permanente. Atraiu longas filas de adoradores pacientes, pobres e devotos; a mesma gente, notou Henri Béraud, que podia ser vista «murmurando as suas preces diante de ícones dourados e velas com chama amarela».([8])

Depois de se apoderar do corpo de Lenine, Estaline começou a reclamar a posse das suas palavras. Assumindo a direção do Instituto Lenine, coordenou a publicação de todos os importantes documentos do revolucionário comunista. Mas os escritos coligidos de Lenine não definiam uma doutrina. Ao proferir uma série de conferências sobre o leninismo, publicadas no *Pravda* sob o título de «Fundamentos do Leninismo», Estaline reclamava a sua posição de guardião do legado do seu mestre. O leninismo, escreveu, era o marxismo da era imperial, e Lenine, o único grande herdeiro de Marx e Engels.([9])

No entanto, quando os delegados do partido se reuniram em Moscovo em maio de 1924 para examinar o Testamento de Lenine, Estaline sofreu um revés. Depois de Grigori Zinoviev e Lev Kamenev, dois anciãos do partido preocupados com a ambição de Trotski, terem defendido Estaline, o Comité Central decidiu ler o documento apenas a alguns delegados e não a toda a assembleia. Trotski, não querendo parecer faccioso na sua tentativa de chegar ao poder, não interveio. Estaline, pálido como a morte, pediu humildemente para ser dispensado das suas funções, esperando quc o seu ato de contrição levasse o Comité Central a negar o pedido. A sua jogada foi bem-sucedida, mas deixou-o a ferver de indignação. Ele era o discípulo de um homem que parecia ter exigido o seu afastamento.([10])

Depois de se recompor, Estaline começou a rodear-se de apoiantes fiáveis e fiéis, incluindo Viatcheslav Molotov, Lazar Kaganovitch e Sergo Ordjonikidze. Usou o seu cargo como secretário-geral para substituir os apoiantes de todos os seus rivais pelos seus próprios sequazes. Adquiriu assistentes pessoais para recolher informações e realizar as suas tarefas mais obscuras. Lev Mekhlis, o secretário pessoal de Estaline, começou a controlar todos os aspetos da imagem pública de Estaline, aprovando as fotografias que eram publicadas na imprensa.([11])

Em novembro de 1924 Estaline encurralou Trotski. Enquanto Estaline se apresentava como discípulo de Lenine, Trotski cometera o erro tático de se fazer passar por igual de Lenine ao publicar a sua própria obra completa. Além de parecer pretensioso, Trotski fornecia provas textuais de muitas divergências sobre questões em que ele se opusera a Lenine. Estaline publicou um artigo incisivo intitulado «Trotskismo ou Leninismo?», acusando o seu rival de ser apologista de uma revolução permanente, o que o colocava em conflito com os princípios do leninismo. Os leitores mais atentos perceberam que o título queria dizer Trotski ou Estaline.

Estaline também visava as críticas de Trotski à Nova Política Económica. Outros bolcheviques, incluindo Zinoviev e Kamenev, os dois poderosos líderes do Comité Central que tinham ajudado Estaline a sobreviver ao testamento de Lenine, não gostavam da inflexão para o mercado. Estaline atacou-os, descrevendo-os como esquerdistas teóricos cujas ideias levariam a União Soviética à ruína. Nikolai Bukharine, um defensor incansável da economia mista, ajudou-o. Em 1925, o próprio Estaline falou com representantes dos camponeses que se recusavam a semear a terra a menos que esta lhes fosse arrendada. Num gesto súbito, Estaline prometeu arrendamentos de vinte anos, quarenta anos, possivelmente até vitalícios. Quando lhe perguntaram se isso não parecia um regresso à propriedade privada, ele respondeu: «Nós redigimos a Constituição. Também a podemos alterar.» Notícias da reunião circularam por todo o mundo. Estaline parecia o líder sensato e pragmático do partido, um líder em sintonia com o seu povo.([12])

Em 1926, Trotski, Zinoviev e Kamenev tinham sido obrigados a criar uma Oposição Unida contra Estaline, que logo se voltou contra eles e os acusou de gerar instabilidade no partido ao formar uma fação. Uma vez que as fações tinham sido proibidas anos antes, Trotski foi expulso do Politburo. Os seus seguidores ficaram reduzidos a apenas uma meia dúzia. Em outubro de 1927, numa reunião plena do Comité Central, Trotski tentou mais uma vez colocar a questão do Testamento de Lenine. Nessa altura, porém, muitos delegados do partido já tinham vindo a encarar Estaline como o defensor modesto, eficiente e dedicado de Lenine. O marginalizado Trotski, pelo contrário, parecia paternalista, turbulento e egocêntrico. Estaline arrasou-o, retorquindo que três anos antes o partido examinara o documento e não aceitara a sua demissão. Os delegados irromperam em aplausos. No tempo de um mês, o partido expulsou Trotski e dezenas dos seus seguidores. Em janeiro de 1928, Trotski foi desterrado para o Cazaquistão. Um ano depois, foi expulso da União Soviética.([13])

Assim que o seu principal rival saiu do país, Estaline começou a implementar as políticas de Trotski. Este último alertara para a «nova classe capitalista» no meio rural. Quando o fornecimento de cereais diminuiu um terço nos finais de 1927, ameaçando Moscovo e Leninegrado com a fome, Estaline enviou brigadas de intervenção para as aldeias com ordens para deitar a mão a tudo o que pudessem sob a ameaça das armas. Os que resistissem seriam perseguidos e considerados *kulaks*, um termo pejorativo para designar agricultores «ricos», mas usado para qualquer pessoa que se opusesse à coletivização. Esta seria a primeira batalha numa guerra contra o meio rural que culminaria anos depois na fome.

Os membros do partido que ainda aderiam às anteriores posições de Estaline, incluindo Bukharine, foram criticados e acusados de serem direitistas. Um medo opressivo passou a dominar o partido, com os seus membros denunciados e sumariamente detidos como «oposicionistas de esquerda» ou «desviantes de direita». As suas casas eram alvo de buscas e os seus familiares sequestrados. Desapareciam pessoas durante a noite. Estaline também tomou medidas repressivas contra gestores, engenheiros e urbanistas, incluindo estrangeiros acusados de sabotagem intencional.([14])

A meio de uma purga das fileiras do partido, foi organizada uma enorme parada para o Dia do Trabalhador de 1928. Desde 1886, quando a polícia de Chicago disparara sobre grevistas reivindicando um dia de trabalho de oito horas, que os socialistas em todo o mundo celebravam o Primeiro de Maio. As marchas de operários com faixas e bandeiras vermelhas desfraldadas eram eventos regulares em muitas cidades do mundo, às vezes degenerando em lutas de rua com a polícia. Lenine, no início da sua carreira, percebera o potencial dessas comemorações, escrevendo que elas podiam ser transformadas em «grandes manifestações políticas». Em 1901 o próprio Estaline envolvera-se em confrontos sangrentos por volta do Dia do Trabalhador em Tiflis (Tbilisi), capital da sua Geórgia natal.([15])

Em 1918 Lenine tornou o Dia do Trabalhador num feriado oficial. Uma década depois, em 1928, Estaline mandou rever o Código do Trabalho, acrescentando o 2 de maio às festividades. Os preparativos para esses eventos paradigmáticos começaram semanas antes, com enormes estruturas de madeira e cartão montadas nos principais cruzamentos de Moscovo, mostrando operários, camponeses e soldados marchando em direção ao futuro. No Dia do Trabalhador, Estaline e os seus principais tenentes mostraram-se nas plataformas de madeira do Mausoléu de Lenine, saudando um mar de gente aclamando-os e cantando ao lado de faixas e carros alegóricos. Depois seguiu-se um gigantesco e ruidoso desfile de tanques, carros blindados, metralhadoras e holofotes, com aviões a passar por cima. Era uma enorme demonstração de capacidade de organização, meticulosamente planeada pelas chefias, com todas as palavras prescritas e todos os *slogans* aprovados por decreto. Centenas de milhares de pessoas esperaram submissamente durante horas a sua vez de atravessar a praça e ver o líder de relance.([16])

Em 1929 Estaline já estava pronto para impor a sua marca à União Soviética. Lenine já transformara a Rússia no primeiro Estado de partido único do mundo, conseguindo o que Hitler tentaria alcançar em nome da *Gleichschaltung* depois de 1933: a eliminação sistemática de todas as organizações fora do partido. Todos os partidos políticos alternativos, sindicatos, meios de comunicação social, igrejas, corporações e associações passaram a ser controlados pelo Estado. As eleições livres tinham sido proibidas logo após novembro de 1917. O Estado de direito foi abolido, substituído pela justiça revolucionária e por um extenso sistema de gulagues.

Estaline procurou ir mais longe e alterar permanentemente a economia do país, transformando um interior agrícola numa potência industrial em apenas cinco anos. Foram construídas enormes cidades industriais a partir do nada, importadas fábricas pré-fabricadas do estrangeiro, ampliadas fábricas de construção de máquinas e abertas novas minas para satisfazer a procura de carvão, ferro e aço; tudo a uma velocidade vertiginosa. Na União Soviética não havia um dia de trabalho de oito horas, e os operários das fábricas trabalhavam sete dias por semana. A solução para a expansão industrial estava nas zonas rurais, com os cereais retirados aos aldeões vendidos no mercado internacional para angariar moeda estrangeira. Com o objetivo de extrair mais cereais, o campo foi coletivizado. Os aldeões foram obrigados a viver em quintas estatais, das quais os *kulaks* eram excluídos. Estaline encarou a coletivização como uma oportunidade única para eliminar toda a classe dos *kulaks*. Cerca de 320 000 famílias foram separadas, os seus membros enviados para campos de concentração, forçados a trabalhar em minas ou transportados para regiões distantes do império.([17])

O partido, sob a liderança de Estaline, tornou-se sacrossanto. O seu programa era apresentado como uma vontade mística indiscutível. Estaline tornou-se na personificação dessa santidade, o *vojd*, ou grande líder, termo anteriormente reservado para Lenine. A 1 de maio de 1929 Marx passou a segundo plano, enquanto Estaline ascendeu a um estatuto igual ao de Lenine. Como relatou um jornalista americano, «Na Praça Vermelha, sobre os edifícios em frente às muralhas do Kremlin, foram expostos rostos enormes de Lenine e Estaline. Os seus gigantescos retratos de corpo inteiro foram montados em andaimes na Praça do Teatro, pairando sobre o Hotel Metrópole de um lado e o Grande Hotel do outro.»([18])

O grande líder fez cinquenta anos a 1 de dezembro de 1929, um acontecimento celebrado por «inúmeros telegramas» de trabalhadores de todo o mundo saudando Estaline, anunciou o *Pravda*, o jornal do partido. Chegaram até tiras de papel com felicitações enviadas clandestinamente de prisões na Polónia, Hungria e Itália. Isso não era o culto de um herói, esclarecia a máquina de propaganda, mas uma manifestação de devoção de milhões de trabalhadores em toda a parte à ideia da revolução proletária. Estaline era o partido, a personificação de tudo o que era melhor na classe trabalhadora: «um entusiasmo exuberante contido por uma vontade de ferro, uma fé inabalável na vitória baseada numa sóbria análise marxista revolucionária, um desprezo proletário pela morte nas frentes da guerra civil», a circunspeção de um líder cuja mente «iluminava o futuro como um holofote».([19])

Surgiram muitas outras manifestações de adulação, com os subalternos de Estaline compondo panegíricos ao seu líder, rebaixando-se com entusiasmo. Lazar Kaganovitch, o secretário do partido, um homem atarracado e de bigode espesso, elogiou-o como «o assistente mais próximo, ativo e fiel de Lenine». Sergo Ordjonikidze descreveu o seu chefe como um verdadeiro e indefetível discípulo de Lenine, munido da vontade de ferro para conduzir o partido à vitória final da revolução proletária mundial.([20])

Poucas pessoas, contudo, tinham visto Estaline a não ser de longe, quando ele aparecia na tribuna na Praça Vermelha, duas vezes por ano, para comemorar o Dia do Trabalhador e a Revolução de Outubro. Mesmo então ele parecia quase uma estátua, uma figura robusta adotando uma pose serena e imperturbável e envergando um sobretudo militar e boné com pala. Ele raramente aparecia em documentários cinematográficos e nunca falava em público. A sua voz nunca tinha sido ouvida na rádio. As suas fotografias, rigorosamente vistoriadas pelo seu secretário pessoal, eram todas estandardizadas. Até em cartazes Estaline parecia frio e distante, a personificação de uma vontade inflexível de fazer avançar a revolução.([21])

*

Numa década, Estaline passara de um comissário discreto a líder incontestado do partido. No entanto, fora repetidamente obrigado a combater forças poderosas que insistiam em lhe fazer frente. Num testamento que assombraria Estaline para o resto da vida, Lenine, depois de lhe conceder o poder supremo, tivera dúvidas e pedira o seu afastamento. Trotski, orador formidável, polemista talentoso e líder respeitado do Exército Vermelho, confrontara-o várias vezes. Um espírito vingativo e um calculismo frio mantiveram Estaline na luta. Todavia, com o passar dos anos, ele desenvolveu também um sentimento de rancor, considerando-se uma vítima. Vencedor ressentido, passou a desconfiar permanentemente daqueles que o rodeavam.([22])

A imagem de um líder severo e distante destacado em relação aos seus potenciais críticos até lhe convinha, mas Estaline depressa começou a cultivar um aspeto mais humano. Trotski, no seu exílio interno, fazia uma figura formidável. Em comparação, Estaline parecia o guardador de um leão enjaulado. Assim que chegou ao estrangeiro, Trotski esforçou-se por parecer mais leninista do que Estaline. Começou a publicar um *Boletim da Oposição*, usando os seus conhecimentos pormenorizados da política de corredor para denunciar controvérsias no seio da liderança do partido. A sua autobiografia *A Minha Vida*, publicada em russo e inglês em 1930, descrevia Estaline como uma personagem medíocre, invejosa e desonesta cujas maquinações secretas tinham levado a uma traição da revolução. Trotski reproduziu o Testamento de Lenine: «Estaline é grosseiro, desleal e capaz de abusar do poder que deriva do aparelho do partido. Estaline devia ser afastado para evitar uma cisão.» Estaline inventara o termo trotskismo, Trotski, por sua vez, popularizou a noção de estalinismo.([23])

Um ano antes, por ocasião do quinquagésimo aniversário de Estaline, Avel Enukidze, o colega georgiano do líder, introduzira alguns elementos humanos no mito de Estaline. Este era filho de um sapateiro, um estudante precoce e dotado, mas também um jovem rebelde, expulso de um seminário religioso. Era desprovido de qualquer vaidade. Era um homem do povo com jeito para explicar assuntos complicados de forma muito simples aos trabalhadores, que o alcunharam afetuosamente de «Soso». Nunca vacilou na sua defesa do bolchevismo e entregou-se plenamente ao trabalho revolucionário. «Estaline continuará a ser o mesmo até ao fim da sua vida», afirmou Enukidze.([24])

Estaline não era apenas o líder do partido. Era também o chefe efetivo da Internacional Comunista, ou Comintern, o que fazia dele a figura que mostrava o caminho para a revolução proletária mundial. Contudo, tanto no domínio interno como externo, ele continuava a ser, ao contrário de Trotski, uma figura misteriosa e distante. Em novembro de 1930, Estaline convidou o correspondente Eugene Lyons, da United Press, para se encontrar com ele no seu escritório. Lyons, um comunista que trabalhara na filial de Nova Iorque da TASS, a agência noticiosa oficial da URSS, tinha sido criteriosamente selecionado de entre dezenas de jornalistas em Moscovo. Estaline recebeu-o à porta. Sorriu, mas havia uma timidez que desarmou imediatamente o correspondente. O seu bigode desgrenhado, relatou Lyons, dava ao rosto moreno um ar amigável e quase benigno. Tudo transmitia simplicidade, da sua pose descontraída, a austeridade do seu traje e a natureza espartana do seu escritório aos corredores silenciosos e ordeiros da sede do Comité Central. Estaline escutou-o, pensativamente. «O senhor é um ditador?», perguntou Lyons, por fim. «Não, não sou», respondeu Estaline, delicadamente, explicando que no partido todas as decisões eram coletivas e não podiam ser tomadas por uma única pessoa. «Gosto daquele homem», exultou Lyons à saída. «Estaline Ri-se!», um artigo sicofântico revisto pelo próprio Estaline, saiu na primeira página de importantes jornais em todo o mundo, «rasgando o manto de secretismo» que rodeava o recluso do Kremlin.([25])

Estaline introduzira um apontamento doméstico e íntimo na entrevista, falando da mulher e dos três filhos. Uma semana depois, Hubert Knickerbocker entrevistou a mãe de Estaline, uma mulher simples envergando um vestido comum de lã cinzenta. «Soso foi sempre um bom rapaz!», afirmou a mulher, exultante, feliz por falar sobre o seu tema preferido.([26])

Seguiram-se outras distintas personalidades intelectuais, popularizando e difundindo a imagem de um homem afável, simples e modesto que não era um ditador apesar de exercer enorme poder. Um ano depois, o autor socialista George Bernard Shaw foi recebido com direito a uma guarda de honra militar em Moscovo e um banquete para festejar o seu septuagésimo quinto aniversário. Ele percorreu o país, visitando escolas, prisões e quintas-modelo, encontrando-se com aldeões e trabalhadores rigorosamente treinados para enaltecer o partido e o seu líder. Depois de uma audiência privada de duas horas, muito bem encenada por Estaline, o dramaturgo irlandês achou o ditador um «tipo encantador e bem-disposto» e concluiu: «Não havia malícia nele, mas também nenhuma ingenuidade.» Shaw nunca se cansou de promover o déspota. Quando faleceu na sua cama em 1950, tinha um retrato do seu ídolo na prateleira da lareira.([27])

Emil Ludwig, um conhecido biógrafo de Napoleão e Bismarck, também se encontrou com Estaline em dezembro de 1931, confessando-se impressionado com a simplicidade de um homem que tinha tanto poder, mas «não sentia orgulho na sua posse». Mas o indivíduo cuja biografia mais contribuiu para difundir a imagem de um homem simples que aceitava com relutância a adoração de milhões de pessoas foi provavelmente Henri Barbusse, um escritor francês que se mudou para Moscovo em 1918 e aderiu ao Partido Bolchevique. Quando eles se encontraram pela primeira vez em 1927, Estaline conquistou completamente Barbusse, cujos artigos lisonjeiros foram traduzidos no *Pravda*. Depois de outro encontro em 1932, o Departamento de Cultura e Propaganda do Comité Central investigou cuidadosamente Barbusse, que também organizou o Comité Mundial contra a Guerra e o Fascismo em Paris. Em outubro de 1933 Barbusse recebeu os 385 000 francos que Estaline enviara para Paris, o equivalente aproximado de 330 000 dólares americanos na moeda atual. Nas palavras de André Gide, outra personalidade literária francesa abordada por Estaline, grandes vantagens financeiras aguardavam os que escreviam «na direção certa».([28])

Estaline forneceu toda a documentação ao seu biógrafo, com todos os pormenores examinados pelos seus subordinados da máquina de propaganda. Em *Estaline: Um Novo Mundo Visto através de Um Homem*, publicado em março de 1935, Barbusse apresentava Estaline como um novo messias, um super-homem cujo nome milhões de pessoas gritavam em todos os desfiles na Praça Vermelha. No entanto, mesmo enquanto os que o rodeavam pareciam adorá-lo, ele continuava a ser modesto, reconhecendo ao seu mestre Lenine o mérito de todas as vitórias. O seu salário era apenas de quinhentos rublos, a sua casa tinha apenas três janelas. O seu filho mais velho dormia num sofá na sala de jantar, o mais novo numa alcova. Tinha um secretário, ao contrário do antigo primeiro-ministro britânico Lloyd George, que empregara trinta e dois. Até na sua vida pessoal este «homem franco e brilhante» continuava a ser «um homem simples».([29])

Várias celebridades estrangeiras, incluindo Henri Barbusse e George Bernard Shaw, ajudaram Estaline a contornar um paradoxo na própria essência do seu culto: supostamente, a União Soviética era uma ditadura do proletariado, não a ditadura de um indivíduo. Na polémica comunista, só os ditadores fascistas como Mussolini e Hitler afirmavam que a sua palavra estava acima da lei ou que o seu povo era constituído por súbditos obedientes que deviam submeter-se à sua vontade. Consequentemente, ao mesmo tempo que o seu culto penetrava em todos os aspetos da vida quotidiana, a ideia de que Estaline era um ditador tornou-se tabu. Ostensivamente, as pessoas glorificavam-no, contra a sua própria vontade, e eram elas que pediam para o ver, quando ele se mostrava com relutância nas paradas da Praça Vermelha.([30])

Todos os aspetos da sua imagem contrastavam com os dos seus arqui-inimigos. Hitler e Mussolini declamavam ruidosamente para os seus apoiantes, enquanto nas reuniões do partido o modesto secretário ficava sentado em silêncio, mas atento, na última fila de uma tribuna apinhada de gente. Eles falavam para as pessoas, ele escutava-as. Eles eram tomados pela emoção, ele representava a razão, pesando cuidadosamente cada palavra. As suas palavras eram escassas e, por esse motivo, estimadas e estudadas por todos. Como disse Emil Ludwig, até mesmo o seu silêncio transmitia poder, pois havia algo ligeiramente ameaçador no «perigoso peso dos silenciosos».([31])

Estaline poderá ter tido apenas um secretário, como afirmou Henri Barbusse, mas depois do seu quinquagésimo aniversário, em 1929, usou a máquina do partido para consolidar o seu culto. Começaram a proliferar cartazes, retratos, livros e bustos do líder. No verão de 1930, o XVI Congresso do Partido Comunista tornou-se numa manifestação de lealdade a Estaline, que discursou durante sete horas. O elogio, então obrigatório, difundiu-se pelo congresso, pelos jornais e pela rádio.([32])

Nas zonas rurais, onde estava a decorrer uma implacável campanha de coletivização, podiam ver-se estátuas de Lenine e Estaline no auge da fome de 1932. Estima-se que seis milhões de pessoas tenham morrido de fome na Ucrânia, nos Urais, no Volga, no Cazaquistão e em partes da Sibéria, quando grandes quantidades de cereais, leite, ovos e carne foram vendidas no mercado internacional para financiar o Plano Quinquenal. Ao mesmo tempo que eram reduzidos a comer ervas e casca de árvore, os aldeões tinham de aclamar o seu líder.([33])

Em 1930 o XVI Congresso assistira a «ruidosos e demorados aplausos que se prolongaram numa longa ovação». Quatro anos depois, no XVII Congresso, isso já deixara de ser apropriado, e os estenógrafos registaram uma «tremenda ovação» e gritos de «Viva o Nosso Estaline!». A reunião foi aclamada como um Congresso dos Vencedores, com os delegados celebrando os êxitos da coletivização da agricultura e da rápida industrialização. Mas nos bastidores os congressistas queixavam-se dos métodos de Estaline. Alguns temiam a sua ambição mesmo enquanto o aclamavam em público. Segundo alguns rumores, Estaline recebera tantos votos negativos que alguns boletins de voto tiveram de ser destruídos.([34])

Estaline nada fez. Ele conhecia a virtude da paciência, mostrando um autodomínio imperturbável e calculado perante a adversidade. Mas quando nos finais de 1934 um assassino matou a tiro Serguei Kirov, o chefe de Leninegrado, Estaline tomou medidas drásticas. Isso assinalou o início do Grande Terror, quando membros do partido que num ou noutro momento tinham desafiado Estaline foram presos. Em agosto de 1936, Zinoviev e Kamenev, os primeiros a serem submetidos a um falso julgamento, foram declarados culpados e executados. Seguiram-se outros, incluindo Bukharine e vinte outros réus que alegadamente faziam parte de um «Bloco de Direitistas e Trotskistas». Mais de 1,5 milhões de pessoas comuns foram detidas pela polícia secreta, interrogadas, torturadas e em muitos casos sumariamente executadas. No auge da campanha, em 1937 e 1938, o número de execuções rondava os mil por dia, com pessoas acusadas de serem inimigas de classe, sabotadoras, oposicionistas ou especuladoras, algumas denunciadas pelos seus próprios vizinhos ou familiares.([35])

O culto florescia ao mesmo tempo que decorria o terror. Em 1934 Estaline já não era o único enaltecido pelos seus subalternos. Nos finais da década de 20 já quase todos os dirigentes, até os diretores de empresas locais, mandavam os seus trabalhadores transportarem em triunfo os seus retratos nos feriados. Alguns dirigentes tornaram-se pequenos Estalines, imitando o mestre nos seus próprios feudos, imortalizando-se em retratos e estátuas e rodeando-se de sicofantas que lhes entoavam louvores. Um deles era Ivan Rumiantsev, ele próprio um bajulador que aclamara Estaline como um «génio» em 1934. Ele julgava-se o Estaline da Região Ocidental, impondo o seu nome a 134 quintas coletivas. Na primavera de 1937 Rumiantsev foi denunciado como espião e fuzilado.([36])

Às vezes os membros do Politburo rebatizavam cidades inteiras em sua honra. Havia Estalinegrado, mas também Molotov e Ordjonikidze. Quando um líder caía em desgraça, os nomes eram sumariamente revistos, como aconteceu às malfadadas cidades de Trotsk e Zinovevsk. Mas em 1938 apenas um outro nome estava autorizado a ombrear com o de Estaline, o de Mikhail Kalinine, presidente nominal da União das Repúblicas Socialistas Soviéticas, ou chefe de Estado de 1919 a 1946. O seu cargo era puramente simbólico, mas ele exercia-o de forma admirável, assinando obedientemente todos os decretos de Estaline. Quando a sua mulher foi presa por chamar Estaline de «tirano e sádico», Kalinine não mexeu um dedo.([37])

Em junho de 1934, três meses depois do Congresso dos Vencedores, Estaline começou a controlar todos os aspetos da máquina de propaganda do Estado. A sua imagem tornou-se ainda mais ubíqua, com um visitante americano reparando em grandes retratos «nos cartazes em torno das novas escavações do metro em Moscovo, nas fachadas dos edifícios públicos em Cazã, nas paredes de quartéis e prisões, em lojas, no Kremlin, nas catedrais, nos cinemas, em toda a parte».([38])

Nos intervalos entre a assinatura de sentenças de morte e a organização de farsas judiciais, Estaline encontrava-se com escritores, pintores, escultores e dramaturgos. O indivíduo, em todos os aspetos da arte, desapareceu, visto que Estaline impôs um estilo conhecido por «realismo socialista». A arte tinha de enaltecer a revolução. Os contos de fadas foram proibidos, considerados não proletários: as crianças deviam encantar-se com livros sobre tratores e minas de carvão. No que um historiador designou «sala de espelhos», os mesmos motivos eram repetidos vezes sem conta, com comissões encarregadas de verificar textos e imagens. Uma vez que Estaline era a personificação da revolução, era o mais destacado de todos: «não era raro os trabalhadores escreverem uma carta a Estaline durante uma reunião na Casa da Cultura Estaline da Fábrica Estaline, na Praça Estaline, na cidade de Estalinsk».([39])

Estalinsk era apenas uma de cinco cidades com o nome do grande líder. Havia também Estalinegrado, Estalinabad, Estalino e Estalinagorsk. Grandes parques, fábricas, vias-férreas e canais receberam o seu nome. O Canal Estaline, construído entre o mar Branco e Leninegrado no mar Báltico por presidiários durante o primeiro Plano Quinquenal, foi inaugurado em 1933. Os melhores aços foram batizados de estalinite. «O nome dele é-nos ruidosamente debitado por todas as colunas impressas, todos os cartazes, todos os rádios», comentou Eugene Lyons: «A sua imagem está em toda a parte, desenhada com flores em relvados públicos, em luzes elétricas, em selos do correio; está à venda em bustos de gesso de Paris e bronze em quase todas as lojas, em cores toscas em chávenas, litografias e postais.»([40])

O número de cartazes de propaganda diminuiu de 240 em 1934 para 70 em 1937, mas as suas tiragens aumentaram quando as atenções se voltaram para o próprio líder. Os cidadãos comuns podiam aparecer fugazmente, mas sempre relacionados com ele: olhando para ele, transportando o seu retrato em desfiles, estudando os seus textos, saudando-o, entoando canções sobre ele e seguindo-o para um futuro utópico.([41])

Estaline, então omnipresente, adquiriu um sorriso benigno. Afinal, o Congresso dos Vencedores anunciara em 1934 que o socialismo tinha sido alcançado. O próprio Estaline afirmou um ano depois que «a vida se tornou mais alegre». Havia um Estaline sorridente rodeado de multidões de adoradores e um Estaline sorridente com crianças alegres oferecendo-lhe flores. Uma imagem, distribuída aos milhões, mostrava-o numa receção no Kremlin em 1936, recebendo flores de uma rapariguinha de fato à marinheiro chamada Gelia Markizova (o pai dela foi posteriormente declarado inimigo do povo e fuzilado). Estaline era Ded Moroz, o Pai Natal russo, sorrindo com benevolência enquanto as crianças festejavam o dia de Ano Novo. Parecia que tudo era uma dádiva de Estaline. Os autocarros, tratores, escolas, casas e quintas coletivas eram todos oferecidos por Ele, o supremo distribuidor de bens. Até os adultos, parecia, eram crianças, Estaline, o seu pai, ou melhor, o «paizinho», ou *batiushka*, termo carinhoso usado para os czares que mostravam preocupar-se com o bem-estar dos seus súbditos. A Constituição, promulgada no auge dos falsos processos de Moscovo em dezembro de 1936, era a Constituição de Estaline.([42])

Todas as novas expressões eram ditadas pelas chefias. Depois de concluir um discurso em 1935 com um voto de gratidão à União Soviética, o jovem escritor Aleksandr Avdeenko foi abordado por Lev Mekhlis, o secretário pessoal de Estaline, que lhe sugeriu agradecer antes a Estaline. Meses depois, o discurso de Avdeenko no Congresso Mundial de Escritores em Paris seria transmitido para a União Soviética. Ele terminava todas as frases com um cerimonioso «Obrigado, Estaline!» ou «Pois sou feliz, obrigado, Estaline!». A sua carreira prosperou, e em três ocasiões posteriores ele recebeu o Prémio Estaline.([43])

Os escritores menos felizes eram enviados para o gulague, a extensa rede de campos de concentração do país. Ossip Mandelstam, um dos maiores poetas da Rússia, foi preso por recitar a amigos próximos, em 1934, um poema satírico criticando o líder e morreu num campo temporário alguns anos depois. Outros, de poetas e filósofos a dramaturgos, eram simplesmente fuzilados.

Uma vez que o culto supostamente devia refletir a adoração popular, os poemas e as canções compostos pelas massas trabalhadoras eram amplamente divulgados. Uma mulher do soviete do Daguestão escreveu estes versos adulatórios: «Sobre o vale, o cume de uma montanha/ Sobre o cume, o céu/ Mas Estaline, o céu não tem altura para vos igualar, apenas o vosso pensamento se ergue mais alto/ As estrelas, a Lua são ofuscadas pelo Sol, que por sua vez é ofuscado pela vossa mente brilhante.» Seidik Kvarchia, um agricultor coletivizado, compôs uma *Canção de Estaline*: «O homem que combateu à frente de todos os combatentes/ Que socorreu órfãos, viúvas e idosos/ Perante quem todos os inimigos tremem.»([44])

Apesar da impressão de espontaneidade cuidadosamente fabricada, em 1939 já tinha sido instituído um cânone rigoroso. Os jornais oficiais, os oradores e os poetas entoavam todos o mesmo hino, enaltecendo o «génio sem igual», «o grande e querido Estaline», «o líder e inspirador das classes trabalhadoras do mundo inteiro», «o grande e glorioso Estaline, líder e brilhante teórico da revolução mundial». As pessoas sabiam quando aplaudir em reuniões públicas e quando evocar o nome dele em eventos públicos. A repetição era fundamental, não a inovação, o que significava que a lisonja excessiva também podia ser perigosa. Estaline, comentou Nadejda Mandelstam, mulher do poeta assassinado, não tinha necessidade de qualquer tipo de fanático: ele queria que as pessoas fossem instrumentos obedientes da sua vontade, sem convicções próprias. A máquina do partido, geralmente por intermédio do chefe da chancelaria pessoal de Estaline, Aleksandr Poskrebitchev, prescrevia todas as palavras e imagens. Mas o próprio Estaline era também um revisor compulsivo, debruçando-se sobre editoriais, revendo discursos e artigos. Em 1937 eliminou com rigor a expressão «O Maior Homem do Nosso Tempo» de uma reportagem da agência TASS sobre o desfile do Dia do Trabalhador. Estaline era um jardineiro, aperfeiçoando constantemente o seu próprio culto, desbastando-o em vários lugares para o deixar florescer na estação certa.([45])

O termo estalinismo entrou para o vocabulário quando Estaline achou que chegara o momento. Alegadamente, Lazar Kaganovitch, o primeiro verdadeiro estalinista, terá proposto «Vamos substituir Viva o Leninismo por Viva o Estalinismo!» num jantar com Estaline nos princípios da década de 30. Estaline declinou modestamente, mas o termo tornou-se cada vez mais vulgar desde que a Constituição foi aprovada a 5 de dezembro de 1936: «A nossa Constituição é o marxismo-leninismo-estalinismo.» Semanas depois, na véspera de Ano Novo, Sergo Ordjonikidze usou a expressão num discurso muito aplaudido e intitulado «O Nosso País é Invencível», lembrando como Estaline motivara um exército de 170 milhões de pessoas munidas do «marxismo-leninismo-estalinismo».([46])

As conferências de Estaline de 1924, publicadas como *Fundamentos do Leninismo*, venderam rapidamente depois de 1929. Em 1934 mais de dezasseis milhões de exemplares das várias obras do líder já se encontravam em circulação. Mas o leninismo não era o estalinismo. Era necessário um texto fundador semelhante a *Mein Kampf*. Isso tornou-se mais urgente porque não existia qualquer biografia oficial de Estaline. Os potenciais hagiógrafos consideravam a tarefa intimidante, pois o passado estava continuamente a mudar. Uma coisa era apagar um comissário morto de uma fotografia, outra completamente diferente era continuar a rever uma biografia. Até o livro de Henri Barbusse foi reprovado pouco depois da sua publicação em 1935, já que mencionava dirigentes que tinham sido presos.([47])

O *Breve Curso sobre a História do Partido Comunista de Toda a União* foi a resposta, apresentando um linha de sucessão direta de Marx e Engels a Lenine e Estaline. Abordava todos os episódios da história do partido, oferecendo ao leitor uma narrativa clara de como o programa do partido, representado por Lenine e o seu discípulo Estaline, tinha sido contestado por uma série de cliques antipartidárias desviantes que seriam eliminadas com êxito no caminho para o socialismo. O *Breve Curso* foi encomendado em 1935 por Estaline, que exigiu várias revisões e leu o texto completo cinco vezes antes de autorizar a sua publicação, com grande alarido, em setembro de 1938. O livro tornou-se num texto canónico que deificava Estaline como fonte de sabedoria, vendendo mais de quarenta e dois milhões de exemplares só em russo e com traduções em sessenta e sete línguas.([48])

A 21 de dezembro de 1939 Estaline fez sessenta anos. Seis meses antes, em Berlim, vários líderes tinham aguardado em fila na chancelaria para felicitar Hitler. Em Moscovo, as felicitações foram um exercício público de auto-humilhação, com os dirigentes do partido publicando longos panegíricos numa edição de doze páginas do *Pravda*. «O Maior Homem do Nosso Tempo», proclamou efusivamente Lavrenti Béria, o novo chefe do NKVD. «Estaline, o Grande Condutor da Locomotiva da História», declarou Lazar Kaganovitch. «Estaline é o Lenine de Hoje», proclamou Anastas Mikoian, membro do Politburo. Estaline, escreveu o Presidium do Soviete Supremo da URSS, era «O homem mais amado e querido do nosso país e dos trabalhadores de todo o mundo». Ao «Grande Continuador da Missão de Lenine — Camarada Estaline», eles conferiram a ordem do Herói do Trabalho Socialista.([49])

Estaline exigia submissão ao seu círculo pessoal e entusiasmo ilimitado às massas, cujos presentes chegaram de todos os cantos da União Soviética. O povo aproveitou essa oportunidade muito esperada para compensar Estaline, o supremo cuidador e provedor, com uma lembrança da sua eterna gratidão. Havia desenhos de crianças, fotografias de fábricas, pinturas e bustos de amadores, telegramas de admiradores, uma vaga de ofertas que implicou um mês de agradecimentos nas páginas do *Pravda*. Alguns objetos selecionados foram expostos no Museu da Revolução como testemunho da devoção do povo.([50])

Entre os muitos simpatizantes estrangeiros contava-se Adolf Hitler. «Por favor, queira aceitar as minhas mais sinceras felicitações pelo vosso sexagésimo aniversário. Aproveito esta oportunidade para vos oferecer os melhores votos de felicidades. Desejo-vos pessoalmente boa saúde e um futuro feliz para os povos amigáveis da União Soviética.»([51])

Durante a maior parte da década, Estaline e Hitler tinham-se observado mutuamente com uma mistura de crescente desconfiança e relutante admiração. «Hitler, que grande homem!», exclamou Estaline depois da Noite das Facas Longas. Hitler, pela sua parte, ficara bastante impressionado com o Grande Terror. Mas Estaline tinha lido *Mein Kampf* com atenção, incluindo os excertos em que o autor prometia apagar a Rússia do mapa. «Nunca se esqueçam», escrevera Hitler, «de que os governantes da Rússia atual são criminosos comuns com as mãos manchadas de sangue. Estamos a lidar com a escumalha da humanidade.»([52])

Depois dos Acordos de Munique em setembro de 1938, Estaline pôs fim ao Grande Terror. O seu principal carrasco, Nikolai Iejov, foi afastado em novembro e substituído por Béria. Nessa altura, Estaline já se encontrava rodeado de sicofantas. Todos os seus potenciais adversários na liderança tinham sido vítimas das purgas. Como o empenho insuficiente no apoio ao programa do partido podia ser encarado como deslealdade, os serviços secretos tinham até perseguido os que permaneciam em silêncio. Estaline não tinha amigos, apenas subordinados; nenhum aliado, apenas bajuladores. Por consequência, tomava todas as importantes decisões sozinho.

A 23 de agosto de 1939 Estaline espantou o mundo ao assinar um pacto de não agressão com Hitler, no que pareceu uma jogada brilhante, mas muito arriscada, num jogo de poder sem princípios. Ao libertar a Alemanha da necessidade de travar uma guerra em duas frentes, a União Soviética podia observar tranquilamente os países capitalistas a destruírem-se uns aos outros. Semanas depois, quando a União Soviética invadiu metade da Polónia, tornou-se claro que o pacto incluía algumas cláusulas secretas.

Hitler também deu carta-branca a Estaline na Finlândia e, em novembro de 1939, a União Soviética atacou o seu pequeno vizinho. O que deveria ter sido uma vitória fácil transformou-se num sangrento impasse, com mais de 120 000 baixas soviéticas. O Grande Terror enfraquecera claramente o Exército Vermelho, pois cerca de 30 000 oficiais tinham sido vítimas das purgas de Estaline. Três dos cinco marechais do Exército tinham sido executados. Em março de 1940 foi assinado um tratado de paz, mas a experiência deixou o Kremlin em estado de choque. A Finlândia expôs a fraqueza militar da União Soviética.([53])

A propagandeada reputação do país como uma nação amante da paz também foi abalada. A Sociedade das Nações expulsou a União Soviética. No estrangeiro, os que se identificavam com os ideais do socialismo passaram a ver Estaline como o equivalente de Adolf Hitler.

Estaline cometera um grande erro de cálculo. Com o objetivo de preparar uma linha defensiva contra a Alemanha, ele invadiu os Estados Bálticos da Estónia, Letónia e Lituânia e transformou-os em protetorados soviéticos. Também este plano foi pouco prudente, baseado na sua crença de que Hitler ficaria atolado em França. Mas as tropas alemãs chegaram a Paris em menos de cinco semanas. Parecia então que Hitler iria conseguir proteger um dos flancos da Alemanha muito mais depressa do que o esperado e voltar os seus tanques contra a União Soviética. Em maio de 1941 um crescente acervo de informações dos serviços secretos do próprio Estaline já apontava para um grande reforço militar alemão ao longo da fronteira. Estaline, confiando na experiência e intuição, não fez caso disso, considerando-o mera provocação. Nas palavras do historiador Robert Service, na sua excessiva confiança Estaline preparara sem querer «as condições para o maior desastre militar do século XX».([54])

Estaline estava a dormir na sua *datcha*, a cerca de duzentos quilómetros de Moscovo, quando mais de três milhões de soldados alemães atravessaram a fronteira. O chefe do Estado-Maior, Gueorgui Jukov, que o avisara repetidamente de uma invasão iminente, telefonou ao seu superior, que se apressou a voltar ao Kremlin. Ele continuava a achar que tudo não passava de uma conspiração, até que horas depois o embaixador alemão esclareceu a situação: a Alemanha estava em guerra com a União Soviética. Estaline ficou desolado, mas recuperou depressa, estabelecendo um Comando Supremo repleto dos seus comissários políticos. Depois abandonou o Kremlin, regressando à sua *datcha*, onde se escondeu durante vários dias.

Os tanques alemães atravessaram as vastas planícies do oeste da Rússia, com diferentes formações encaminhando-se inexoravelmente para Leninegrado no Norte e Kiev no Sul. Pelo caminho, muitos soviéticos receberam os soldados alemães como libertadores, sobretudo na Ucrânia, onde milhões de pessoas tinham morrido durante a fome. Mas Hitler considerava-os todos degenerados raciais que deviam ser reduzidos à servidão.

A 3 de julho de 1941 Estaline falou pela rádio, preparando o povo soviético para a guerra apelando ao patriotismo e não ao comunismo. Multidões reuniram-se para ouvir a transmissão nas praças das cidades, «sustendo a respiração num silêncio tão profundo, que se podia ouvir cada inflexão da voz de Estaline», segundo um observador estrangeiro. Durante vários minutos após o fim do discurso o silêncio manteve-se. De um dia para o outro, no país e no estrangeiro, Estaline tornou-se no defensor da liberdade. Alexander Werth, um jornalista colocado em Moscovo, recordou que «o povo soviético sentiu então que tinha um líder com quem podia contar».([55])

Estaline, novamente no comando, ordenou que todas as cidades fossem defendidas até ao último homem, contrariando o conselho dos seus generais. Em vez de ordenar uma retirada estratégica de Kiev, ele permitiu que a capital ucraniana fosse cercada, com meio milhão de soldados presos lá dentro. Mas a chegada do inverno um mês depois, com a feroz resistência das tropas russas, travou o avanço alemão sobre Moscovo. Em dezembro de 1941 os Estados Unidos entraram na guerra, colocando a União Soviética novamente em vantagem. Nessa altura, mais de dois milhões de soldados do Exército Vermelho já tinham sido mortos e 3,5 milhões presos.

Estaline não desapareceu completamente de vista depois do seu discurso na rádio, mostrando-se apenas fugazmente nos primeiros anos da guerra. Não escrevia para os jornais e raramente falava em público, desperdiçando todas as oportunidades de inspirar e motivar o seu povo. De vez em quando o *Pravda* publicava algumas fotografias, mostrando-o como comandante do Exército, de boné militar com uma única estrela vermelha e uniforme decorado com dragonas imponentes. Mas ele parecia mais um símbolo incorpóreo do esforço de guerra do que um Comandante Supremo liderando o seu povo na Grande Guerra Patriótica. Não eram divulgadas informações sobre as suas atividades ou a sua vida familiar. A sua reclusão tinha a vantagem, comentou um jornalista estrangeiro, de não provocar qualquer conflito entre a imagem e a realidade, uma vez que o público sabia tão pouco sobre o seu líder.([56])

Só quando a Batalha de Estalinegrado deu novo rumo à guerra, em fevereiro de 1943, acabando com a ameaça aos campos petrolíferos do Cáucaso, é que Estaline voltou à ribalta. Promoveu muitos dos seus oficiais e conferiu a si mesmo o título de Marechal da União Soviética. Os jornais saíram recheados de novas expressões, de «estratégia estalinista» e «a escola de pensamento militar estalinista» ao «génio militar de Estaline». As suas proclamações a seguir a cada vitória eram lidas solenemente na rádio e assinaladas por uma salva de tiros. 1944 foi celebrado como o ano dos «dez golpes estalinistas».([57])

Estaline também se apresentava como um interveniente indispensável no palco internacional, um grande e digno estadista de bigode e cabelos grisalhos. Era mostrado na companhia de dignitários estrangeiros numa sala com painéis de madeira no Kremlin, observando os seus subalternos a assinar tratados. Apareceu ao lado do primeiro-ministro britânico Winston Churchill e do presidente americano Franklin D. Roosevelt em cimeiras em Teerão, Ialta e Potsdam, planeando o mundo do pós-guerra. E voltou a sorrir, sentado majestosamente no seu capote de marechal, um dos grandes estadistas do mundo.([58])

As grandes personalidades do mundo que entravam no gabinete de Estaline diziam bem dele. «Quanto mais o vejo mais gosto dele», declarou Churchill, sem ideia de como Estaline o desprezava e depreciava. Os Americanos concordavam. Um Roosevelt ingénuo percebeu algo mais além de um revolucionário na natureza de Estaline, nomeadamente, um «cavalheiro cristão». Truman, que depois da morte de Roosevelt lhe sucedeu na presidência, confidenciou ao seu diário: «Posso lidar com Estaline. Ele é honesto — mas muito esperto.» O seu secretário de Estado, James Byrnes, afirmou que «A verdade é que ele é uma pessoa muito simpática». Estaline encantava os jornalistas estrangeiros, que muitas vezes se referiam a ele como Tio Joe.([59])

Até alguns compatriotas de Estaline gostavam dele. O terror e a propaganda tinham avançado de mãos dadas durante toda a década de 30, com milhões de pessoas a morrer de fome, presas ou executadas. Só o admirador estrangeiro mais iludido poderia considerar que as vítimas adoravam genuinamente o responsável por tanta miséria humana.

Quando Nadejda Mandelstam foi obrigada a procurar trabalho numa fábrica de têxteis em Strunino, uma pequena cidade nos arredores de Moscovo, descobriu que durante o Grande Terror as pessoas do local se sentiam tão amarguradas que se referiam regularmente a Estaline como «o bexigoso». Mas quase toda a gente ficou traumatizada por uma guerra travada com uma selvajaria sem precedentes, pois os invasores foram muito além do campo de batalha para torturar, assassinar e escravizar, decididos a esmagar um povo que consideravam racialmente inferior.([60])

Cidades inteiras foram subjugadas através da fome, com um milhão de mortes apenas no cerco de vinte e oito meses de Leninegrado. Mais de sete milhões de civis foram mortos nas zonas ocupadas, sem contar mais quatro milhões que morreram de fome ou doença. Cerca de vinte e cinco milhões de pessoas ficaram sem casa, com 70 000 aldeias apagadas do mapa. Talvez compreensivelmente algumas pessoas admirassem Estaline, precisando de alguém em quem acreditar. A máquina de propaganda identificava Estaline com a pátria. Ele era o líder de uma guerra justa, o Comandante Supremo de um Exército Vermelho que não só libertaria o país como também se vingaria.([61])

No entanto, ao mesmo tempo que a guerra contribuía para aumentar a sua reputação, largos segmentos da população permaneciam manifestamente indiferentes. A propaganda projetava incessantemente a imagem de um líder poderoso e sábio mobilizando o povo contra o inimigo comum, mas quando um jornalista britânico passou um semana a viajar de comboio de Murmansk a Moscovo, falando com dezenas de soldados, trabalhadores ferroviários e civis de todas as classes sociais, o nome de Estaline não foi referido uma única vez.([62])

A desconfiança em relação ao Estado de partido único era profunda nas regiões rurais, onde os jovens eram recrutados para o Exército. Muitos novos recrutas eram aldeões religiosos que escreviam cartas para casa que terminavam com as palavras «Viva Jesus Cristo». Em 1939 alguns desfiguraram bustos de Lenine e Estaline, levando os seus instrutores políticos ao desespero. Eram os propagandistas no Exército quem mais admirava Estaline. Essa atitude mudou depois da imposição de uma disciplina implacável em 1941. Em julho de 1942 Estaline emitiu a Ordem Número 227, «Nem um passo atrás!», tratando a desobediência ou a retirada como traição. Foram colocadas unidades especiais atrás da linha da frente para disparar sobre os mais lentos, não dcixando dúvidas aos soldados sobre quem mais deviam temer, Estaline ou Hitler. De um modo geral, o regime mostrava pouca consideração pelas vidas dos seus soldados. Os feridos ou mutilados em combate receberam um tratamento desumano. Muitos foram deportados para o gulague.([63])

O Exército Vermelho foi destruído e renovado pelo menos duas vezes, mas Estaline podia dar-se ao luxo de perder mais tanques e pessoas do que Hitler. A caminho de Berlim, a capital alemã, os seus soldados envolveram-se em saques, pilhagens e violações generalizados, quase sempre com a aprovação dos seus comandantes, incluindo Estaline.([64])

Estaline geria a guerra como geria tudo o resto, sozinho. Nas palavras de Isaac Deutscher, um dos seus primeiros biógrafos: «Ele era efetivamente o seu próprio comandante-chefe, o seu próprio ministro da Defesa, o seu próprio quartel-mestre, o seu próprio ministro do Abastecimento, o seu próprio ministro dos Negócios Estrangeiros, e até o seu próprio chefe de protocolo.» Quando a bandeira vermelha foi içada sobre Berlim, ele foi o grande vencedor. Estaline, porém, mais paranoico que nunca, não confiava no Exército. O verdadeiro herói era o chefe do Estado-Maior e vice-comandante supremo, Gueorgui Jukov, que liderara a marcha para oeste em direção ao búnquer de Hitler. Em Moscovo a população chamava-lhe «o nosso São Jorge», como o santo padroeiro da capital. Jukov encabeçou o desfile da vitória na Praça Vermelha a 24 de junho de 1945, embora conhecesse o seu superior o bastante para o designar «capitão de génio» no seu tributo. O programa do partido enaltecia constantemente «O nosso grande génio e líder de soldados, camarada Estaline, a quem devemos a nossa histórica vitória». Nesse mesmo mês, Estaline conferiu a si mesmo a maior honra: o título de Generalíssimo.([65])

Um ano depois, com provas incriminatórias obtidas por meio da tortura de alguns dos seus colegas, Jukov foi enviado para o exílio interno nas províncias. O seu nome tornou-se tabu. As comemorações do Dia da Vitória foram suspensas depois de 1946 e os livros de memórias de soldados, oficiais e generais proibidos. Na memória oficial da guerra, toda a gente passou a segundo plano, deixando que apenas Estaline brilhasse. Em 1947 uma *Breve Biografia* de Estaline, destinada a leitores comuns, foi publicada com grande alarde. Muito semelhante à hagiografia de Henri Barbusse, publicada em 1935, vendeu dezoito milhões de exemplares em 1953. O capítulo sobre a Grande Guerra Patriótica não mencionava nenhum dos seus generais, e muito menos Jukov, apresentando Estaline como o arquiteto da vitória.([66])

Durante a guerra, Estaline incentivara rumores de mais liberdade no futuro, mas estes foram reprimidos assim que os combates terminaram. Milhões de russos que se haviam tornado prisioneiros involuntários dos Alemães foram considerados maculados e potencialmente traiçoeiros. Tratados como traidores, muitos foram enviados para campos, outros fuzilados. Estaline temia também que ideias estrangeiras tivessem contaminado o resto da população.

Quando as tensões entre os três aliados se transformaram numa Guerra Fria em 1947, a repressão aumentou ainda mais. Andrei Jdanov, numa campanha vigiada de perto por Estaline, impôs a ortodoxia ideológica. Todas as coisas estrangeiras foram atacadas, todas as coisas locais enaltecidas, da literatura, linguística, economia e biologia à medicina. Estaline participou pessoalmente em vários debates científicos, fazendo-se passar por árbitro agindo nos interesses do marxismo. Num ensaio de 10 000 palavras no *Pravda*, sugeria que o russo era a língua do futuro, desprezando um importante linguista que considerou antimarxista. Em 1948 decidiu atacar a genética, descrevendo-a como uma ciência estrangeira e burguesa, e interrompendo as investigações em biologia. Durante mais de uma década Estaline presidira a uma corte temerosa e servil. Chegara o momento de subjugar ramos inteiros da ciência, promovendo bajuladores que elogiavam o seu génio ao mesmo tempo que enviava professores universitários dissidentes para o gulague. Só uma área estava isenta, nomeadamente a investigação da bomba atómica, para a qual foram disponibilizados recursos ilimitados.([67])

O culto de Estaline começou a assumir proporções industriais. Estaline não só libertara a União Soviética, mas ocupara também metade da Europa. Da Polónia no Norte à Bulgária no Sul, o Exército Vermelho ocupou vastos territórios que foram progressivamente convertidos em Estados satélites. Futuros dirigentes conhecidos por «pequenos Estalines» chegavam treinados de Moscovo para dirigir a colonização dos seus respetivos países — Walter Ulbricht na Alemanha de Leste, Bolesław Bierut na Polónia, Mátyás Rákosi na Hungria. No início os progressos foram lentos, pois Estaline aconselhara-os a avançarem com cuidado, mas em 1947 os serviços secretos de todos esses países já estavam a encarcerar inimigos reais e imaginários ou a enviá-los para campos. Os comunistas começaram também a nacionalizar as escolas, a desmantelar organizações independentes e a atacar a Igreja. A procura de cartazes, retratos, bustos e estátuas de Estaline disparou, já que os novos súbditos queriam prestar culto ao seu mestre longínquo no Kremlin, enaltecido em Varsóvia como «o resoluto amigo da Polónia» e em Berlim Leste como «o melhor amigo do povo alemão».([68])

Também internamente se multiplicaram as estátuas e monumentos à glória de Estaline, apesar de ele próprio, cada vez mais frágil e cansado, se retirar da vida pública. O auge do seu culto ocorreu quando ele fez setenta anos em 1949. Enquanto festejava o seu aniversário no Teatro Bolshoi em Moscovo, os holofotes iluminavam uma figura gigante de Estaline de uniforme militar, suspensa de balões por cima da Praça Vermelha. Milhões de pequenas bandeiras vermelhas esvoaçaram sobre Moscovo no dia seguinte, com faixas proclamando a mesma mensagem: «Glória ao Grande Estaline». As autoridades distribuíram cerca de dois milhões de cartazes, além de milhares de retratos, muitos iluminados à noite. Nessa altura, já tinham sido erguidos bustos monumentais em trinta e oito cumes de montanha na Ásia Central, anunciou orgulhosamente o *Pravda*. O primeiro surgira em 1937, quando alpinistas transportaram uma estátua para o cume mais alto na União Soviética, denominado Pico Estaline.([69])

Os presentes de aniversário eram transportados para Moscovo em comboios especiais decorados com bandeiras vermelhas. Mas ao contrário de comemorações anteriores, o aniversário de Estaline passara a ser um evento mundial. Pessoas de todo o campo socialista competiam para demonstrar o seu amor ao líder no Kremlin, o chefe do movimento comunista internacional. Mais de um milhão de cartas e telegramas chegou de todos os cantos do mundo. Só no verão de 1951 é que o coro de felicitações amainou, com o *Pravda* publicando várias centenas todos os dias. As assinaturas de cidadãos comuns também eram bem-vindas. Na Checoslováquia cerca de nove milhões de pessoas adicionaram os seus nomes, reunidos em 356 volumes, a uma mensagem de felicitações. A Coreia do Norte superou-as facilmente, enviando exatamente 16 767 680 assinaturas em 400 pesados volumes.([70])

Os presentes não paravam de chegar, com trabalhadores da Europa de Leste enviando um avião, vários automóveis, uma locomotiva e uma motocicleta. Da China chegou uma magnífica estátua de Hua Mulan, uma guerreira lendária do século VI, e também o retrato de Estaline gravado num grão de arroz. Muitos dos presentes, rigorosamente inventariados, foram expostos no Museu Puchkine de Belas-Artes, incluindo cerca de 250 estátuas e 500 bustos. Havia muitas obras espetaculares, mas talvez nenhuma tão impressionante como um tapete de setenta metros quadrados representando Estaline no seu escritório.([71])

Estaline apareceu no seu aniversário ladeado por líderes da Europa de Leste e por Mao Tsé-tung, que em outubro proclamara triunfantemente a República Popular da China. Meses antes, a primeira bomba atómica soviética tinha sido testada com sucesso, tornando Estaline líder de uma superpotência mundial. Foi uma demonstração de força, ao mesmo tempo que o campo socialista se retirava para detrás de uma cortina de ferro, assinalando um momento decisivo na Guerra Fria.

Estaline continuou as suas purgas até ao fim. A paranoia é difícil de medir, mas a idade parecia torná-lo ainda mais impiedoso. A sua família não constituía exceção, visto que Estaline desejava pairar sobre todos os outros como uma divindade distante, misteriosa e desligada da sua própria história pessoal, que os seus familiares conheciam muito bem. Em 1948 a sua cunhada Anna Allilueva foi deportada por um período de dez anos, depois de publicar um livro de memórias que oferecia vislumbres aparentemente inócuos da vida anterior do ditador. Com a exceção dos próprios filhos, nenhum dos seus parentes estava a salvo. Os membros da sua corte viviam aterrorizados, reduzidos a elogiar servilmente a sabedoria do líder e a competir pelas suas boas graças, ao mesmo tempo que ele os aliciava e humilhava, explorando o seu medo ou lançando-os uns contra os outros. Com as novas purgas, realizadas constante e inexoravelmente, a população no gulague mais do que duplicou para 2,5 milhões entre 1944 e 1950. Entre as purgas, Estaline aprovava monumentos cada vez mais extravagantes à sua própria glória. A 2 de julho de 1951 encomendou uma estátua de bronze da sua pessoa com trinta e três toneladas, para ser erguida nas margens do Canal Volga–Don. Estaline iniciou a autodeificação quando pressentiu a aproximação do fim.([72])

A 1 de março de 1953 Estaline foi encontrado deitado no chão, encharcado na sua própria urina. Um vaso sanguíneo rebentara-lhe no cérebro, mas ninguém se atrevera a incomodá-lo no seu quarto de dormir. A ajuda médica também foi adiada, pois o círculo pessoal do líder tinha pavor de fazer a chamada errada. Estaline morreu três dias depois. O seu corpo foi embalsamado e exibido, mas as multidões enlutadas decididas a ver pela última vez o seu líder descontrolaram-se. Centenas morreram espezinhadas no pânico que se seguiu. Depois de um elaborado funeral de Estado a 9 de março, ele foi sepultado ao lado de Lenine. Foram tocados os sinos das torres e disparadas salvas de tiros. Todos os comboios, autocarros, elétricos, camiões e automóveis no país pararam. Um silêncio absoluto caiu sobre a Praça Vermelha. «Um único pardal sobrevoou de súbito o mausoléu», notou um correspondente estrangeiro. Foi feito um anúncio oficial, depois a bandeira voltou a ser içada a plena haste, lentamente. Chegaram tributos dos beneficiários do regime, nenhum mais eloquente do que os escritos por Boris Polevoi e Nikolai Tikhonov, vencedores do Prémio Estaline. Milhões de pessoas fizeram luto. Um mês depois do funeral o nome de Estaline desapareceu dos jornais.([73])

4
MAO

Quando apareceu no Teatro Bolshoi para se mostrar aos fotógrafos na gala do seu septuagésimo aniversário, Estaline colocou-se entre Mao Tsé-tung e Nikita Krutchov. Mao parecia taciturno, fascinado com o seu homólogo no Kremlin, mas ofendido com a forma como estava a ser tratado. Esperara ser recebido como o líder de uma grande revolução que colocara um quarto da humanidade na órbita comunista, mas tinha sido recebido na Estação de Iaroslavski por dois subordinados de Estaline que nem sequer o acompanharam à sua residência. Estaline concedera a Mao uma breve audiência, felicitando-o pelo seu êxito na Ásia, mas durante muitos meses um manto de silêncio escondera dos soviéticos a vitória do Partido Comunista da China.

Depois das comemorações do aniversário, Mao foi levado para uma *datcha* fora da capital e obrigado a esperar várias semanas por uma reunião formal. Os encontros foram cancelados, os telefonemas nunca devolvidos. Mao perdeu a paciência, reclamando e lembrando que estava em Moscovo para fazer mais do que apenas «comer e cagar». Com o passar dos dias ficou a conhecer a sua modesta posição numa irmandade comunista que girava inteiramente em torno de Estaline.([1])

Durante vinte e oito anos o Partido Comunista da China dependera do apoio financeiro de Moscovo. Mao, um jovem alto, magro e bem-parecido com vinte e sete anos de idade, recebera a sua primeira remuneração de 200 iuanes de um agente da Internacional Comunista em 1921, para pagar o custo da viagem para a reunião fundadora do partido em Xangai. Mas o dinheiro vinha com uma condição. Lenine percebeu que os princípios do bolchevismo não exerciam grande atração fora da Europa e pediu aos partidos comunistas que se juntassem aos seus colegas nacionalistas numa frente unida que derrubaria as potências estrangeiras. Ele tinha razão. Após vários anos, o número de filiados no partido não passava das poucas centenas, num país com mais de 480 milhões de pessoas.

Em 1924 o Partido Comunista da China aliou-se ao Partido Nacionalista, que também recebia ajuda militar de Moscovo. Era uma aliança difícil, mas dois anos depois os nacionalistas de Chiang Kai-shek lançaram uma campanha militar a partir da sua base no Sul, tentando tomar o poder a senhores da guerra locais e unificar o país. Em Hunan, a província natal de Mao, eles seguiram as instruções de conselheiros russos e criaram associações de camponeses na esperança de fomentar a revolução. A ordem social desmoronou-se nas zonas rurais, com os aldeões pobres aproveitando a oportunidade para virar o mundo do avesso. Eles tornaram-se nos senhores, assaltando os ricos e poderosos e criando um reino de terror. Algumas vítimas foram esfaqueadas, outras decapitadas. Os pastores protestantes foram exibidos pelas ruas como «cães de corrida do imperialismo». Traziam as mãos atadas atrás das costas com uma corda que passava em volta do pescoço. As igrejas foram saqueadas.([2])

O acontecimento foi uma revelação para Mao, que ficou fascinado com a violência. «Eles derrubaram a pequena nobreza», escreveu com admiração no seu relatório sobre o movimento campesino. Depois fez uma previsão ousada: «Várias centenas de milhões de camponeses erguer-se-ão como uma violenta tempestade [...] Eles esmagarão todas as peias que os prendem e precipitar-se-ão no caminho para a libertação. Eles varrerão todos os imperialistas, senhores da guerra, funcionários corruptos, tiranos locais e nobres perversos para as suas covas.»([3])

Durante anos, Mao tentara encontrar o seu próprio caminho. Na sua juventude lera vorazmente, considerando-se um intelectual que escrevia ensaios nacionalistas. Trabalhara como bibliotecário, professor, editor e ativista sindical. No meio rural descobrira finalmente a sua vocação:

embora fosse ainda uma figura menor no partido, ele conduziria os camponeses à libertação.

A violência nas zonas rurais indignou os nacionalistas, que rapidamente se afastaram do modelo soviético. Um ano mais tarde, depois de os seus soldados terem entrado em Xangai em abril de 1927, Chiang Kai--shek encetou uma purga sangrenta em que centenas de comunistas foram executados. O Partido Comunista Chinês passou à clandestinidade. Mao conduziu um exército heterogéneo de 1300 homens para as montanhas, em busca dos camponeses que o levariam ao poder.

Mao virou a ideologia do avesso, abandonando os trabalhadores urbanos para defender os camponeses desprezados pelo marxismo ortodoxo. Relegados para zonas montanhosas remotas, ele e os seus seguidores passaram anos a aprender a mobilizar o poder bruto dos camponeses pobres para derrubar representantes do governo, pilhar recursos locais e controlar extensões de terra cada vez maiores. Tornaram-se peritos em guerrilha, recorrendo a emboscadas e ataques-surpresa para hostilizar a tropa menos móvel dos nacionalistas, o seu arqui-inimigo.

Durante todo esse tempo ocorreram conflitos ideológicos com o Comité Central, que continuava a operar clandestinamente em Xangai, perto dos operários das fábricas. Alguns discordavam dos métodos pouco ortodoxos de Mao. Chu En-lai, um jovem delicado e instruído responsável pelos assuntos militares do partido, descreveu as tropas de Mao como «apenas bandidos que vagueiam de um lado para o outro». Mas em 1930 Mao começou a atrair a atenção de Estaline. Mao sabia lidar com a «escumalha *kulak*» das zonas rurais e livrar-se dos seus adversários. Era determinado na busca do poder, impelido por uma ambição feroz bem servida por uma personalidade manipuladora e grande talento para a política. Era também impiedoso. Num incidente que ocorreu numa cidade chamada Futian, cem oficiais de um batalhão que se haviam revoltado contra a sua liderança foram presos em jaulas de bambu, despidos por completo e torturados. Muitos foram mortos com golpes de baionetas.([4])

A 7 de novembro de 1931, o aniversário da Revolução de Outubro, Mao proclamou uma república soviética numa zona montanhosa da província de Jiangxi, financiada por Moscovo. Era um Estado dentro do Estado, emitindo as suas próprias moedas, notas e selos. Mao era o chefe, dominando cerca de três milhões de súbditos. Mas quando os membros do

Comité Central de Xangai se juntaram a ele, condenaram os seus métodos de guerrilha. Destituíram Mao dos seus cargos, entregando o comando da frente de combate a Chu En-lai. O resultado foi um desastre. Chiang Kai-shek desbaratou o Exército Vermelho, obrigando os comunistas a fugirem em outubro de 1934. O que mais tarde se tornaria conhecido por Longa Marcha foi uma penosa viagem de 9000 quilómetros através de algumas das zonas mais inóspitas do país.

Mao usou a Longa Marcha para voltar a conquistar o poder. A caminho de Yan'an, uma zona montanhosa remota e isolada num planalto de loesse na província de Xianxim, ele aproveitou a derrota do soviete de Jiangxi para isolar os seus rivais, afastando Chu En-lai para recuperar o comando do Exército Vermelho.

As tropas chegaram em outubro de 1935. De entre os cerca de 86 000 homens no início da marcha, restavam apenas 8000, mas estes eram seguidores fiéis e dedicados. Como bom demagogo, Mao transformou a Longa Marcha num manifesto: «A Longa Marcha anunciou a cerca de 200 milhões de pessoas, em onze províncias, que o caminho do Exército Vermelho é o seu único caminho para a libertação.»([5])

Nem tudo era bravata. Mao estava a contar com uma guerra mundial, esperando que esta desencadeasse uma revolução global. E sabia que tinha a atenção de Estaline. Meses antes, Moscovo alterara a sua política externa, cada vez mais receoso de um ataque ou da Alemanha ou do Japão. Em 1931 o Japão invadira a Manchúria, uma vasta região rica em recursos naturais que se estendia da Grande Muralha, a norte de Pequim, até à Sibéria. Ocorreram inúmeros conflitos fronteiriços com a União Soviética, incluindo incursões aéreas. Em julho de 1935 a Internacional Comunista já se referia abertamente a Tóquio como «inimigo fascista».([6])

Estaline, como o seu mestre Lenine mais de uma década antes, incentivou então os comunistas no estrangeiro a procurarem uma frente unida com os que estavam no poder em vez de tentarem derrubá-los. Mas essa estratégia implicava que a autoridade dos dirigentes do partido comunista fosse elevada. Iniciou-se então uma grande campanha para enaltecer Mao. A Internacional Comunista proclamou-o um dos «porta-estandartes» do movimento comunista mundial. No mesmo ano o *Pravda* publicou um longo tributo intitulado «Mao Tsé-tung: Líder do

Povo Trabalhador Chinês», seguido de um panfleto denominado «Líderes e Heróis do Povo Chinês». Mao era o *vojd*, o grande líder, título reservado apenas para Lenine e Estaline.([7])

Mao aproveitou a deixa. Meses depois, após uma minuciosa investigação, convidou Edgar Snow, um jovem repórter idealista do Missuri, para visitar Yan'an. Todos os pormenores sobre como o jornalista devia ser tratado ficaram estipulados: «Segurança, sigilo, simpatia e tapete vermelho.» Snow passou vários meses na base comunista, enquanto Mao oferecia uma versão mítica da sua própria vida, falando sobre a sua infância, juventude e carreira como revolucionário. Mao verificou e corrigiu todos os pormenores do que Snow escreveu.([8])

Red Star over China, publicado em 1937, foi um sucesso imediato. Apresentava o misterioso líder do Partido Comunista da China ao resto do mundo, descrevendo-o como «grande estudioso do chinês clássico, leitor voraz, estudante aplicado de filosofia e história, bom orador, homem com uma memória invulgar e extraordinário poder de concentração, escritor capaz, descuidado nos seus hábitos pessoais e aparência mas surpreendentemente meticuloso no trabalho, homem de energia inesgotável e estrategista militar e político de grande génio.»([9])

Mao era um pobre filho do solo que subira a pulso com pura força de vontade e orgulho, decidido a lutar pelos compatriotas humilhados. Era um homem de hábitos simples, vivendo numa gruta de loesse, cultivando as suas próprias folhas de tabaco. Era terra a terra, um rebelde com um sentido de humor animado e rústico. Trabalhava incansavelmente. Era um poeta, um filósofo, um grande estrategista. Mas era sobretudo um homem do destino, convocado por profundas forças históricas para regenerar o seu país. «Ele poderá muito bem vir a ser um grande homem», anunciava Edgar Snow.([10])

Red Star over China causou sensação, vendendo 12 000 exemplares nos Estados Unidos no mês após ter sido publicado. Foi imediatamente traduzido para chinês, transformando Mao num nome conhecido. A fotografia na capa do livro, mostrando Mao de boné militar com uma única estrela vermelha, tornou-se numa imagem icónica.([11])

Estaline exigira uma aliança entre os comunistas e os nacionalistas. Mas Mao sabia muito bem que Chiang Kai-shek não tinha intenção de colaborar consigo e declarou imediatamente a sua disponibilidade para formar uma «ampla frente unida nacional e revolucionária» contra o Japão. Pediu também a Estaline mais dois milhões de rublos em ajuda militar.([12])

A proposta de Mao fê-lo parecer o líder mais preocupado com o destino da nação, ao mesmo tempo que crescia a ameaça de guerra com o Japão. A 12 de dezembro de 1936, Chiang foi sequestrado por membros da sua própria aliança e obrigado a cessar todas as hostilidades contra os comunistas. As tréguas foram uma bênção, dando tempo a Mao para se restabelecer com uma nova frente unida.

Outro golpe de sorte ocorreu em julho de 1937, quando o Japão atravessou a fronteira a partir da Manchúria, conquistando Pequim semanas depois. Nos anos seguintes, o exército japonês faria o que os comunistas nunca teriam sido capazes de fazer, ou seja, atacar, destruir ou expulsar as tropas nacionalistas de todas as principais cidades ao longo da costa. Seguiram-se várias batalhas sangrentas, com as melhores divisões de Chiang em Xangai resistindo a um assalto de três meses de tanques, navios e aviões do inimigo. Centenas de milhares de pessoas morreram na Batalha de Xangai. A sorte de Nanquim foi ainda pior, com os Japoneses violando e assassinando sistematicamente civis na capital nacionalista durante o inverno de 1937–1938.

Durante todo esse tempo, os comunistas permaneceram escondidos em segurança no Interior. Em janeiro de 1940, segundo um relato do próprio Chu En-lai, mais de um milhão de soldados já tinham sido mortos ou ficado feridos, embora esse número incluísse não mais de 31 000 baixas do Exército Vermelho. Chiang Kai-shek e o seu governo foram obrigados a retirar-se para a capital provisória de Xunquim, em Sichuan. Cerca de 3000 toneladas de bombas foram lançadas sobre a cidade em centenas de ataques aéreos, até os Estados Unidos entrarem na guerra depois de Pearl Harbor.([13])

Não foi disparado um único tiro em Yan'an. A estratégia de guerrilha de Mao longe das linhas do inimigo tinha alguns críticos fervorosos, mas Estaline defendeu Mao. No verão de 1938 Moscovo pediu aos membros do partido que se unissem em torno do seu líder, arrasando os que tinham esperado vencê-lo. Meses depois o Kremlin já descrevia Mao como um «sábio estrategista» e «teórico brilhante». Uma versão resumida de *Red Star over China* foi rapidamente publicada.([14])

Pela primeira vez, Mao não tinha um único adversário à altura. Ele aproveitou a oportunidade para reescrever o passado. Num plenário realizado no outono de 1938, o primeiro item na ordem do dia era o seu relatório sobre a história do partido desde a sua fundação dezassete anos antes. Com 150 páginas, levou três dias a ser lido. Mao enumerou todos os colegas que o haviam contestado no passado, descrevendo-os como «oportunistas de direita» ou «oportunistas de esquerda». Alguns foram acusados de serem trotskistas. Era uma primeira versão canónica da história do partido, ao longo da qual uma série de erros tinham sido cometidos até Mao Tsé-tung conseguir finalmente alcançar a vitória, conduzindo o Exército Vermelho a Yan'an na Longa Marcha.([15])

O passo seguinte de Mao foi estabelecer-se como teórico. Nessa tarefa foi ajudado por Chen Boda, um jovem estudioso mas ambicioso formado em Moscovo que viria a ser o seu escritor-fantasma. Juntos escreveram *Uma Nova Democracia*, um panfleto publicado em janeiro de 1940 que descrevia o partido comunista como uma frente ampla que procurava unir todas as «classes revolucionárias», incluindo a burguesia nacional. Mao prometia um sistema multipartidário, liberdades democráticas e a proteção da propriedade privada. Era um programa inteiramente fictício, mas muito atrativo para as massas.([16])

Milhares de estudantes, professores, artistas, escritores e jornalistas mudaram-se para Yan'an nos anos seguintes, atraídos pela promessa de um futuro mais democrático. Mas Mao desconfiava desses livres-pensadores e exigia a lealdade absoluta. Em 1942 lançou uma Campanha de Retificação. Nas palavras do historiador Gao Hua, o objetivo era «intimidar todo o partido com violência e terror, erradicar todo o pensamento independente e submeter todo o partido à autoridade única e suprema de Mao».([17])

Mao orquestrou toda a campanha, supervisionando tudo minuciosamente, mas deixou que o seu braço-direito, Kang Sheng, ocupasse a ribalta. Um homem sinistro com um bigode fininho e óculos grossos, sempre vestido de preto, Kang tinha sido formado em Moscovo, onde ajudara a polícia secreta a eliminar centenas de estudantes chineses durante o Grande Terror. Sob a sua supervisão foram realizadas inúmeras caças às bruxas em Yan'an, com as pessoas sendo obrigadas a denunciar-se mutuamente. Milhares de suspeitos foram presos, investigados, torturados, expulsos e às vezes executados. Durante a noite ouviam-se os gritos arrepiantes de pessoas presas em caves.([18])

Quando a campanha chegou ao fim, mais de 15 000 alegados agentes inimigos e espiões tinham sido desmascarados. Mao permitira que o terror se descontrolasse, assumindo o papel de um líder modesto, distante mas benevolente. Depois interveio para travar a violência, deixando cair Kang Sheng. Os que conseguiram sobreviver ao terror olharam para Mao como um salvador.([19])

Mao instituiu também um Comité de Estudos Gerais Central, que ele encheu de aliados próximos, entre eles Liu Shaoqi, um membro sisudo e puritano do partido que viria a ser o seu «número dois». O Comité de Estudos geria tudo em Yan'an, transformando efetivamente o Partido Comunista na ditadura pessoal de Mao. Importantes membros do partido que tinham contestado Mao no passado foram humilhados, obrigados a escrever confissões e a pedir desculpa em público pelos seus erros. Chu En-lai foi um deles, esforçando-se depois por se redimir declarando o seu apoio incondicional a Mao. Isso foi considerado insuficiente, e ele foi posto à prova numa série de reuniões de denúncia em que tinha de se chamar «vigarista político» sem princípios. Foi um exercício penoso de auto-humilhação, mas Chu conseguiu sair da prova como o fiel assistente de Mao, decidido a nunca mais o contrariar. Ao contrário de Estaline, Mao raramente mandava fuzilar os adversários, convertendo-os antes em cúmplices permanentemente postos à prova, tendo de trabalhar de modo incansável para demonstrar a sua fidelidade.([20])

A 1 de julho de 1943, o vigésimo segundo aniversário da fundação do partido, Mao anunciou que a Campanha de Retificação tinha «garantido unanimidade ideológica e política no partido». Isso seria a luz verde para um culto de personalidade sem limites. Todos tinham de aclamar Mao Tsé-tung, e todos tinham de estudar o Pensamento de Mao Tsé-tung, termo inventado quatro dias depois por Wang Jiaxiang, um ideólogo formado na URSS. Um dos principais hagiógrafos de Mao foi Liu Shaoqi, que o aclamou como «grande líder revolucionário» e «mestre do marxismo-leninismo». O encómio de Liu foi o sinal para que outros começassem a elogiar o líder, descrevendo-o como o «grande timoneiro revolucionário», «estrela salvadora», «estrategista genial» e «génio político». Os panegíricos eram «repugnantemente servis», comentaram Theodore White e Annalee Jacoby, dois jornalistas americanos. Quando Mao falava, homens duros e calejados por anos de guerrilha tomavam notas diligentemente, «como se estivessem a beber da fonte do conhecimento».([21])

O jornal do partido, o *Diário da Libertação*, dirigido por Mao, publicou manchetes enormes proclamando «O Camarada Mao Tsé-tung É o Salvador do Povo Chinês!». No final de 1943 já havia retratos de Mao em toda a parte, expostos de modo saliente ao lado dos de Marx, Engels, Lenine e Estaline. Crachás exibindo a sua cabeça circulavam entre a elite do partido. O seu perfil surgiu em relevo dourado na fachada de um enorme auditório. As pessoas entoavam hinos à sua glória: «O Oriente é vermelho/ O sol nasce/ A China deu à luz Mao Tsé-tung/ Ele busca a Felicidade do Povo».([22])

Em abril de 1945, depois de um intervalo de dezassete anos, foi finalmente convocado um congresso do partido. Centenas de delegados tinham sido perseguidos durante a Campanha de Retificação, alguns substituídos por homens fiéis a Mao. Todos aclamaram o seu líder, que foi eleito presidente dos principais órgãos do partido. O Pensamento de Mao Tsé-tung foi consagrado na Constituição do partido. No seu discurso de abertura, Liu Shaoqi mencionou o nome do presidente mais de uma centena de vezes, descrevendo-o como «o maior revolucionário e estadista de toda a história da China» ou «o maior teórico e cientista de toda a história da China». Mao, finalmente, transformara o partido num instrumento da sua própria vontade.([23])

Quando o Japão se rendeu, a 15 de agosto de 1945, Mao já comandava 900 000 soldados em bolsas rurais no norte da China. Dias antes, Estaline declarara guerra ao Japão, enviando perto de um milhão de soldados através da fronteira siberiana para ocupar a Manchúria e o norte da Coreia, onde esperaram que os seus aliados se juntassem a eles no paralelo 38. Mao tinha planos grandiosos para incitar uma revolta na longínqua Xangai, mas a preocupação imediata de Estaline era garantir a saída das tropas americanas da China e da Coreia. Para alcançar esse objetivo, ele reconheceu Chiang Kai-shek como o líder de uma China unida num tratado sino-soviético.

No entanto, as tropas soviéticas na Manchúria entregaram discretamente as zonas rurais aos comunistas, que começaram a entrar na região a partir de Yan'an. Os soviéticos ajudaram Mao a transformar o seu desorganizado exército de guerrilheiros numa formidável máquina de guerra, abrindo dezasseis instituições militares, incluindo escolas de aviação, artilharia e engenharia. Alguns oficiais chineses foram para a União Soviética para receber formação avançada. Começou também a chegar apoio logístico por avião e comboio. Só na Coreia do Norte foram alocados 2000 vagões de abastecimento à missão.([24])

Os Americanos, por outro lado, impuseram em setembro de 1946 um embargo de armas a Chiang Kai-shek, o seu aliado do tempo de guerra. Chiang, convencido de que a China nunca seria capaz de se defender sem o controlo da Manchúria, o centro industrial e porta de entrada estratégica do país, continuou a enviar as suas melhores tropas para a região. Mao nunca desistiu, decidido a derrotar o inimigo numa impiedosa guerra de desgaste, fosse qual fosse o custo.

Em 1948 os comunistas começaram a cercar cidades na Manchúria, forçando-as a renderem-se através da fome. Changchun capitulou depois de 160 000 civis terem morrido de fome. Não querendo sofrer o mesmo destino, Pequim rendeu-se pouco depois. Como dominós, outras cidades caíram uma após outra, incapazes de resistir à máquina de guerra construída pelos comunistas. Chiang Kai-shek e as suas tropas fugiram para Taiwan. No final de 1949, depois de uma longa e sangrenta conquista militar, foi proclamada a República Popular da China.([25])

Assim que a bandeira vermelha foi içada em Pequim, um retrato de Mao Tsé-tung pintado à pressa foi colocado sobre a porta principal da Cidade Proibida. Ao longo dos meses seguintes surgiram retratos do presidente em escolas, fábricas e escritórios, muitas vezes com instruções precisas sobre o modo como os mesmos deviam ser expostos. A verruga de Mao depressa se tornou num traço distintivo, sendo afetuosamente retocada, como numa figura do Buda. O estudo do Pensamento de Mao Tsé-tung tornou-se obrigatório, levando os adultos de todas as profissões e classes sociais a regressarem à escola, debruçando-se sobre manuais oficiais para aprender a nova ortodoxia. Canções revolucionárias, incluindo «Mao Tsé-tung É o Nosso Sol» ou «Hino ao Presidente Mao», eram entoadas diariamente por crianças nas escolas, soldados, prisioneiros e trabalhadores de escritório. As músicas eram também debitadas por altifalantes, instalados nas esquinas das ruas, estações de caminhos de ferro, dormitórios, cantinas e todas as principais instituições. Eram realizados desfiles rigorosamente coreografados duas vezes por ano, com o presidente passando revista a soldados, cavalaria, tanques e carros blindados numa tribuna na Praça Tiananmen.([26])

Com o culto de personalidade instalou-se um regime austero que seguia o modelo da União Soviética. «O Hoje da União Soviética É o Nosso Amanhã» era o *slogan* do momento. Mao procurava imitar Estaline, percebendo a solução para a riqueza e poder na coletivização da agricultura, na eliminação da propriedade privada, no controlo total das vidas dos cidadãos comuns e em gastos enormes com a defesa nacional.([27])

As promessas feitas em *Uma Nova Democracia* foram sistematicamente quebradas. O primeiro ato do regime foi destruir a velha ordem nas regiões rurais. Isso foi feito sob a capa de uma reforma agrária. Os aldeões eram obrigados a espancar e desapossar os seus próprios senhores em reuniões de denúncia comunitárias, acusando-os de serem «latifundiários», «tiranos» e «traidores». Alguns faziam-no com prazer, mas muitos não tinham alternativa, pois corriam o risco de também serem denunciados. Perto de dois milhões de pessoas foram fisicamente eliminadas, muitas mais estigmatizadas como «exploradoras» e «inimigas de classe». Os seus bens foram distribuídos pelos perpetradores, estabelecendo um pacto selado em sangue entre os pobres e o partido.([28])

Nas cidades, todos os indivíduos recebiam um rótulo de classe (*chengfen*) baseado na sua fidelidade à revolução: existiam pessoas «boas», «hesitantes» e «hostis». O rótulo de classe determinava o acesso de uma pessoa a alimentos, educação, cuidados de saúde e emprego. Os rotulados de «hostis» eram estigmatizados para toda a vida e além dela, uma vez que o rótulo passava para os filhos.([29])

Entre outubro de 1950 e outubro de 1951 seguiu-se um Grande Terror, com o regime perseguindo «contrarrevolucionários», «espiões», «bandidos» e outros que interferiam com a revolução. Mao fixou uma quota de extermínio de um em mil, mas nalgumas regiões foram mortos duas ou três vezes mais, muitas vezes indiscriminadamente. No ano seguinte, os antigos funcionários públicos foram sujeitos a uma purga maciça, enquanto os empresários e comerciantes foram postos na ordem. Todas as organizações operando fora do partido — comunidades religiosas, sociedades filantrópicas, câmaras de comércio independentes, associações civis — foram eliminadas até 1953.([30])

Uma inquisição literária assegurou que artistas e escritores se conformassem à doutrina do partido. Os livros considerados indesejáveis foram queimados em fogueiras gigantes ou reduzidos a pasta. A Imprensa Comercial, uma das maiores editoras no país, tinha cerca de 8000 títulos publicados no verão de 1950. Um ano depois, apenas 1234 desses títulos eram considerados aceitáveis para «as massas». Em todos os domínios das artes visuais e literárias foi imposto o realismo socialista concebido por Estaline. Mas o tema dominante era Mao, não Estaline. As suas obras, ensaios, poemas, conferências, reflexões e *slogans* eram publicados aos milhões e em vários formatos, de livros de bolso baratos a caras edições douradas. Foi publicada uma enorme quantidade de obras de propaganda, contando a história da opressão e do caminho para a liberdade, às vezes nas próprias palavras e caligrafia de Mao. Os jornais e as revistas também disseminavam a sua sabedoria por toda a parte. As fotografias do presidente dominavam as primeiras páginas.([31])

Em 1949 o presidente escolheu uma fotógrafa chamada Hou Bo. Ela ingressara no partido aos catorze anos de idade e imediatamente as suas fotografias foram impressas aos milhões. «A Fundação da RPC» (1949), «Mao Tsé-tung Atravessando o Iansequião a nado» (1955) e «O Presidente Mao à vontade com as Massas» (1959), algumas muito retocadas, foram algumas das imagens mais amplamente distribuídas do século XX.([32])

Contudo, nenhum parque, rua ou cidade recebeu o nome de Mao. Em vez disso, o presidente criou um monumento mais intangível a si próprio, como rei-filósofo do Oriente. Na sua essência estava a ideia de que ele combinara a teoria do marxismo-leninismo com a prática concreta da revolução chinesa. Em vez de aplicar o marxismo de forma dogmática a condições muito diferentes das da Rússia, Mao dirigira a sinificação do marxismo. Em dezembro de 1950 o presidente publicou um artigo intitulado «Sobre a Prática», seguido em abril de 1952 de «Sobre a Contradição». Ambos foram aclamados como desenvolvimentos filosóficos do materialismo dialético de Marx, Engels, Lenine e Estaline. Embora esses ensaios fossem pouco originais, a ideia da sinificação do marxismo captou a imaginação de admiradores no país e no estrangeiro.([33])

Mao também se fazia passar por um «homem da Renascença», um filósofo, sábio e poeta reunidos num só, um calígrafo imerso nas tradições literárias do seu país. Ao mesmo tempo que a poesia tradicional desaparecia das prateleiras, os versos do próprio presidente eram generosamente distribuídos. Um ponto alto foi a publicação dos *Dezanove Poemas do Presidente Mao*. O compêndio na verdade incluía vinte e um poemas, mas Mao queria imitar uma antologia clássica muito conhecida intitulada *Dezanove Poemas Antigos*. Isso inspirou imediatamente um movimento para o estudo da sua obra, com eminentes académicos e secretários do partido competindo para saudar esse «avanço histórico na história literária».([34])

Embora a poesia de Mao fosse apenas ligeiramente melhor do que a de Estaline, que também gostava de versejar, ele tinha de facto um verdadeiro dom para as palavras. Os seus *slogans* incisivos, como «As Mulheres Sustentam Metade do Céu», «A Revolução não É Uma Festa», «O Poder Vem do Cano de Uma Espingarda» ou «O Imperialismo É Um Tigre de Papel», encontravam-se em todos os lares. O seu lema era «Servir o Povo», proclamado em cartazes e anúncios por toda a parte, com os caracteres brancos escritos numa letra vistosa em fundo vermelho. A sua bela caligrafia era usada para dar nome a edifícios públicos, agraciar monumentos e enfeitar canecas, jarras e calendários. Ainda hoje a sua caligrafia domina o cabeçalho do *Diário do Povo*.([35])

Mao, como Estaline, era uma figura remota e endeusada, raramente vista, raramente ouvida, escondida no interior da Cidade Proibida, outrora ocupada por imperadores. Mas era também perito na política de corredor, reunindo-se regularmente com membros de todos os níveis da hierarquia do partido. A sua aparência pessoal era enganadora. Ele parecia delicado e humilde, quase como um avô na sua preocupação com os outros. Não era um grande orador, prejudicado por um forte sotaque de Hunan, mas sabia conversar e deixar os seus interlocutores à vontade. Caminhava e falava lentamente, sempre com majestosa gravidade. Sorria com frequência e de forma benevolente. «Ele parece tão amável, que poucas pessoas reparam nos olhos frios e avaliadores ou se apercebem da mente incessantemente calculista no seu interior.» Quando ele entrava numa sala para uma reunião, os presentes tinham de se levantar e aplaudir.([36])

Mao imitava Estaline, mas o seu mentor temia o surgimento de um vizinho poderoso capaz de ameaçar o seu domínio sobre o campo socialista. Estaline fizera-o esperar semanas a fio antes de assinar um Tratado de Amizade, Aliança e Assistência Mútua em 1950. Também reduzira o financiamento para o primeiro Plano Quinquenal da China, avisando Mao de que ele estava a avançar demasiado depressa na coletivização da economia.

A morte de Estaline em 1953 foi uma libertação para Mao. O presidente podia finalmente acelerar o ritmo da coletivização, impondo um monopólio sobre os cereais no final do ano que obrigava os agricultores a venderem o seu produto a preços fixados pelo Estado. Dois anos depois foram introduzidas as quintas coletivas, semelhantes às quintas estatais na União Soviética. Estas apoderavam-se das terras dos agricultores, transformando os aldeões em servos maniatados às ordens do Estado. Nas cidades, todo o comércio e indústria tornou-se função do Estado, com o governo expropriando pequenas lojas, empresas privadas e grandes indústrias. Mas a Maré Alta Socialista, como ficou conhecida a campanha de coletivização acelerada, teve efeitos devastadores na economia e causou grande descontentamento popular.([37])

Em 1956 Mao sofreu um revés. A 25 de fevereiro, o último dia do XX Congresso do Partido Comunista Soviético, Nikita Krutchov presidiu a uma sessão secreta não programada no Grande Palácio do Kremlin. Num discurso de quatro horas proferido sem interrupções, ele condenou a suspeição, medo e terror criados por Estaline. Num ataque devastador ao seu antigo chefe, Krutchov acusou-o de ser pessoalmente responsável por purgas brutais, deportações em massa, execuções sem julgamento e pela tortura de membros inocentes do partido. Krutchov atacou também Estaline pela sua «mania da grandeza» e pelo culto de personalidade que alimentara durante todo o seu reinado. As pessoas na assistência escutaram-no num silêncio espantado. Não houve aplausos no fim, pois muitos dos delegados ficaram aturdidos, abandonando a sala em estado de choque.([38])

Foram enviadas cópias do discurso a partidos comunistas estrangeiros, provocando uma reação em cadeia. Em Pequim, o presidente foi obrigado a jogar à defesa. Mao era o Estaline da China, o grande líder da República Popular. O discurso secreto só poderia suscitar interrogações sobre a sua própria liderança, em particular a bajulação interesseira que o rodeava. A desestalinização era um desafio à autoridade do próprio Mao. Assim como Krutchov se comprometeu a devolver o país ao Politburo, Liu Shaoqi, Deng Xiaoping, Chu En-lai e outros em Pequim defenderam os princípios da liderança coletiva. Serviram-se também das críticas de Krutchov às quintas estatais para abrandar o ritmo da coletivização. Parecia que o presidente estava a ser marginalizado.([39])

No VIII Congresso do Partido, em setembro de 1956, o Pensamento de Mao Tsé-tung foi retirado dos estatutos do partido e o culto de personalidade condenado. Encurralado por Krutchov, Mao não teve alternativa senão fazer boa cara perante essas medidas, contribuindo até para as mesmas nos meses anteriores ao congresso. Mas em privado o presidente estava furioso, acusando Liu Shaoqi e Deng Xiaoping de assumirem o controlo do programa do partido e de o relegarem para segundo plano.([40])

A Revolução Húngara ofereceu a Mao a oportunidade de voltar a levar a melhor. Quando as tropas soviéticas esmagaram os rebeldes em Budapeste, em novembro de 1956, o presidente acusou o Partido Comunista da Hungria de se ter prejudicado a si próprio ao não dar ouvidos à indignação popular e permitir que esta se agravasse e se descontrolasse. Mao fez-se passar por um democrata, defendendo o homem comum, exigindo que as pessoas não filiadas no partido pudessem expressar o seu descontentamento. Em fevereiro de 1957 pediu ao partido para «deixar desabrochar cem flores, deixar cem escolas argumentar», instando os cidadãos comuns a vencerem as suas hesitações e a exprimirem-se.

Mao cometeu um grave erro de cálculo. Ele esperara uma vaga de adulação interesseira na qual os seus admiradores puniriam um partido que tinha excluído o Pensamento de Mao Tsé-tung da Constituição. Em vez disso, as pessoas escreveram palavras de ordem incisivas a favor da democracia e dos direitos humanos, algumas exigindo mesmo que o partido comunista renunciasse ao poder. Dezenas de milhares de estudantes e trabalhadores saíram às ruas, exigindo a democracia e a liberdade de expressão. Mao sentiu-se ofendido com a dimensão do descontentamento popular. Nomeou Deng Xiaoping para dirigir uma campanha que denunciou meio milhão de estudantes e intelectuais como «direitistas» decididos a destruir o partido, enviando muitos para campos de trabalhos forçados estabelecidos nas periferias do império.([41])

A jogada de Mao produzira efeitos indesejados, mas pelo menos ele e os seus companheiros de armas estavam novamente unidos e decididos a reprimir o povo. De novo à frente do partido, Mao estava ansioso por fazer avançar a coletivização radical das zonas rurais. Em Moscovo, onde ele e outros dirigentes de partidos comunistas de todo o mundo tinham sido convidados a festejar o quadragésimo aniversário da Revolução de Outubro em novembro de 1957, Mao jurou fidelidade a Krutchov, reconhecendo-o como o líder do campo socialista.

No fundo, Mao achava que era ele quem devia assumir o comando de todos os países socialistas. Mesmo quando Estaline ainda estava vivo, Mao julgara-se um revolucionário mais determinado. Afinal, foi ele quem conduziu um quarto da humanidade à libertação. Ele era o Lenine e o Estaline da China. Quando Krutchov anunciou que a União Soviética igualaria os Estados Unidos na produção *per capita* de carne, leite e manteiga, Mao aceitou o desafio e anunciou que a China ultrapassaria a Grã-Bretanha — na altura ainda considerada uma grande potência industrial — na produção de aço em quinze anos. Mao estava decidido a suplantar Krutchov, defendendo um Grande Salto em Frente para o comunismo que relegaria a União Soviética para segundo plano.

O Grande Salto em Frente foi a primeira tentativa do presidente de se antecipar à União Soviética, tirando-lhe a oportunidade de brilhar. As pessoas nas zonas rurais foram obrigadas a reunir-se em enormes quintas coletivas chamadas comunas do povo. Ao transformar todos os homens e mulheres do campo em soldados de infantaria num exército gigantesco, disponíveis dia e noite para transformar a economia, ele julgava que podia fazer o seu país ultrapassar a União Soviética. Mao estava convencido de que encontrara a ponte de ouro para o comunismo, o que faria dele o messias conduzindo a humanidade para um mundo de abundância para todos.

Mao usou a campanha para relançar o culto de personalidade, subjugando os seus rivais numa série de reuniões do partido nos primeiros meses de 1958. «Qual é o mal da veneração?», perguntou retoricamente. «A verdade está nas nossas mãos, porque não deveríamos venerá-la?»

«Cada grupo deve venerar o seu líder, não pode senão venerar o seu líder», comentou Mao, explicando que esse era o «culto de personalidade correto».([42])

A sua mensagem foi imediatamente repetida por apoiantes fiéis. Ke Qingshi, o presidente da câmara de Xangai, declarou com entusiasmo: «Devemos ter confiança cega no presidente! Devemos obedecer ao presidente com total abandono!»([43]) Todos os dirigentes de topo, num momento ou noutro, tiveram de fazer uma autocrítica. Chu En-lai foi repetidamente humilhado, obrigado a confessar os seus erros três vezes perante todos os dirigentes reunidos do partido. No fim, disse à assistência que Mao era a «personificação da verdade» e que os erros só aconteciam quando o partido se afastava da sua grande liderança.([44])

Chu En-lai foi autorizado a ficar, mas muitos nas fileiras do partido tiveram menos sorte. As chefias de províncias inteiras foram afastadas, e em quase todos os lugares foram eliminadas as cliques «antipartidárias». Só na província de Yunnan, uma inquisição expulsou milhares de membros, incluindo um em quinze nos escalões superiores do partido.([45])

Mao insistia na lealdade absoluta, transformando todos em aduladores. Logo, as decisões eram tomadas com base nos caprichos do presidente, muitas vezes sem preocupação com o seu impacto. Já no verão de 1959 se havia tornado evidente que o Grande Salto em Frente era um desastre. Mas até uma carta com críticas moderadas por parte do ministro da Defesa Peng Dehuai, numa reunião do partido em Lushan, foi interpretada pelo presidente como uma punhalada nas costas. Peng foi descrito como o líder de uma «clique antipartidária» e afastado de todos os cargos influentes. Liu Shaoqi decidiu intervir, cobrindo o presidente de elogios. «A liderança do camarada Mao Tsé-tung», comentou Liu, «não é inferior, de maneira nenhuma, à liderança de Marx e Lenine. Estou convencido de que, se Marx e Lenine vivessem na China, eles teriam conduzido a revolução chinesa exatamente na mesma direção.» Como disse o médico de Mao, o presidente «ansiava por afeto e aclamação. À medida que aumentava a sua desgraça no seio do partido, aumentava a sua sede dc aprovação.»([46])

Lin Biao, especialmente, saiu em defesa do presidente, acusando Peng Dehuai, na sua voz delicada e esganiçada, de ser «ambicioso, conspirativo e hipócrita». Lin era considerado por muitos um dos estrategistas mais brilhantes da guerra civil e ordenara pessoalmente o cerco de Changchun em 1948. Homem magro e pálido, sofria de uma grande variedade de fobias relacionadas com água, vento e frio. O simples ruído de água a correr provocava-lhe diarreia. «Só Mao é um grande herói, papel ao qual mais ninguém devia ousar aspirar», declarou, acrescentando: «Estamos todos muito atrás dele, portanto nem sequer ousem!»([47])

Em privado, Lin era muito mais crítico do que Peng, confidenciando ao seu diário que o Grande Salto em Frente «se baseava na fantasia e era uma confusão total». Mas ele sabia que a melhor maneira de manter o poder era encher o presidente de elogios. Lin percebera havia muito como era importante enaltecer Mao: «Ele venera-se a si mesmo, tem confiança cega em si mesmo, adora-se, colhe os louros de todos os êxitos, mas responsabiliza os outros pelos seus fracassos.»([48])

Qualquer pessoa que exprimisse quaisquer dúvidas sobre o Grande Salto em Frente era perseguida. Cerca de 3,6 milhões de membros do partido foram expulsos, considerados «direitistas» ou «pequenos Peng Dehuais». Foram substituídos por elementos inflexíveis e sem escrúpulos que se adaptavam por conveniência aos ventos radicais que sopravam de Pequim, usando todos os meios ao seu dispor para extrair mais cereais do campo.([49])

Em vez de levar a economia a ultrapassar a da União Soviética, o Grande Salto em Frente revelou-se uma das maiores catástrofes do século XX. Dezenas de milhões de pessoas morreram devido ao trabalho forçado, a agressões e à fome. Em outubro de 1960 Mao foi obrigado a renunciar ao seu grandioso plano, mas teve de esperar mais de um ano para que a economia começasse a recuperar.([50])

Em janeiro de 1962, quando cerca de 7000 importantes dirigentes de todo o país se reuniram para discutir o insucesso do Grande Salto em Frente, a boa estrela de Mao atingiu o seu ponto mais baixo. Começaram a circular rumores acusando o presidente de viver na ilusão, de iliteracia matemática e de ser perigoso. Alguns dos delegados responsabilizaram-no pela fome de milhões de pessoas. O próprio Liu Shaoqi ficara verdadeiramente chocado com a situação desastrosa nas zonas rurais. Durante a reunião, empregou mesmo a expressão «catástrofe provocada pelo homem», espantando a assistência. Lin Biao, mais uma vez, saiu em defesa de Mao, aclamando o Grande Salto em Frente como um êxito sem precedentes na história da China: «Os pensamentos do presidente

Mao estão sempre corretos. Ele nunca está desligado da realidade.» Chu En-lai deu a cara, assumindo a culpa por tudo o que tinha corrido mal.([51])

O presidente mostrou-se satisfeito com Lin, mas desconfiado em relação a todos os outros. Todo o seu legado estava em perigo. Mao temia sofrer a mesma sorte que Estaline, denunciado depois da morte por Krutchov.

Em agosto de 1962 ele passou ao contra-ataque, estabelecendo as bases para a Revolução Cultural. As forças contrarrevolucionárias, explicou, estavam em toda a parte, procurando fazer recuar o país para o capitalismo. Ele lançou a Campanha de Educação Socialista com o lema «Nunca Se Esqueçam da Luta de Classes». Um ano depois, Mao exortou a nação a aprender com Lei Feng, um jovem soldado que dedicara a sua vida a servir o povo. O seu diário póstumo, um registo do seu progresso ideológico, foi publicado e estudado em todo o país. Lei Feng explicava como «o sangue dado pelo partido e pelo presidente Mao penetrou em todas as células do meu corpo». Mao até lhe aparecera numa visão: «Ontem tive um sonho. Sonhei que vi o presidente Mao. Como um pai compassivo, ele afagou-me a cabeça. Com um sorriso, disse-me: "Aplica-te nos estudos; sê para sempre fiel ao partido, fiel ao povo!" A minha alegria era transbordante; tentei falar mas não consegui.»([52])

Testemunhos calorosos de trabalhadores e aldeões foram publicados em cartas para jornais em toda a China. Foram realizadas dezenas de milhares de reuniões, exaltando Lei Feng como modelo comunista. Foram produzidas peças de teatro e filmes, compostas canções, algumas com dezenas de versos. Os contadores de histórias percorriam as aldeias para encantar os aldeões analfabetos com o amor de Lei Feng pelo presidente. Uma exposição dedicada a Lei Feng abriu no Museu do Exército em Pequim, onde uma tela enorme à entrada, inscrita com a caligrafia de Mao Tsé-tung, exortava os visitantes a «Aprender com o Camarada Lei Feng!». Lei Feng era o Mao dos pobres, um Mao simplificado para as massas. A sua função era arrancar as pessoas da apatia causada pela Grande Fome de Mao e reforçar o seu ódio aos inimigos de classe.([53])

Lin Biao, que fora compensado pela sua atuação em Lushan com o cargo de Peng Dehuai como ministro da Defesa, incentivou o estudo do Pensamento de Mao Tsé-tung nas Forças Armadas. Os soldados eram instados a decorar breves excertos dos escritos coligidos de Mao. Em janeiro de 1964, foi publicado um compêndio mimeografado dessas citações, com uma versão mais completa distribuída ao Exército de Libertação do Povo mais tarde nesse ano. Esta tinha uma capa de plástico vermelho-vivo, era pouco maior do que a palma de uma mão e cabia facilmente no bolso de um uniforme militar regular. Lin Biao oferecia uma inscrição, tirada do diário de Lei Feng: «Ler o livro do presidente Mao, escutar as palavras do presidente Mao, agir segundo as ordens do presidente Mao e ser um bom combatente pelo presidente Mao.» Quando uma nova edição foi publicada em agosto de 1965, milhões de exemplares das *Citações do Presidente Mao*, também conhecidas por *O Pequeno Livro Vermelho*, já estavam a ser distribuídos a toda a população.([54])

Mao deliciou-se com toda esta bajulação e ordenou que o país imitasse Lin Biao e o Exército de Libertação do Povo. «A virtude do Exército de Libertação», afirmou, «é que a sua ideologia política está correta». Em resposta, o Exército começou a assumir um papel mais predominante na vida civil, estabelecendo departamentos políticos em todos os organismos do governo para promover o Pensamento de Mao Tsé-tung. O Exército também fomentou um ambiente mais marcial, em sintonia com a Campanha de Educação Socialista. Foram organizadas «colónias de férias» militares para estudantes e trabalhadores nas zonas rurais. Nas escolas primárias, as crianças aprendiam a usar espingardas de pressão de ar disparando sobre retratos de Chiang Kai-shek e imperialistas americanos. Foram criados campos de treino militar para estudantes mais velhos de famílias de confiança, campos onde aprendiam a lançar granadas e a disparar balas verdadeiras. No verão de 1965, mais de 10 000 estudantes universitários e 50 000 alunos do ensino secundário em Xangai tiveram uma semana de campo.([55])

A 1 de outubro de 1964, para comemorar o Dia Nacional, o Exército organizou um espetáculo monumental na Praça Tiananmen com vários coros e bailarinos em uniforme militar. Uma figura colossal do presidente Mao encabeçava a procissão, que avançava ao som de «Presidente Mao, o Sol nos Nossos Corações». «Munido do Pensamento de Mao Tsé-tung», dizia-se à nação, o povo seria capaz de enfrentar as «tentativas de restauração capitalistas e feudais e os ataques dos nossos inimigos internos e externos». Duas semanas depois, a China fez explodir a sua primeira bomba atómica, juntando-se às superpotências do mundo.([56])

*

Na primavera de 1966 Mao já estava pronto para lançar a Revolução Cultural. Era a sua segunda tentativa de se tornar no eixo histórico em torno do qual girava o universo socialista. Em vez de tentar transformar a economia, que resultara no desastre do Grande Salto em Frente, o presidente concentrou-se na cultura. Mao talvez se tivesse interrogado como um homem, Nikita Krutchov, conseguira impor sozinho uma mudança completa de política na poderosa União Soviética, atacando Estaline em 1956 e propondo a «coexistência pacífica» com o campo imperialista. A resposta de Mao era que a cultura tinha sido negligenciada. Os capitalistas tinham sido eliminados, os seus bens confiscados, mas a cultura capitalista ainda predominava, permitindo que algumas pessoas na liderança desgastassem e, por fim, subvertessem todo o sistema.

Lenine levara a cabo a Grande Revolução Socialista de Outubro, estabelecendo um precedente para o proletariado do mundo inteiro. Mas revisionistas modernos como Krutchov tinham usurpado a liderança do partido, conduzindo novamente a União Soviética para o caminho de uma restauração capitalista. A Grande Revolução Cultural Proletária seria a segunda etapa na história do movimento comunista internacional, defendendo a ditadura do proletariado contra o revisionismo. Os alicerces do futuro comunista estavam a ser lançados na China, com o presidente conduzindo os povos oprimidos do mundo à liberdade. Mao herdou, defendeu e desenvolveu o marxismo-leninismo, inaugurando uma nova fase, a do Pensamento Marxista-Leninista-Mao Tsé-tung. Não havia referência a Estaline.([57])

Estas eram ideias grandiosas, mas Mao usou também a Revolução Cultural para se livrar de inimigos reais e imaginários, em particular os delegados que tinham criticado o Grande Salto em Frente em janeiro de 1962.

Dez anos antes Mao cometera o erro de permitir que os intelectuais dessem a sua opinião durante as Cem Flores. Desta vez estava mais bem preparado. Primeiro, colocou o país de sobreaviso mandando prender quatro dirigentes do partido em maio de 1966, acusando-os de pertencerem a uma «clique antipartidária» que planeava um regresso ao capitalismo.

Depois, a 1 de junho, as aulas em todas as escolas do país foram suspensas e os alunos lançados contra os seus professores.

Os estudantes de todos os níveis de ensino tinham sido submetidos a anos de doutrinação durante a Campanha de Educação Socialista. Incitados pela máquina do partido, eles assediaram, denunciaram, humilharam e até torturaram presumíveis inimigos da classe. Mas alguns foram longe de mais, repreendendo importantes membros do partido. Foram punidos pelas suas atividades por equipas de trabalho enviadas por Deng Xiaoping e Liu Shaoqi, encarregados de gerir a Revolução Cultural na ausência do presidente de Pequim. Em meados de julho Mao regressou à capital. Em vez de apoiar os seus dois colegas, acusou-os de reprimirem os estudantes e de «gerirem uma ditadura». Ambos foram afastados e Lin Biao substituiu Liu Shaoqi como «número dois».

«A Revolta é Justa» tornou-se no grito de guerra de Mao, e dos estudantes, que se revoltaram. Os Guardas Vermelhos surgiram em agosto de 1966, envergando uniformes militares improvisados e brandindo *O Pequeno Livro Vermelho*. Eles juraram defender o presidente e levar a cabo a Revolução Cultural. Na madrugada de 18 de agosto, perto de um milhão encheu a Praça Tiananmen, esperando ver o presidente. Quando o sol começou a nascer do lado oriental da praça, Mao desceu da tribuna, envergando um uniforme largo do Exército. A multidão irrompeu em vivas, erguendo *O Pequeno Livro Vermelho*.([58])

Entre agosto e novembro de 1966 Mao passou revista a cerca de doze milhões de Guardas Vermelhos em oito comícios. No fim, quando até a enorme praça em frente da Cidade Proibida já não os podia conter, ele atravessava a cidade num jipe aberto, chegando a dois milhões de estudantes de uma assentada. Todos os comícios eram meticulosamente preparados, com os Guardas Vermelhos marchando em grupos ou transportados por uma frota de 6000 camiões para a praça a meio da noite, sempre sem aviso prévio por razões de segurança. Eles tinham ordens para se sentarem em filas, esperando durante várias horas. Quando o presidente finalmente se mostrava, eles levantavam-se com um salto, esticando o pescoço, lançando-se para a frente, gritando «Viva o Presidente Mao!».([59])

Muitos ficavam extasiados por vislumbrar o presidente; outros desapontados. Alguns assustados. Mas todos sabiam exatamente o que fazer e o que dizer, pois a frase-chave tinha sido repetidamente divulgada pela imprensa, rádio e televisão depois de cada comício em Pequim: «Sou a pessoa mais feliz no mundo hoje. Vi o nosso Grande Líder, o presidente Mao!»([60])

No fim do primeiro comício, a 18 de setembro, Lin Biao fez um longo discurso, apelando aos jovens entusiasmados que destruíssem «todas as velhas ideias, velha cultura, velhos costumes e velhos hábitos das classes exploradoras».

Isso eles fizeram com gosto, queimando livros, destruindo lápides nos cemitérios, derrubando templos, vandalizando igrejas e, de um modo geral, atacando todos os indícios do passado, incluindo nomes de ruas e letreiros de lojas. Também levaram a cabo rusgas a casas particulares. Só em Xangai, um quarto de milhão de casas foram visitadas e todos os vestígios do passado confiscados, quer fossem livros normais, fotografias de família, objetos de bronze antigos ou pergaminhos raros.([61])

Ao mesmo tempo que o velho mundo era atacado, nascia uma nova cultura proletária, anunciou Mao. Todos perceberam que a única alternativa aceitável era o culto ao presidente Mao. O aspeto mais visível desse culto foi uma série de *slogans*. Estes surgiram em toda a parte. Como notou um observador próximo: «Houve sempre muitos no passado, mas todos os anteriores recordes foram quebrados. Cada extensão de parede vazia tem de ter a sua citação ou tributo a Mao cuidadosamente inscritos.» Alguns dos *slogans* preferidos eram «O Nosso Grande Professor, Grande Líder, Grande Comandante, Grande Timoneiro» ou «Viva o Presidente Mao!». As lojas, fábricas e escolas estavam cobertas deles, alguns estendendo-se pelo topo de edifícios inteiros. Citações eram pintadas no exterior de autocarros, camiões, automóveis e carrinhas.([62])

Nesse novo mundo tingido de vermelho, todos os sentidos eram bombardeados. Em cima de plataformas provisórias, os Guardas Vermelhos apelavam às pessoas, em vozes estridentes, que se juntassem à revolução. Os transeuntes eram assediados com retórica incendiária recheada de citações do presidente. Nos céus, as hospedeiras de bordo nos voos domésticos ofereciam aos passageiros leituras regulares de *O Pequeno Livro Vermelho*. Mas a arma mais temida era o altifalante. Havia muito que os altifalantes eram usados em campanhas de propaganda, mas passaram a estar ligados permanentemente, debitando as mesmas citações — sempre no volume máximo. Os Guardas Vermelhos liam excertos de *O Pequeno Livro Vermelho* em postos policiais, ligados a altifalantes nas ruas. Grupos de jovens revolucionários desfilavam pelas cidades, berrando canções revolucionárias que exaltavam o presidente e o seu pensamento. As mesmas canções eram difundidas na rádio, que, por sua vez, estava ligada a altifalantes em praças, escolas, fábricas e repartições públicas. Uma canção muito popular era «Quando Navegamos os Mares, Contamos com o Timoneiro», outra «O Pensamento de Mao Tsé-tung Resplandece de Luz Dourada».([63])

Ninguém queria deixar-se ultrapassar no culto ao líder. À medida que o número de objetos considerados «feudais» ou «burgueses» aumentava, os cidadãos comuns voltavam-se cada vez mais para os únicos bens politicamente seguros a que tinham acesso. As fotografias, crachás, cartazes e livros de Mao tornaram-se na grande moda, com sectores inteiros da indústria convertidos para produzir objetos de culto.

Só em Xangai foram construídas sete novas fábricas com uma área total de 16 400 metros quadrados, o tamanho de cerca de três campos de futebol, para acompanhar a procura de fotografias, retratos, cartazes e livros. Na província de Jiangsu algumas unidades industriais foram readaptadas para imprimir *O Pequeno Livro Vermelho*. As fábricas de tinta vermelha operavam vinte e quatro horas por dia, mas mesmo assim não produziam o suficiente.([64])

Os livros precisavam de capas — brilhantes e vermelhas. A quantidade de plástico necessária só para *O Pequeno Livro Vermelho* atingiu as 4000 toneladas em 1968. Já em agosto de 1966, o Ministério do Comércio restringira a produção de sapatos, chinelos e brinquedos de plástico porque as fábricas em todo o país tinham de contribuir para o Pensamento de Mao Tsé-tung.([65])

A economia planificada teve dificuldade em satisfazer a procura popular. No que diz respeito a crachás de Mao, por exemplo, a produção nacional ultrapassou os cinquenta milhões por mês em 1968, mas não era suficiente. Surgiu então um próspero mercado negro para concorrer com o Estado. Algumas organizações estatais produziam crachás para os seus próprios membros, mas também expandiram as suas operações para uma zona cinzenta legal, motivadas pelo lucro. Surgiram fábricas clandestinas, inteiramente dedicadas a alimentar o mercado negro. Estas competiam com as empresas estatais por recursos raros, roubando baldes, cafeteiras, tachos e panelas de alumínio. A procura era tanta, que nalgumas fábricas até a camada protetora de alumínio de máquinas caras era arrancada para alimentar o frenesim dos crachás.([66])

Havia milhares de crachás diferentes, alguns feitos toscamente de vidro acrílico, plástico ou mesmo bambu, outros minuciosamente concebidos em porcelana pintada à mão, a maioria com uma base de alumínio e um perfil de Mao em ouro ou prata, voltado invariavelmente para a esquerda. Como *O Pequeno Livro Vermelho*, o crachá tornou-se símbolo de lealdade ao presidente, usado mesmo acima do coração. Os crachás foram os bens de propriedade privada mais vendidos durante os primeiros anos da Revolução Cultural, sujeitos a todo o tipo de especulação capitalista. A quantidade de alumínio desviada de outras atividades industriais era tão grande, que em 1969 Mao mandou parar a produção de crachás: «Devolvam-me os meus aviões.» A moda entrou rapidamente em declínio e cessou em grande parte depois da morte de Lin Biao, em 1971.([67])

A primeira fase da Revolução Cultural caracterizou-se por ferozes lutas sectárias, com os cidadãos comuns, quadros do partido e chefes militares em desacordo quanto aos verdadeiros objetivos da Revolução Cultural. Enquanto as diferentes fações se digladiavam, todas igualmente convencidas de que representavam a verdadeira voz de Mao Tsé-tung, o país resvalava para a guerra civil. Havia já pessoas a lutar umas com as outras nas ruas, com metralhadoras e artilharia antiaérea. Apesar disso, o presidente persistiu. Ele improvisava, destruindo milhões de vidas no processo. De vez em quando, intervinha para salvar um apoiante fiel ou lançar um colega próximo aos lobos. Uma simples palavra sua decidia o destino de inúmeras pessoas, como quando declarava que uma ou outra fação era «contrarrevolucionária». A sua opinião podia mudar de um dia para o outro, alimentando um ciclo de violência aparentemente interminável em que as pessoas lutavam para demonstrar a sua lealdade ao presidente.

Quando a violência aumentou de forma descontrolada, no verão de 1967, o presidente interveio. Viajou pelo país apelando a uma Grande Aliança. A 1 de outubro, numa grande manifestação de unidade coordenada, meio milhão de soldados marchou pela Praça Tiananmen, encabeçado por uma enorme figura de Mao de plástico prateado indicando o caminho em frente. Seguiam-nos centenas de milhares de pessoas comuns, obrigadas a marchar juntas, muitas em contingentes com membros de fações antagónicas.([68])

Em todos os lugares foram instaladas salas de estudo do Pensamento de Mao Tsé-tung. O Exército de Libertação do Povo, que promovera o Pensamento de Mao Tsé-tung anos antes, passou a usar o culto ao seu líder para impor a ordem e a disciplina. O culto de personalidade, como afirmou Lin Biao, uniria «todo o partido, todo o Exército e todo o povo». Em março de 1968 foi lançada uma nova campanha, chamada Três Fidelidades e Quatro Amores Sem Limites. O culto a Mao atingiu uma nova dimensão, exigindo fidelidade absoluta ao presidente, ao seu pensamento e ao «programa proletário revolucionário». Nas escolas, escritórios e fábricas, foram instalados altares ao presidente Mao. Grandes letras dizendo «O Sol Vermelho nos Nossos Corações» eram recortadas em papel vermelho, vivo e brilhante, formando um arco sobre uma imagem do Grande Timoneiro. Raios de sol emanavam da sua cabeça. Em toda a parte, as pessoas enfrentavam o olhar do presidente assim que acordavam e voltavam a apresentar-se-lhe à noite, fazendo uma vénia perante o seu retrato.([69])

Havia até uma dança da lealdade, que consistia em alguns passos simples com os braços estendidos do coração para o retrato do presidente. A dança era acompanhada da canção «Querido Presidente Mao». Na televisão estatal havia noites inteiras dedicadas a canções e danças rituais. Um busto gigante ocupava normalmente o centro do palco, produzindo raios que tremeluziam com eletricidade, como se luz e energia emanassem da divindade.([70])

Bustos e estátuas de Mao despontaram como cogumelos depois das chuvas. Mais de 600 000 surgiram só em Xangai, a maioria feita de gesso, outros de cimento armado, alumínio e folha de Flandres. Alguns elevavam-se sobre os peões a uns majestosos quinze metros de altura, outros a uns mais modestos três metros. Foram gastos recursos escassos nessa competição informal e em 1968 a cidade usou 900 toneladas só de folha de Flandres. O Instituto do Aço escolheu o aço inoxidável para construir o seu monumento a um custo de 100 000 iuanes.([71])

A primeira fase da Revolução Cultural chegou ao fim no verão de 1968, quando os novos «comités partidários revolucionários» assumiram o controlo do partido e do Estado. Estes eram fortemente dominados por oficiais militares, concentrando o verdadeiro poder nas mãos das Forças Armadas. Nos três anos seguintes, eles transformaram o país num Estado militar, com soldados dirigindo escolas, fábricas e organismos públicos. Organizaram também uma série de purgas, punindo todos os que haviam protestado no auge da Revolução Cultural em 1966–7. Inicialmente, milhões de elementos indesejáveis, incluindo estudantes e outros que tinham acreditado nas promessas do presidente, foram deportados para o campo para serem «reeducados pelos camponeses». A isso seguiu--se uma caça às bruxas em todo o país, visando «espiões», «traidores» e «renegados». Foram criadas comissões especiais para examinar as alegadas ligações ao inimigo de pessoas comuns e membros do partido. A campanha contra a corrupção contribuiu ainda mais para subjugar a população. Quase todas as ações e afirmações — rasgar acidentalmente um cartaz do presidente, questionar a economia planificada — eram atos potencialmente criminosos.([72])

Por todo o país as pessoas eram obrigadas a demonstrar a sua dedicação ao presidente, denunciando colegas, amigos, vizinhos e familiares. Numa série de purgas sem sentido e imprevisíveis, comunidades inteiras foram destruídas, produzindo indivíduos dóceis e servis, fiéis a ninguém senão o presidente. E em toda a parte, elementos insubmissos eram obrigados a receber reeducação, quer em aulas de estudo no Pensamento de Mao Tsé-tung para os cidadãos comuns, quer em Escolas de Quadros Sete de Maio para membros do partido.

Em abril de 1969 o IX Congresso do Partido aprovou uma nova Constituição, estabelecendo que o «Pensamento Marxista-Leninista--Mao Tsé-tung» seria a base teórica do partido. O Pensamento de Mao Tsé-tung foi reafirmado como a ideologia orientadora do país. Finalmente, o presidente pôde revogar as decisões tomadas pelo VIII Congresso do Partido em setembro de 1956. Por essa altura, Liu Shaoqi já tinha sido expulso do partido e denunciado, juntamente com dezenas de outros dirigentes anciãos, como um «renegado, traidor e canalha escondendo-se no partido e um cão de corrida do imperialismo, do revisionismo moderno e dos reacionários nacionalistas que tinham cometido inúmeros crimes». Morreu em prisão solitária seis meses depois, coberto de escaras e com o cabelo comprido e desgrenhado. Foi eleito um novo Comité Central em que menos de um quinto dos membros eram veteranos de 1956.([73])

Mao, porém, não confiava nos militares, em particular Lin Biao, que promovera o estudo do Pensamento de Mao Tsé-tung no Exército. Mao usara Lin Biao para lançar e sustentar a Revolução Cultural, mas o marechal, por sua vez, aproveitou a confusão para alargar a sua própria base de poder, colocando os seus apoiantes em postos importantes no Exército. Ele morreu num misterioso acidente aéreo em setembro de 1971, pondo fim ao controlo dos militares sobre a vida civil. O Exército foi consequentemente expurgado, tornando-se também ele vítima da Revolução Cultural.

O culto a Mao, muito associado a Lin Biao e ao Exército de Libertação do Povo, diminuiu quase de um dia para o outro. A China afastou-se ainda mais da União Soviética, voltando-se antes para os Estados Unidos, em 1972. As cidades foram arranjadas e embelezadas para a visita de Nixon, com cartazes retirados e os *slogans* anti-imperialistas moderados. Xangai foi requalificada. Um pequeno exército de mulheres apagou com escovas um *slogan* enorme em frente do Hotel da Paz proclamando «Vivam os Pensamentos Invencíveis do Presidente Mao». Surgiram novos lemas, saudando a «Grande União dos Povos do Mundo». Todas as imagens do presidente foram tiradas das montras. Milhares de estátuas foram desmanteladas, enviadas discretamente para reciclagem.([74])

O presidente também foi rejuvenescido e aperaltado. O seu encontro com Nixon foi um enorme golpe de propaganda. A notícia provocou ondas de choque em todo o mundo, afastando o equilíbrio de poderes na Guerra Fria da União Soviética. Em Pequim, Mao afirmou com prazer que os Estados Unidos estavam «a evoluir de macaco para homem, mas ainda não um homem, a cauda continua lá». Ele reduzira Nixon, o líder da nação mais poderosa na Terra, a um simples emissário solicitando uma audiência imperial. Líderes de países da Europa, América Latina, África e Ásia começaram a afluir a Pequim, todos buscando reconhecimento.([75])

Durante os últimos anos no poder, o presidente continuou a lançar uma fação contra a outra. Quando Chu En-lai foi diagnosticado com cancro, Mao recusou-se a aprovar o seu tratamento, deixando-o morrer no início de 1976. A sua própria morte chegou poucos minutos depois da meia-noite, a 9 de setembro de 1976. Nas escolas, fábricas e escritórios as pessoas reuniram-se para ouvir o anúncio oficial. Os que se sentiram aliviados tiveram de esconder os seus sentimentos. Foi o caso de Chang

Jung, uma estudante de Sichuan que por um instante se sentiu tolhida de pura euforia. À sua volta as pessoas choravam. Como tinha de mostrar a emoção certa para não correr o risco de ser destacada, encostou a cabeça ao ombro da mulher à sua frente, soluçando e fungando.([76])

Ela não foi a única a fingir. Tradicionalmente, na China, chorar parentes mortos e até lançar-se ao solo diante do caixão era uma demonstração exigida de devoção filial. A ausência de lágrimas era uma desonra para a família. Às vezes eram contratados atores para chorar ruidosamente nos funerais de importantes dignitários, encorajando assim os outros enlutados a participarem sem se sentirem envergonhados. E assim como as pessoas tinham aprendido a arte de produzir sem esforço a ira proletária nas reuniões de denúncia, muitas sabiam chorar quando necessário.

As pessoas mostravam menos contrição em privado. Em Kunming, a capital provincial de Yunnan, as bebidas alcoólicas esgotaram durante a noite. Uma jovem recordou como o pai convidou o seu melhor amigo para sua casa, trancou a porta e abriu a única garrafa de vinho que tinham. No dia seguinte foram a uma cerimónia pública em memória do presidente na qual as pessoas choravam como se estivessem tristíssimas. «Como criança, senti-me confusa com as expressões dos adultos — toda a gente parecia tão triste em público, enquanto o meu pai se mostrara tão feliz na noite anterior.»([77])

Algumas pessoas sentiram genuíno pesar, sobretudo as que tinham beneficiado com a Revolução Cultural. E existiam ainda muitos crentes verdadeiros, especialmente entre os jovens. Ai Xiaoming, uma rapariga de vinte e dois anos ansiosa por aderir ao partido e contribuir para o socialismo, sentiu-se tão desolada, que chorou quase a ponto de desmaiar.([78])

Nas regiões rurais, porém, poucas pessoas lamentaram a morte do presidente. Como recordou um pobre aldeão em Anhui, «nem uma única pessoa chorou na altura».([79])

Mao entrou para um mausoléu, como Estaline. Mas ao contrário de Estaline, ficou lá. O seu retrato continua suspenso sobre as ruas de Pequim, enquanto o seu rosto aparece em todas as notas de banco na República Popular. Mao usou o culto para transformar os outros em bajuladores que garantiam o cumprimento de todos os seus caprichos. Tornou os dirigentes do partido cúmplices dos seus próprios crimes e, ao tornarem-se cúmplices, eles e os seus sucessores transformaram-se nos guardiães da imagem de Mao, decididos a não repetir o erro que Krutchov cometera no seu discurso secreto.

5
KIM IL-SUNG

A 14 de outubro de 1945 foi realizado um comício num campo desportivo em Pionguiangue para dar as boas-vindas ao Exército Vermelho. Meio ano antes, quando Estaline se encontrara com Roosevelt em Ialta, as Potências Aliadas tinham negociado o destino da Coreia, colónia japonesa desde 1910. Tinham acordado ocupar a península em conjunto, decidindo no último instante dividir o país ao longo do paralelo 38. Pionguiangue tornou-se na capital provisória do norte da Coreia, sob domínio soviético.

Ladeado de oficiais soviéticos, Kim Il-sung fez o seu primeiro discurso público nesse dia. Ouviu-se uma burburinho na assistência quando ele foi apresentado pelo general Lebedev, pois as pessoas associavam o seu nome a um guerreiro lendário, um grande patriota que percorrera a Manchúria dez anos antes perseguindo o inimigo japonês. Mas Kim não parecia corresponder a essa imagem. Ele tinha apenas trinta e três anos e parecia inexperiente, agarrando nervosamente as folhas do seu discurso. Nas palavras de uma testemunha, ele parecia «um moço de recados de um restaurante chinês», com um corte de cabelo muito curto e um fato azul demasiado pequeno para o seu corpo anafado. Leu de forma hesitante e numa voz monótona um discurso recheado de jargão marxista, cobrindo Estaline de elogios extravagantes. Um rumor espalhou-se entre a multidão, acusando-o de ser um impostor, um fantoche imposto pela

União Soviética. Foi um começo pouco auspicioso para o homem que viria a dominar a Coreia do Norte.([1])

Kim nasceu numa família cristã. O pai tinha sido educado por missionários. Em 1919, quando Kim tinha apenas sete anos de idade, a família seguiu centenas de milhares de outros coreanos que atravessaram a fronteira para a Manchúria para fugir à opressão colonial. Em 1931 o Japão voltou a alcançá-los, transformando a Manchúria num Estado-fantoche. Kim, então com dezanove anos, aderiu ao Partido Comunista da China. Mas suspeitava-se de que os guerrilheiros coreanos espiavam para os Japoneses, e mais de mil foram interrogados e torturados numa série de purgas brutais. Centenas foram mortos. Kim também foi preso, mas absolvido em 1934.([2])

Nessa altura, Kim era um dos poucos comunistas coreanos ainda em atividade. Pouco depois estava a comandar várias centenas de guerrilheiros, levando a cabo ataques-surpresa na Manchúria e na Coreia, do outro lado da fronteira. Em junho de 1937 ele e os seus homens atacaram uma guarnição da polícia numa pequena aldeia chamada Pochonbo, a apenas quarenta quilómetros do monte Paektu, a montanha sagrada onde supostamente nascera o fundador do primeiro reino. A operação era estrategicamente insignificante, mas atraiu a atenção da imprensa por se tratar da primeira vez que os comunistas conseguiam lançar um ataque dentro da Coreia. Os Japoneses colocaram Kim numa lista de bandidos mais procurados, transformando-o numa figura popular entre os muitos milhões que odiavam os seus senhores coloniais.([3])

Em 1940 Kim era já o rebelde mais procurado na Manchúria, obrigado a fugir para a União Soviética. Aí, ele e os seus seguidores foram abrigados, treinados e doutrinados pelo Exército Vermelho. Em 1942 ele foi promovido a capitão, mas três anos depois foi-lhe negada a oportunidade de reforçar a sua reputação com uma entrada triunfante em Pionguiangue. Um Estaline desconfiado entregou essa função aos «coreanos soviéticos», um grupo mais confiável e com antigas ligações a Moscovo. Como alternativa, Kim e sessenta dos seus guerrilheiros dirigiram-se sozinhos para o norte da Coreia, desembarcando na cidade portuária de Wonsan um mês depois de o Japão se render. Foi um regresso desonroso para Kim, não como libertador do seu país, mas como um modesto capitão envergando um uniforme estrangeiro. A partir de então exigiu que a sua viagem de regresso à pátria fosse mantida em segredo.([4])

Em Pionguiangue, ele passou o tempo a conviver com oficiais soviéticos, oferecendo-lhes comida e mulheres, usando os seus contactos para colocar os seus seguidores em cargos importantes nos órgãos de segurança pública. Os Russos precisavam de um chefe nominal para o seu governo provisório, mas escolheram Cho Man-sik. Conhecido como o «Gandhi da Coreia», Cho era um nacionalista cristão que durante décadas defendera um caminho não violento para a independência. Era muito respeitado, mas depressa se tornou claro que só colaboraria com os Soviéticos segundo os seus termos. A sua rejeição de um mandato de cinco anos sob o domínio da União Soviética foi a última gota. Cho foi colocado em prisão domiciliária em janeiro de 1946. Kim surgiu então como alternativa, quando Estaline indicou o seu nome numa lista de potenciais candidatos. O único outro candidato era Pak Hon-yong, um ativista pela independência que estabelecera o Partido Comunista Coreano no Sul depois da libertação.([5])

Kim causara uma fraca impressão em outubro de 1945, mas os Soviéticos ajudaram-no a melhorar a sua imagem. Pionguiangue foi decorada com retratos de Kim, pendurados ao lado dos de Estaline. A sua juventude foi elogiada, o seu passado mítico exaltado. Kim treinou o seu sorriso, mostrando-se afável e bem-disposto. Tornou-se na modéstia em pessoa, dizendo às pessoas: «Eu não sou um general, mas vosso amigo.» Um entrevistador confessou ter ficado impressionado com «a luz de génio» que brilhava nos seus olhos. Um momento decisivo ocorreu em agosto de 1946, quando Kim foi proclamado «grande líder», «herói da nação» e «líder de todo o povo coreano» no congresso fundador do Partido dos Trabalhadores da Coreia do Norte. O romancista Han Sorya, que pouco depois se tornaria no principal arquiteto do culto de personalidade de Kim, chamou-lhe «o nosso sol», ao contrário do sol japonês, perante o qual os súbditos coloniais tinham sido obrigados a vergar-se no passado.([6])

Assim que Kim foi aprovado por Moscovo, o modelo soviético foi imposto a todos os domínios da sociedade. A indústria foi nacionalizada, uma reforma agrária profunda implementada. Kim estava no centro de tudo, percorrendo o país para dar conselhos aos seus súbditos sobre vários assuntos, do cultivo de terrenos íngremes a formas de fazer aumentar os níveis de vida. Foi ele quem produziu a excelente colheita em 1946, e ele quem controlou as cheias de inverno mais tarde nesse ano. Foram realizados comícios nas zonas rurais, com os aldeões manifestando a sua gratidão ao general Kim através de canções, discursos e cartas. Entretanto, cerca de um milhão de pessoas, aproximadamente 7 a 8 por cento da população, abandonou o país, juntando-se a um êxodo de riqueza e talento para o sul da Coreia.([7])

As referências revolucionárias de Kim foram enaltecidas. Uma breve biografia traduzida do *Komsomolskaia Pravda* em 1946 aludia repetidamente aos poderes sobrenaturais que os aldeões comuns atribuíam ao guerrilheiro que, durante tantos anos, evitara ser capturado pelos Japoneses: ele era capaz de voar e abrir túneis nas montanhas. Os pais dele foram apresentados à população por Guitovitch e Bursov, dois russos que entrevistaram Kim e os seus guerrilheiros. O pai tinha sido um professor dedicado e revolucionário profissional que fora preso duas vezes, a mãe, uma cúmplice astuciosa que fornecia ao filho armas escondidas em casa. Mas foi um escritor coreano chamado Han Chae-tok o primeiro a aclamar o «regresso triunfal» de Kim à pátria, descrevendo-o como um «herói tipicamente coreano» que estivera na vanguarda do movimento de libertação desde os dezassete anos de idade. O seu relato saiu em formato de livro em 1948.([8])

O ataque a Pochonbo foi elevado à categoria de lenda, especialmente numa epopeia publicada por Cho Gi-cheon, poeta às vezes designado «o Maiakovski da Coreia». *Monte Paektu*, publicado em 1947, descrevia a região como uma zona mística rica em contos fantásticos, com histórias de guerreiros adormecidos à espera de despertar e libertar a sua terra e chefes revolucionários saltando de montanha em montanha.([9])

Em 1948 uma cortina de ferro dividindo o mundo em dois campos já começara a descer. Na Coreia surgiram dois governos muito diferentes nos dois lados do paralelo 38. A reunificação pacífica parecia cada vez mais improvável. No Sul, Syngman Rhee, opositor do comunismo, venceu as primeiras eleições presidenciais em maio com o apoio dos Estados Unidos. Alguns meses depois, a 15 de agosto de 1948, precisamente três anos depois da libertação do país perante o Japão, foi declarada a República da Coreia em Seul. No Norte, Kim Il-sung proclamou a República Democrática da Coreia do Norte a 9 de setembro.

O general tornou-se primeiro-ministro, assumindo o domínio total da nação. Outro título que surgiu depois do estabelecimento da República

Democrática foi *surong*, o equivalente do termo *vojd* usado para Estaline. A fotografia de Kim começou a aparecer como frontispício em livros e revistas. Os seus numerosos discursos eram publicados nos jornais. No Dia do Trabalhador dezenas de milhares de pessoas reuniram-se para saudar Estaline e Kim. Como a máquina de propaganda nunca se cansava de proclamar, o povo estava unido em torno do seu líder.([10])

A Coreia do Norte era um país fortemente militarizado, mas como o conflito com o Sul parecia cada vez mais provável, foi criado um Exército do Povo Coreano em fevereiro de 1948, equipado e aconselhado por Moscovo. As tropas soviéticas retiraram-se no final do ano. Deixaram ficar duzentos tanques, juntamente com camiões, artilharia e armamento ligeiro.

Como em todos os Estados de partido único, o Exército pertencia ao partido, não ao povo. O seu comandante supremo era Kim Il-sung, que estava decidido a alargar a revolução, libertando o Sul de Syngman Rhee e da sua «fação reacionária americana» para unificar o país. Ele abordou Estaline em março de 1949, mas o seu mestre hesitou. Frustrado, Kim ficou a ver Mao assumir o controlo da China, levando um quarto da humanidade para o campo socialista, enquanto o seu próprio país continuava dividido.

Kim importunou repetidamente Estaline, que não tinha pressa de se meter num conflito aberto envolvendo os Estados Unidos. Mas no final de 1949 ele já começara a vacilar. Os Americanos não tinham intervindo na guerra civil na China e abandonaram Chiang Kai-shek em Taiwan. Em janeiro de 1950, quando os Estados Unidos deram a entender que a Coreia já não se encontrava no seu perímetro de defesa no Pacífico, Estaline deu luz verde à invasão. Mas recusou-se a enviar tropa: «Se levarem uma coça, não levantarei um dedo. Têm de pedir ajuda a Mao.» O presidente chinês, que precisava de Estaline para adquirir o poder naval e aéreo necessário para invadir Taiwan, concordou.([11])

A 25 de junho de 1950 foi lançada uma invasão abrangente por ar e terra a partir do Norte. O Sul estava mal preparado, com menos de 100 000 soldados, pois os Americanos recusaram deliberadamente a Syngman Rhee carros blindados, armas antitanque e artilharia mais pesada do que 105 mm. As suas tropas desbarataram-se semanas depois.

Por um breve instante, Kim Il-sung pareceu um génio militar. O seu retrato foi erguido em toda a parte nas zonas libertadas.([12])

Kim, porém, cometera um enorme erro de cálculo. Ele e os seus conselheiros tinham contado inicialmente com o apoio popular, mas a maioria das pessoas no Sul permaneceu neutra. Não se viram multidões aclamando e agitando bandeiras vermelhas. Os Estados Unidos não fizeram vista grossa, temendo um conflito maior com a União Soviética. Em vez disso, recorreram às Nações Unidas, declarando que a paz tinha sido quebrada e enviando tropas para apoiar a Coreia do Sul. Em agosto de 1950 já tinham alterado o rumo da guerra. Dois meses depois o general Douglas MacArthur chegou ao Paralelo 38. Ele podia ter parado aí, mas decidiu seguir até à fronteira com a China, ignorando as preocupações de segurança da República Popular.

Foi um desastre para Kim. Em outubro Mao decidiu ajudá-lo, enviando centenas de milhares de soldados para o outro lado da fronteira a coberto da noite. Eles apanharam o inimigo completamente de surpresa. Mas depois de conseguirem uma série de vitórias rápidas, também eles esgotaram rapidamente as suas provisões. Um impasse manchado de sangue instalou-se em torno do Paralelo 38 no verão de 1951.

Kim tinha de encontrar um bode expiatório para o desaire, virando--se contra o «número dois» do partido, um coreano nascido e criado na União Soviética chamado Ho Kai. Ho era um administrador talentoso que construíra a máquina do partido do zero. Tornara-se também no aliado mais próximo de Kim, agindo como patrono e guardião. Só isso teria sido razão suficiente para o afastar, mas Ho era também o homem de Moscovo em Pionguiangue. Com a presença chinesa a contrabalançar a dos Soviéticos, Kim sentiu-se livre para agir. Primeiro, pediu a Ho que expurgasse o partido, depois virou-se contra ele e acusou-o de ter ido longe de mais. Ho foi humilhado na presença de outros dirigentes, destituído dos seus cargos e expulso do partido. Kim reintegrou centenas de milhares de membros que tinham sido expulsos. Muitos eram aldeões semianalfabetos, e todos acolheram Kim como o seu salvador.([13])

A guerra exigia união e obediência ao líder cujo culto foi consolidado em 1952, ao mesmo tempo que aumentavam os bombardeamentos. No quadragésimo aniversário de Kim, comemorado a 15 de abril, foi publicada uma curta biografia que se tornou leitura obrigatória para todos. Surgiram locais de estudo em fábricas e escolas por todo o país, onde as pessoas comemoravam o aniversário de Kim «instruindo-se com entusiasmo» nos seus pensamentos. Foram inaugurados monumentos de homenagem a Kim em Pochonbo e Mangyongdae, a sua terra natal numa colina nos arredores de Pionguiangue.([14])

O entusiasmo ilimitado das massas acompanhava a humilhação ritual de potenciais rivais. Três dos mais importantes dirigentes do partido publicaram panegíricos a Kim Il-sung, aclamando-o como um Grande Líder comparável a Lenine e Estaline. O elogio menos efusivo foi o de Pak Hon-yong, o fundador do Partido Comunista Coreano em Seul que se mudara para a Coreia do Norte em 1948 para se tornar ministro dos Negócios Estrangeiros.([15])

Um cessar-fogo foi finalmente proclamado em julho de 1953, meses depois da morte de Estaline. Este prolongara a guerra por dois anos, satisfeito com as derrotas sofridas pelo campo imperialista. Kim tinha sido um mero peão no seu grande jogo de xadrez geopolítico.

A fronteira manteve-se, mas três milhões de pessoas tinham perdido a vida numa das guerras mais ferozes e mortíferas dos tempos modernos. Grande parte da península ficou reduzida a escombros, com poucas estruturas permanecendo de pé no Norte.

Kim declarou vitória. Desde o início, a máquina de propaganda apresentara a Guerra de Libertação da Pátria como uma guerra defensiva justa em que os Estados Unidos eram os invasores. O plano imperialista para colonizar toda a península tinha sido travado com êxito graças à brilhante antevisão do Grande Líder. Era uma grande mentira, tornada credível pela doutrinação permanente e isolamento total em relação ao mundo exterior. Ao longo de uma década, o Estado de partido único alargou o seu domínio sobre o que as pessoas podiam ler e dizer, onde podiam viver e para onde podiam viajar. Os agentes de segurança começaram a manter toda a gente sob vigilância constante, enviando dissidentes para campos de trabalhos forçados espalhados pelas montanhas remotas e inóspitas no Norte.([16])

A Coreia do Norte tornou-se não só num reino eremita, mas também numa sociedade permanentemente na defensiva, vivendo sob a ameaça constante de invasão por forças inimigas. Esta era uma mensagem repetida incessantemente pela máquina de propaganda, mas amplamente partilhada por cidadãos comuns que tinham passado por anos de devastação às mãos do inimigo.

A Coreia do Norte era uma sociedade traumatizada pela guerra. A propaganda apresentava o Grande Líder como uma figura paternal em torno da qual o seu povo traumatizado podia reunir-se, procurando orientação para as suas vidas. No entanto, os rivais de Kim dentro do partido tinham sido encorajados pelo insucesso da guerra. Kim perdera a confiança em Pak Hon-yong, o ministro dos Negócios Estrangeiros que se mostrara pouco convicto nos seus elogios um ano antes. Pak tinha ainda muitos seguidores entre os membros da resistência na Coreia antes de 1945. Kim mandou prendê-los em março de 1953. Como um zeloso discípulo de Estaline, organizou um julgamento de fachada, obrigando doze dos acusados a confessarem os crimes mais extravagantes perante a imprensa internacional. Os doze foram declarados culpados e condenados à morte. O processo foi mais uma manobra para desviar as atenções da destruição da guerra.([17])

Kim também seguiu Estaline na reconstrução do país. A Coreia do Norte recebeu grandes quantidades de ajuda do campo socialista, toda ela utilizada na industrialização rápida e na coletivização do meio rural. Mas Kim, como sempre, tinha pressa, e em 1955 já existiam indícios de fome generalizada, com crianças vistas a mendigar descalças na neve. Aldeias inteiras no Norte uniram esforços, tentando hibernar durante os meses de inverno. Mais uma vez, a União Soviética e a China intervieram, enviando 200 000 toneladas de cereais em ajuda de emergência.([18])

Porém, ao mesmo tempo que a Coreia do Norte dependia da União Soviética, desapareciam os retratos de Marx, Lenine e Estaline. Não se viu nenhum no desfile organizado para comemorar o Dia Nacional a 15 de agosto de 1954. Por outro lado, queixava-se o embaixador russo, «Em todas as estações de caminho de ferro, em todos os ministérios, em todos os hotéis há imagens gigantescas de Kim Il-sung». A sua sabedoria era enaltecida em poemas e canções. Os seus *slogans* eram escritos em letras gordas em faixas penduradas em escolas, fábricas e escritórios. Vários filmes glorificavam não só os lugares que ele visitara, mas até uma rocha na qual se sentara para descansar.([19])

Kim era omnipresente. Era também um líder inquieto e enérgico, que se preocupava com todos os pormenores. Havia inspeções de escolas, visitas a fábricas e cooperativas e até aparições de improviso em reuniões locais às quais presidia; tudo pormenorizadamente noticiado com numerosas fotografias nos jornais. Começou a usar-se a expressão «orientação no próprio local», pois Kim dava conselhos sobre apicultura, manutenção de pomares, técnicas de rega, produção de aço e construção civil. Segundo uma estimativa, ele fez mais de 1300 viagens entre 1954 e 1961. Os seus ensinamentos eram publicados e afincadamente estudados por toda a nação. Na fábrica de pasta de papel de Sinuiju passaram a realizar-se reuniões diárias para se debater os ensinamentos do Grande Líder, depois de uma visita no início de 1956.([20])

Ele apareceu a inúmeros trabalhadores e aldeões, transformando-se numa lenda viva. Ele sabia ouvir, sempre preocupado com o bem-estar das pessoas, interrogando-as de perto sobre as suas vidas, tomando notas quando visitava as suas casas e conhecia as suas famílias. Ele concedia benefícios. Os trabalhadores escreviam para lhe agradecer a liderança. Ele, por sua vez, escrevia para os felicitar pelas suas conquistas.([21])

No entanto, por trás da reluzente fachada criada pela propaganda, o medo acompanhava o culto. O mais pequeno indício de desrespeito ao Grande Líder era severamente punido. Uma vítima foi condenada a cinco anos de prisão por embrulhar um livro num jornal com a fotografia de Kim Il-sung. Outra foi para um campo de trabalhos forçados durante cinco anos por ter retocado um cartaz mal executado. Um aldeão que se queixou das requisições de cereais apontando o dedo a um retrato do líder e gritando, «Estás a atormentar o povo em vão», esteve preso durante sete anos. Houve milhares de vítimas condenadas por crimes semelhantes.([22])

Quanto mais visível se tornava o líder, mais os seus pares eram obrigados a viver na sua sombra. A bajulação constante impedia potenciais críticas dos seus adversários no seio do partido. Mas em 1956, quando Krutchov denunciou o culto de personalidade, eles viram uma oportunidade de desacreditar um pouco o seu líder. Yi Sang-jo, o embaixador da Coreia do Norte em Moscovo, queixou-se a funcionários no Ministério dos Negócios Estrangeiros de que Kim se havia rodeado de sicofantas, acumulando cada vez mais poder, enquanto a imprensa oficial o exaltava como um génio que liderara a luta revolucionária desde os doze anos de idade. Kim, numa visita a Moscovo um mês depois, foi repreendido por Krutchov, que lhe pediu reformas. Ele aceitou humildemente as recomendações do líder soviético.([23])

Encorajados, os seus críticos internos enfrentaram Kim numa reunião do Comité Central em agosto de 1956. Criticaram contundentemente os seus resultados económicos, escarneceram da incompetência dos seus subalternos e acusaram-no de concentrar demasiado poder na sua pessoa. Acima de tudo, condenaram o culto de personalidade, invocando o XX Congresso para defender reformas. Mas ao longo dos anos Kim enchera o Comité Central de seguidores jovens e fiéis. Estes atacaram os seus opositores, gritando e assobiando quando eles proferiam os discursos e depois rejeitando pelo voto as propostas deles.

Kim tirou proveito do confronto. Acusou os seus rivais de serem «sectaristas», demitindo-os dos seus cargos ou expulsando-os do partido. Muitos tinham nascido na União Soviética ou na China. Temendo pela vida, alguns fugiram do país, procurando refúgio nos seus países natais. A sua perseguição incomodou Moscovo e Pequim, que perceberam que a sua influência em Pionguiangue estava a diminuir. Enviaram uma delegação conjunta à Coreia para aumentar a pressão. Kim, mais uma vez, aceitou humildemente os conselhos deles, convocando outra reunião do Comité Central em setembro. Reabilitou os seus adversários e tomou algumas medidas simbólicas no sentido da desestalinização.

Kim foi salvo pela revolta em Budapeste um mês depois, em outubro de 1956. Quando os tanques soviéticos reprimiram a luta pela liberdade na Hungria, as reformas no campo socialista foram interrompidas. Kim sentiu-se apoiado e eliminou todos os seus críticos nos dois anos seguintes. As famílias dos que haviam fugido para o estrangeiro desapareceram, provavelmente executadas.([24])

Em outubro de 1957, quando os líderes do campo socialista se reuniram para comemorar o quadragésimo aniversário da Revolução de Outubro, Mao falou com Kim à parte e confessou a sua discordância relativamente à delegação conjunta. Os dois líderes opunham-se à desestalinização. Kim, que nunca deixava passar uma boa oportunidade, pediu a Mao que retirasse as suas tropas. Cerca de 400 000 soldados chineses tinham ficado na Coreia do Norte depois do fim da guerra, parecendo uma força de ocupação no meio de uma população de dez milhões. Eles partiram em outubro de 1958. Kim, finalmente, era senhor do seu país, tendo levado a melhor sobre os seus dois apoiantes mais poderosos, a União Soviética e a República Popular.

Numa caça às bruxas nacional que fez lembrar a purga que se seguiu às Cem Flores na China, dezenas de milhares de «sectaristas» e «conspiradores» de todas as cores foram arrastados para reuniões de denúncia públicas, acusados, humilhados e às vezes espancados e executados em público. Na Academia de Ciências, um suspeito foi suspenso pelos seus colegas por doze dias por sugerir, depois do XX Congresso em Moscovo, que a frase «O nosso querido líder Kim Il-sung» fosse retirada das publicações oficiais. Muitos outros foram parar à prisão ou a campos de trabalhos forçados.([25])

Em 1957 a população inteira foi dividida em três grupos distintos segundo o seu grau de fidelidade ao partido. O sistema chamava-se *songbun*, do termo *chengfen* usado na República Popular da China, onde tinha sido concebido em 1950. Abaixo da «classe nuclear» e da «classe hesitante» havia a «classe hostil» de pessoas, abrangendo cerca de 20 por cento de toda a população. A classe determinava tudo, da quantidade de comida que uma família podia receber ao acesso à educação e emprego. Na Coreia do Norte, como na China, o rótulo passava de pais para filhos. As pessoas cujo único crime era ter um parente que se mudara para a Coreia do Sul eram deportadas das cidades para o campo. A fidelidade ao partido transformou-se rapidamente em fidelidade ao Grande Líder.([26])

O presidente Mao tinha o seu Grande Salto em Frente, o Grande Líder o seu Cavalo de Mil Milhas. A Campanha Chollima, que recebeu o nome de um mítico cavalo alado capaz de galopar mil milhas num dia, foi lançada no verão de 1958. Foi concebida para impulsionar a Coreia do Norte para o futuro, mas sem a ajuda económica da União Soviética ou da República Popular. Na opinião de Kim, os incentivos ideológicos e não as recompensas materiais motivariam o povo a trabalhar mais e a alcançar a autossuficiência económica. «Avançar à velocidade do chollima» era o seu *slogan*, pois a Coreia do Norte alcançaria e ultrapassaria o Japão na produção industrial em menos de dois anos. Como na União Soviética e na China, os trabalhadores que não colaborassem eram acusados de serem «sabotadores». Com a Campanha Chollima iniciou-se uma nova vaga de repressão, com cerca de 100 000 pessoas denunciadas como «elementos hostis e reacionários» só entre outubro de 1958 e maio de 1959.([27])

À medida que os rivais de Kim iam desaparecendo, o passado era reescrito. Já em março de 1955 a máquina de propaganda começara a apagar a União Soviética e a República Popular da China da História, concentrando-se no contributo das «massas revolucionárias» para a libertação do país. Em 1956 um Museu da Revolução abrira as portas em Pionguiangue. Tinha apenas uma secção, nomeadamente 5000 metros quadrados dedicados às atividades antijaponesas de Kim Il-sung. Em 1960 o museu já tinha mais do que duplicado de tamanho, mas entre as suas muitas salas apenas duas vitrinas eram dedicadas à União Soviética. Doze grandes estátuas de Kim, aclamado então como o «Libertador Nacional», recebiam os visitantes.([28])

Um ano depois, o IV Congresso do Partido em setembro de 1961 foi um momento crítico para Kim Il-sung. Ele eliminara com êxito toda a oposição e entrincheirara os seus apoiantes no partido. Meses antes, tinha aproveitado a clivagem sino-soviético para cortejar tanto a União Soviética como a China, assinando dois tratados consecutivos que garantiam um reforço da proteção contra a Coreia do Sul e os Estados Unidos. A luta de Kim para consolidar o seu poder parecia concluída.([29])

Durante muitos anos Kim raramente apareceu em público, delegando a maioria das funções nos seus subalternos. Mas a sua presença era ubíqua. As suas citações apareciam em todos os jornais. Todas as publicações em todos os domínios, da engenharia civil à biologia molecular, vinham com uma referência obrigatória à sua obra. Os seus discursos foram reunidos numa antologia intitulada Obras Completas. Foram publicadas traduções das suas Obras Escolhidas. Sob o seu olhar benevolente, os seus súbditos estudavam as suas obras em todos os escritórios e salas de aula do país. Marx, Engels e Lenine, por outro lado, raramente eram vistos ou lidos.([30])

A 9 de setembro de 1963 a Coreia do Norte realizou uma enorme parada para comemorar o seu décimo quinto aniversário. Não foi feita qualquer menção à União Soviética nos discursos inaugurais. O lema era «Tudo Através do Nosso Próprio Esforço». Uma efígie enorme de Kim Il-sung foi transportada pelas ruas de Pionguiangue.([31])

No entanto, como todos os bons ditadores, Kim precisava de se estabelecer como fundador de uma ideologia. A sua obra era muito estudada, mas ele precisava de uma filosofia, de preferência que acrescentasse o sufixo «ismo» ao seu nome. Em dezembro de 1955, mesmo enquanto a União Soviética e a China continuavam a enviar ajuda alimentar de emergência para a Coreia do Norte, Kim Il-sung apresentara o seu Pensamento Juche. A palavra *juche*, numa tradução livre, significa «autoconfiança». Por trás do jargão havia uma ideia simples: as pessoas são donas do seu próprio destino e, ao tornarem-se autoconfiantes, podem alcançar o verdadeiro socialismo. O marxismo-leninismo, que afirmava que as condições materiais eram a força primordial da mudança histórica, foi virado do avesso.([32])

Durante anos o Pensamento Juche mal fora mencionado, apesar de o conceito de autossuficiência económica dominar a Campanha Chollima e de independência e autoconfiança terem estado sempre entre os *slogans* mais destacados na Coreia do Norte. Mas em abril de 1965, no auge da divergência sino-soviética, Kim visitou a Indonésia por ocasião do décimo aniversário da Conferência de Bandung de países africanos e asiáticos. Era a primeira viagem de Kim fora do campo socialista e ele usou-a para afirmar a sua pretensão de líder dos países não alinhados do Terceiro Mundo. Em Jacarta falou detalhadamente sobre os princípios básicos do Juche, propondo uma atitude mal disfarçada de independência em relação à União Soviética e à República Popular da China na luta contra o imperialismo.([33])

Internamente, o Pensamento Juche serviu a um propósito muito diferente. Em outubro de 1966, depois de quinze anos de desenvolvimento acelerado na indústria pesada, até mesmo alguns dos apoiantes de Kim começaram a pedir uma melhoria nos níveis de vida dos cidadãos comuns. O país estava novamente à beira da fome. Na capital Pionguiangue não se encontrava óleo alimentar ou carne havia meses.([34])

Kim encarou esses pedidos como uma ameaça e exigiu que o Pensamento Juche fosse consagrado como a ideologia oficial da Coreia do Norte. Ele queria nada menos do que um sistema ideológico monolítico, a «união da ideologia e da vontade», para liderar a revolução. Exigia obediência incondicional a todos os membros do partido. Em 1967 os seus críticos foram afastados.([35])

À medida que a palavra de Kim adquiria supremacia absoluta, os epítetos usados para o descrever tornavam-se cada vez mais extravagantes. Ele era aclamado como o «líder genial de uma nação de 40 milhões de pessoas» ou «o ilustre líder da internacional comunista e do movimento operário». Ele tinha libertado a pátria do domínio colonial em agosto de 1945. Ele infligira uma «retaliação mil vezes maior» aos imperialistas americanos, forçando-os a ajoelharem-se durante a Guerra da Coreia. Ele era o farol vermelho para os oprimidos em África, América Latina e Ásia. «Kim Il-sung é o Sol Vermelho», escreveu um poeta nigeriano no *Pyongyang Times*.([36])

O culto estendia-se à sua família. Um grupo de teatro do Ministério da Segurança representava uma peça muito divulgada sobre os «feitos heroicos» da mãe de Kim, descrita como «a mãe de Kim Il-sung e a nossa mãe». O pai foi canonizado como um santo da revolução, enquanto o círculo familiar revolucionário incluía o seu avô, avó e um dos seus bisavôs.([37])

Em 1967, o Dia do Trabalhador, comemorado pela primeira vez em quatro anos, realizou-se sob o lema do Pensamento Juche. Não havia bandeiras estrangeiras. Os galhardetes eram amarelos, verdes e azuis, as cores da bandeira nacional, mas nenhum vermelho. «Tudo através dos Nossos Próprios Esforços» ou «A União através da Autoconfiança», proclamavam as faixas no desfile, encabeçado por cavalos alados gigantescos seguidos de inúmeros retratos e efígies do Grande Líder. O evento terminou com os participantes entoando cerimoniosamente uma canção sobre Kim Il-sung e depois gritando o seu nome durante vários minutos.([38])

Não houve Revolução Cultural. Como outros ditadores, Kim Il-sung ficara chocado com o caos que a mesma provocara na China. Mas com a exaltação do Pensamento Juche surgiu um ataque a tudo o que lembrasse a cultura burguesa. Cerca de 300 000 pessoas com um parente considerado «politicamente duvidoso» foram banidas da capital Pionguiangue. As canções e histórias de amor foram proibidas. O teatro popular, com cantores e músicos interpretando contos populares, tornou-se tabu. A música clássica, incluindo Beethoven, foi proibida. Até *Assim Foi Temperado o Aço*, um romance social-realista publicado em 1936 por Nikolai Ostrovski, foi proscrito pelos censores. Uma abordagem mais abrangente seguiu-se em maio de 1968, quando todos os livros estrangeiros foram confiscados e o estudo das obras originais de Marx e Engels considerado «indesejável». Em lugares de encontro, salas de conferências e salas de estudo próprias, às vezes descritas como «salas de culto» por estrangeiros, multidões cativas estudavam as obras de Kim Il-sung, memorizando as palavras do líder para demonstrar a sua fervente lealdade.([39])

O regime fomentava a tensão e um ambiente marcial. O desfile em maio de 1967 foi também uma demonstração de poderio militar, com longas formações de armas antitanque, artilharia antiaérea e lança-granadas atravessando a principal artéria da capital. «Libertemos a Coreia do Sul!» e «Armemos Todo o Povo» eram os *slogans* que davam o tom. Num ambiente de guerra iminente, eram realizadas simulações de ataques aéreos regulares em cidades e aldeias, obrigando até os doentes e idosos a percorrerem vários quilómetros para procurar abrigo em túneis subterrâneos.([40])

Não há nada como a ameaça de guerra para centrar as atenções no líder, levando as pessoas a cerrar fileiras e a juntar-se, mas o aumento da tensão resultava também de mudanças no número de filiados no partido que ocorreram em 1962. Com todos os seus opositores afastados, Kim promoveu os seus jovens generais a postos importantes. De certo modo, isso foi uma reação a um golpe militar bem-sucedido na Coreia do Sul em maio de 1961. Resultava também de um desejo renovado de reunificar a península através da conquista militar. Durante vários anos os seus generais reforçaram as Forças Armadas e armaram o povo, transformando o país numa «fortaleza inexpugnável».

Mas em janeiro de 1968 eles foram longe de mais. Primeiro, enviaram uma unidade de guerrilha para Seul numa missão para assassinar o presidente da Coreia do Sul, Park Chung-hee. Foi um fiasco, com vários dos comandos mortos no local. Dias depois, por capricho, capturaram um navio de espionagem americano chamado *Pueblo*. A sua tripulação de oitenta e três membros foi maltratada e encarcerada durante onze meses, colocando o país à beira da guerra.([41])

Em público, Kim felicitou os oficiais responsáveis pela captura do *Pueblo*, mas, depois de a crise ter sido resolvida por meio de longas negociações, ele afastou discretamente doze dos generais mais graduados do seu próprio grupo de guerrilheiros. Nenhum ditador se sente seguro com um poderoso grupo militar no comando, mesmo quando os seus membros se mostram fiéis toda a vida. O acontecimento assinalou o fim da política militante dos anos 60.

Como alternativa, em 1969 foram promovidos alguns apoiantes jovens dedicados ao desenvolvimento económico. Os familiares de Kim começaram a preencher alguns dos cargos mais importantes, então desocupados. O seu irmão mais novo foi promovido ao quarto cargo mais elevado. A sua mulher assumiu a presidência da União das Mulheres Democráticas da Coreia. Quando em maio de 1972 os Alemães de Leste e os Soviéticos compilaram uma lista de familiares de Kim em cargos de poder, contaram uma dúzia.([42])

A 15 de abril de 1972 Kim fez sessenta anos. Os preparativos para o evento tinham começado meses antes. Em outubro de 1971 a máquina de propaganda anunciou que seriam construídos monumentos em honra do Grande Líder em todo o país. Surgiram santuários para comemorar campos de batalha revolucionários e poemas gravados em pedra para assinalar o solo que ele pisara. Foram construídas novas estradas, pontes e represas. Como sinal de gratidão pela sua orientação no local, foram inaugurados monumentos em todas as províncias e principais cidades, fábricas, minas e cooperativas agrícolas. Ninguém queria ficar para trás, havendo pessoas a oferecer-se para trabalhar longas horas, muitas vezes sob luz artificial durante a noite. O seu sacrifício pessoal era uma demonstração de verdadeiro amor pelo Grande Líder, uma dádiva àquele que oferecera tanto ao seu povo.([43])

O local de nascimento de Kim em Mangyongdae, já visitado por 1,3 milhões de estudantes e trabalhadores em peregrinações anuais, foi reconstruído com placas comemorando momentos históricos na sua vida: o lugar onde ele se sentava com o pai, a colina que ele descia de trenó, o campo onde ele praticava luta livre, o seu local de pesca preferido, o seu baloiço e até uma árvore sob a qual ele se sentara. Em exposição havia os arados e ancinhos de madeira usados pela sua família, além da tigela amarela na qual ele comia o arroz. Mais a norte, em Pochonbo e Musan, dois sítios históricos onde o Grande Líder combatera os Japoneses, foram erguidos vinte e três monumentos históricos.([44])

A escala das obras públicas era faraónica. Foram desviados vastos recursos para os projetos de comemoração do aniversário, que exigiam tanto cimento, que, apesar de obrigações contratuais, todos os fornecimentos para a União Soviética foram suspensos. Foram recrutados mineiros para cumprir o prazo, deixando cidades inteiras às escuras quando o carvão necessário para alimentar as centrais elétricas se esgotava.([45])

Pionguiangue foi remodelada. A capital tinha sido reduzida a escombros durante a Guerra da Coreia, mas os urbanistas aproveitaram a oportunidade para transformar a cidade num monumento ao Grande Líder. Ao longo dos anos tinham surgido grandes avenidas ladeadas de árvores, intercaladas de parques, fontes e canteiros de flores. As obras para a nova Praça Kim Il-sung tinham começado em 1954 e foram concluídas a tempo das comemorações do sexagésimo aniversário. Nesse amplo espaço pavimentado de granito foi erguida uma estátua de bronze de Kim Il-sung.

A homenagem mais imponente, contudo, surgiu na colina de Mansudae, sobranceira à cidade. Aí, o Museu da Revolução, que quinze anos antes ocupara apenas 5000 metros quadrados, foi completamente remodelado e transformado num monumento colossal, cobrindo uns impressionantes 50 000 metros quadrados com mais de noventa salas de exposição. Em frente do museu erguia-se uma estátua do Grande Líder, com uma mão na anca e a outra estendida com os dedos abertos, como se estivesse a apresentar o futuro. Com vinte metros de altura, era a maior estátua alguma vez construída no país, iluminada à noite e visível por muitos quilómetros fora da cidade.([46])

Semanas antes do evento foi lançada uma campanha intitulada «Presentes de Lealdade». Era uma oportunidade para toda a gente demonstrar o seu amor pelo líder, atingindo voluntariamente quotas de produção ainda mais elevadas do que era costume. Presentes reais chegaram também à capital antes do aniversário, em navios enviados por coreanos a viver no Japão. Vinham carregados de centenas de veículos importados, incluindo automóveis *Mercedes-Benz*, camiões, buldózeres e escavadoras, mas também de aparelhos de televisão a cores, joias, seda e outros objetos de luxo.([47])

A 15 de agosto o museu foi inaugurado com grande pompa. Cerca de 300 000 visitantes percorreram lentamente as suas muitas salas num silêncio respeitoso. Sete secções permitiam-lhes acompanhar a história do Grande Líder, da sua luta contra os Japoneses aos seus êxitos na arena internacional. Havia milhares de objetos em exposição: as luvas, sapatos, cintos, bonés, camisolas e canetas de Kim, mapas e panfletos, dioramas de batalhas famosas, maquetas em escala real de encontros famosos, pinturas de cenas famosas. Havia também estátuas em toda a parte, todas aprovadas pelo próprio Kim Il-sung.([48])

Entretanto foram introduzidos crachás. Estes tinham surgido dois anos antes, mas passaram a ser distribuídos em larga escala. Um primeiro lote de 20 000 chegou da China a tempo das comemorações, mostrando um Grande Líder de aspeto severo num fundo vermelho. O sorriso mais benevolente só surgiria muito mais tarde. Inicialmente, os crachás eram conhecidos por «distintivos do partido», ostentados por altos funcionários, mas logo todos os súbditos foram compelidos a usá-los, sempre no bolso de camisa esquerdo.([49])

Seis meses depois, em dezembro de 1972, foi aprovada uma nova Constituição. Esta consagrava o Juche, substituindo efetivamente o marxismo-leninismo pelo pensamento do Grande Líder. Também foi criado um novo cargo. Além de presidente do partido, Kim foi nomeado presidente da república. Como presidente, era ao mesmo tempo chefe de Estado e comandante das Forças Armadas, com o poder de emitir decretos, conceder amnistias e concluir ou revogar tratados. Além de anichar Kim Il-sung em todos os níveis do governo, a Constituição também consagrou uma subtil transferência de poderes do partido para o Estado.([50])

A Coreia do Norte tinha sido um país hermeticamente fechado, com poucos estrangeiros visíveis além dos membros das embaixadas do campo socialista, todos eles sob vigilância. Mas o sexagésimo aniversário de Kim foi também uma festa de abertura ao mundo, com delegações de trinta países assistindo às cerimónias.([51])

Pela primeira vez, um correspondente americano foi convidado a visitar a Coreia do Norte. Ele foi criteriosamente selecionado, tendo trabalhado durante muitos anos na União Soviética e na Albânia. Na manhã depois de aterrar, Harrison Salisbury foi levado a passear por Pionguiangue num *Mercedes-Benz* novinho em folha. Passou por escolas, fábricas e quintas-modelo. Tudo o impressionou, dos alegres aldeões a trabalhar nos campos às orgulhosas crianças em creches que cantavam à glória do Grande Líder: «Nada Temos a Invejar no Mundo Inteiro».([52])

Salisbury encontrou-se com o líder paternal, que o recebeu de braços abertos. Como Estaline e Mao, ele caminhava devagar, projetando uma aura majestosa. E, como eles, sabia sorrir e pôr os seus convidados à vontade, rindo-se de vez em quando e voltando-se para os seus colegas à espera de aprovação. Salisbury concluiu que Kim Il-sung era um «estadista monumentalmente astuto e visionário».

As máquinas fotográficas registaram o encontro cuidadosamente coreografado entre Salisbury e Kim, embora nos jornais no dia seguinte o intérprete que se sentara entre eles tivesse desaparecido, eliminado dos registos. Uma semana depois chegou outro jornalista americano, seguido sucessivamente de mais convidados. A Coreia do Norte abria prudentemente as suas portas.([53])

Em Jacarta, em 1965, Kim apresentara-se como defensor dos países não alinhados, cortejando o Terceiro Mundo, enquanto a União Soviética e a República Popular se desentendiam. Depois de 250 000 soldados liderados pela União Soviética terem invadido a Checoslováquia no verão de 1968 para reprimir a campanha a favor de reformas democráticas no país, a Coreia do Norte recusou-se a participar no Encontro Internacional de Partidos Comunistas e Operários em Moscovo. Kim Il-sung invocou abertamente o Pensamento Juche para contestar Moscovo, afirmando que a revolução nacional tinha primazia sobre a revolução internacional. Foram publicados artigos em jornais, panfletos e biografias resumidas do Grande Líder no estrangeiro, com anúncios de página inteira em importantes jornais na Suécia, Grã-Bretanha e Estados Unidos. O objetivo principal do esforço de propaganda era apresentar Kim Il-sung como um génio, um líder de estatura internacional que desenvolvera criativamente o marxismo-leninismo num conjunto de obras que serviu de inspiração a povos revolucionários em todo o mundo.([54])

Nos anos seguintes, a Coreia do Norte aproveitou todas as oportunidades para estabelecer relações com países que exprimiram reservas quanto à União Soviética, da Jugoslávia em setembro de 1971 à República das Seicheles em agosto de 1976. O isolamento da China durante a Revolução Cultural também foi aproveitado. Dezenas de milhares de pessoas enchiam frequentemente as ruas para dar as boas-vindas a dignitários estrangeiros de visita a Pionguiangue. O próprio Kim visitava países estrangeiros, dedicando-se à viagem internacional com a mesma energia com que viajara pelo seu próprio país. Em 1975 fez duas viagens importantes, concedendo generosas entrevistas a correspondentes estrangeiros de uma dúzia de países na tentativa de conquistar novos amigos.([55])

Grande parte dessa ofensiva de charme estava relacionada com as Nações Unidas, que admitiram finalmente a Coreia do Norte em 1975. Mas durante toda a década de 70, Kim continuou a projetar-se como líder do Terceiro Mundo. A Coreia do Norte financiou mais de 200 organizações em cerca de cinquenta países para estudarem o Pensamento Juche. Um Fórum Internacional sobre o Juche foi realizado em Tóquio em 1974, inaugurando finalmente o termo kim-il-sunguismo. O acontecimento mais importante ocorreu em setembro de 1977, quando representantes de setenta e três países foram convidados para Pionguiangue para participar numa série de conferências sobre o kim-il-sunguismo presididas pelo próprio Grande Líder. Os participantes escutaram respeitosamente, mas nenhum fez uma única pergunta.([56])

Em 1978, Kim Il-sung já tinha percebido que os seus esforços para promover o Pensamento Juche no estrangeiro lhe haviam granjeado irrisão em vez de respeito. A campanha foi interrompida. O financiamento para centros de estudo no estrangeiro foi suspenso, as entrevistas com jornalistas estrangeiros reduzidas. O breve apoio da Coreia do Norte ao Terceiro Mundo chegou ao fim.([57])

Internamente, Kim Il-sung era apresentado como um interveniente indispensável no palco internacional, um grande e influente estadista com uma palavra a dizer em todas as questões internacionais. Em 1978 foi inaugurado o Salão de Exposições Amizade Internacional em Myohyangsan, uma montanha sagrada a cerca de duas horas a norte de Pionguiangue. Construído como um templo tradicional, o amplo complexo exibia inúmeros presentes recebidos ao longo dos anos pelo Grande Líder. Havia carruagens blindadas enviadas por Estaline e Mao, limusinas pretas do primeiro-ministro soviético Gueorgui Malenkov, uma pasta de pele de crocodilo de Fidel Castro, de Cuba, uma pele de urso de Ceauşescu, uma presa de elefante, uma máquina de café, cinzeiros, jarras, candeeiros, canetas, tapetes; inúmeros objetos em inúmeras salas, todos fornecendo provas tangíveis do infinito respeito por Kim Il-sung demonstrado por líderes de todo o mundo. Em 1981, cerca de 90 por cento das notícias internacionais transmitidas na televisão todas as noites consistiam em reportagens sobre colóquios, conferências ou publicações estrangeiras sobre o Grande Líder. O mundo venerava-o.([58])

Os juramentos de lealdade absoluta ao líder tornaram-se habituais depois do sexagésimo aniversário de Kim Il-sung. Quando ele fez sessenta e três anos, a televisão mostrou trabalhadores ao início do dia prestando juramento de fidelidade e inclinando-se perante o seu retrato, com um livro das suas citações na mão. Eles voltavam a fazer uma vénia no fim do turno. Os membros do partido também começaram a jurar fidelidade ao filho do líder, Kim Jong-il, um jovem rechonchudo com pouco mais de trinta anos e nomeado secretário do partido.([59])

Começaram a aparecer fotografias ampliadas de Kim Jong-il, que assumia sempre a mesma pose que o pai. A 16 de fevereiro de 1976, cerca de 15 000 crianças e adolescentes festejaram o trigésimo quarto aniversário de Kim Jong-il no estádio de Pionguiangue. Ainda mais significativa, talvez, foi a ausência notada de muitos dirigentes de topo em cerimónias públicas nos anos seguintes. Alguns foram afastados em dezembro de 1977. Kim estava a eliminar os suspeitos de se oporem à nomeação do filho como herdeiro presuntivo. Em outubro de 1980 Kim Jong-il foi eleito para o quarto cargo mais elevado do partido.([60])

A primeira tarefa do filho foi demonstrar a sua lealdade ao pai, coordenando a construção de vários monumentos para assinalar o septuagésimo aniversário do Grande Líder em abril de 1982. Mesmo do outro lado do rio, em frente da Praça Kim Il-sung, foi erguido um megálito de granito, elevando-se 170 metros sobre a cidade. A Torre Juche era encimada por uma escultura de quarenta e cinco toneladas em forma de chama vermelha que brilhava à noite. Mais para o norte de Pionguiangue foi inaugurado um Arco de Triunfo, imitando o monumento com o mesmo nome em Paris. Cada um dos seus 25 550 blocos de granito representava um dia na vida do homem que libertara o país. O termo kim-il-sunguismo, sob a sua orientação, substituiu o Pensamento Juche.

O Grande Líder retirou-se gradualmente de cena. Havia menos visitas de orientação no local, menos discursos e apenas raras entrevistas. Ele continuava a viajar, fazendo visitas de cortesia à União Soviética e à China para estabelecer relações amigáveis. O culto assumiu uma nova dimensão. Em 1958 tinham sido descobertas dezanove árvores com inscrições feitas por combatentes revolucionários durante a guerra de resistência contra o Japão. Mas nos meados da década de 80 apareceram mais 9000 *árvores-slogan*, todas fabricadas. Cada árvore foi transformada num santuário, com fotografias da inscrição bem à vista: «Viva Kim Il-sung, Presidente da Coreia Independente», «O Grande Homem enviado pelo Céu», «Kim Il-sung é o Líder de uma Revolução Mundial». Os membros do partido e unidades militares passaram a fazer peregrinações a esses santuários. Várias centenas de árvores louvavam um rapaz-bebé: «Coreia, Regozija-te! Nasceu o Grande Sol!» Quando Kim Jong-il, então conhecido por Querido Líder, comemorou o seu aniversário em 1990, foi visto um misterioso arco-íris sobre o monte Paektu, a terra santa a norte.([61])

O Grande Líder morreu de um ataque cardíaco a 8 de julho de 1994, aos oitenta e dois anos de idade. Trinta e quatro horas depois a população compareceu nos escritórios, escolas e fábricas para ouvir um longo obituário proferido por um apresentador vestido de preto. Todos choraram, embora ninguém pudesse dizer quem estava ou não a ser sincero. Havia equipas médicas disponíveis para ajudar os que desmaiavam. Nos dias seguintes muitos dos enlutados reuniram-se junto à estátua gigante de Kim Il-sung na colina Mansudae. Tentavam superar-se em manifestações de pesar, batendo na cabeça, caindo em desmaios teatrais, rasgando a roupa, agitando o punho para o céu numa raiva fingida. Eram incentivados a fazê-lo por contínuas transmissões televisivas de imagens de camaradas desolados: havia pilotos chorando no *cockpit*, marinheiros batendo com a cabeça nos mastros dos seus barcos. Foi declarado um período de luto de dez dias, com a polícia secreta vigiando toda a gente, procurando avaliar a sua sinceridade observando a expressão facial e escutando o tom de voz. Uma rapariga de cinco anos cuspiu na mão para molhar a cara com saliva, para parecer que estava a chorar. Sob o olhar atento do Querido Líder, o corpo do Grande Líder foi transportado para um gigantesco mausoléu. Mas na vida como na morte, Kim Il-sung conservou o seu título de presidente. Como proclamavam os novos monumentos conhecidos por «torres da vida eterna», erigidos em todas as principais cidades, ele «vive para sempre».([62])

Um postal de Mussolini baseado numa fotografia de Gianni Caminada, 1921.

Mussolini com o seu cavalo na sua Villa Torlonia, setembro de 1930.

Mussolini na varada do Palazzo Venezia, em Roma, depois da declaração de guerra à Etiópia em 2 de outubro de 1935. A fotografia foi abundantemente reproduzida, mas trata-se de uma montagem.

Hitler ensaia poses em 1925 enquanto ouve as gravações de um discurso seu. Depois de ver as fotografias, Hitler ordenou que Heinrich Hoffmann destruísse os negativos, mas este desobedeceu-lhe.

Poster da campanha para as eleições de 1932.

Hitler rodeado de jovens militantes em Berlim. Fotografia de Heinrich Hoffmann, 1933.

Hitler recebido por apoiantes em Nuremberga, em 1933.

Estaline na sua secretária no Kremlin, 1935.

Alemães ovacionam Estaline, 14 de agosto de 1951, Berlim Oriental.

Mao rodeado de estudantes, Shaoshan, 1959.

Um grupo de crianças em uniforme lê o *Pequeno Livro Vermelho* durante a Revolução Cultural, *circa* 1968.

Líder norte-coreano Kim Jong Il numa inspeção a uma mina em 1992, dois anos antes de suceder ao seu pai, Kim Il Sung, como líder supremo.

Pai e filho, 1992.

Aperto de mão entre Kim Il Sung e Nicolai Ceauşescu, Pyongyang, junho de 1971.

Enorme demonstração na Praça Kim Il Sung, em Pyongyang, com bandeiras e um retrato gigante de um jovem Kim Il Sung.

Mengistu durante uma cerimónia oficial.

O presidente haitiano
François Duvalier.

Os Ceaușescu rodeados de crianças em trajes tradicionais, dezembro de 1979.

Retrato do presidente romeno Nicola Ceaușescu, 1982.

6
DUVALIER

Como a proa de um grande navio de pedra, projetando-se da selva no cume de uma montanha, a Citadelle Henri Christophe é a maior fortaleza nas Américas, concebida para alojar até 5000 pessoas. Foi construída entre 1806 e 1820 por um antigo escravo e importante líder da Revolução Haitiana. Durante anos, Henri Christophe combatera sob o comando de Toussaint Louverture, a lendária figura negra que transformara uma revolta de escravos na colónia francesa num movimento popular pela independência. Toussaint Louverture morreu em 1802, mas dois anos depois o seu exército enorme e bem disciplinado conseguiu derrotar os colonizadores e estabelecer a primeira república negra do mundo. Pouco depois, o seu tenente, Jean-Jacques Dessalines, foi proclamado imperador. O seu reinado não durou muito tempo, já que foi assassinado em 1806.([1])

Seguiu-se uma luta pelo poder que resultou na divisão do país em duas metades. O Sul era dominado por *gens de couleur*, termo para pessoas mestiças que tinham sido livres antes da abolição da escravatura. Os antigos escravos foram para o Norte, onde Henri Christophe estabeleceu um reino em 1811. Nos anos seguintes, proclamou-se Henrique I, rei do Haiti, e recorreu ao trabalho forçado para construir palácios e fortalezas extravagantes. Christophe criou a sua própria nobreza, desenhando brasões para os seus duques, condes e barões. Estes, por sua vez, proclamaram respeitosamente o filho do rei, Jacques-Victor Henri, príncipe-herdeiro. Mas Henrique I entrou lentamente em paranoia, vendo conspirações em toda a parte. Para não correr o risco de ser derrubado por um golpe de Estado, suicidou-se com uma bala de prata aos cinquenta e três anos de idade. O seu filho foi morto dez dias depois.

O Norte e o Sul foram reunificados, mas as divisões sociais persistiram. A elite orgulhava-se das suas ligações a França, olhando com sobranceria para a maioria da população, constituída por aldeões pobres descendentes de escravos africanos. Durante mais de um século monarcas e imperadores autoproclamados de ambas as comunidades sucederam-se uns aos outros, a maioria governando através da violência política. A economia pouco progredia, prejudicada, em grande parte, por uma pesada indemnização exigida por França em 1825, em troca do reconhecimento da independência. A dívida só foi paga em 1947.

Os Estados Unidos ocuparam a ilha em 1915 e ficaram durante duas décadas, aumentando ainda mais a divisão racial. Um dos que reagiram à ocupação americana foi Jean Price-Mars, um respeitado professor, diplomata e etnógrafo que defendia as origens africanas da ilha. Ele entendia o vudu, uma mistura de rituais católicos e crenças africanas que vingara nas plantações de escravos, como uma religião indígena comparável ao cristianismo. Depois da partida dos Americanos, alguns dos seguidores de Price-Mars foram mais longe, desenvolvendo uma ideologia nacionalista que defendia o derrube da elite e a cedência do controlo do Estado a representantes da população maioritária. Denominaram-na *noirisme*, da palavra francesa *noir*, negro, argumentando que as diferenças sociais que tinham dividido o Haiti durante tanto tempo eram determinadas por profundas leis evolucionistas.

Um desses seguidores era François Duvalier. Num artigo publicado em 1939 e intitulado «Uma Questão de Antro-Sociologia: O Determinismo Racial», o jovem autor afirmava que a biologia determinava a psicologia, uma vez que cada grupo racial tinha a sua própria «personalidade coletiva». A verdadeira alma haitiana era negra, a sua religião o vudu. Os *noiristes* defendiam um Estado autoritário e exclusivo que colocasse o poder nas mãos de um líder negro autêntico.([2])

Em criança, François Duvalier era tímido e estudioso. Teve dois professores influentes na escola secundária. Um deles foi Jean Price-Mars, o influente etnógrafo, o outro Dumarsais Estimé, um veemente opositor dos Estados Unidos. Ambos o inspiraram a sentir orgulho na herança africana do seu país. Ele experimentou o jornalismo, atacando a elite e defendendo a causa dos aldeões pobres. Nessa altura já equiparava a negritude com a opressão.([3])

Depois de se formar em Medicina na Universidade do Haiti em 1934, o jovem de vinte e sete anos de idade trabalhou em vários hospitais locais, ocupando os tempos livres a investigar o vudu e a escrever sobre o *noirisme* no espírito de Price-Mars. Tornou-se amigo de Lorimer Denis, um homem sisudo de vinte e quatro anos de idade que andava de chapéu e bengala, assumindo o ar de um sacerdote vuduísta. Duvalier adotou o seu estilo, tecendo uma rede de contactos com sacerdotes (*houngans*) e sacerdotisas (*mambos*), e encarando a religião como a própria essência do campesinato haitiano. Com Denis, trabalhou para o Gabinete de Etnologia, fundado pelo seu professor Price-Mars em 1941 para contrariar a repressiva campanha contra o vuduísmo organizada pelo Estado, quando objetos de culto foram destruídos e os sacerdotes forçados a renegar as suas crenças.([4])

No final da Segunda Guerra Mundial, Duvalier já havia passado dois semestres nos Estados Unidos a estudar saúde pública. Em 1945 voltou para o meio rural para ajudar a combater doenças tropicais. Aí, projetou-se como um homem altruísta dedicado aos camponeses pobres, com um *kit* médico ao ombro e uma seringa na mão. «Ele sofre a dor deles, ele lamenta o infortúnio deles», escreveu Duvalier mais tarde sobre si mesmo na terceira pessoa.([5])

Em 1946, o seu antigo professor Dumarsais Estimé, um competente funcionário público que subira na hierarquia para se tornar ministro da Educação, foi eleito presidente e instalou-se no Palácio Nacional, um edifício amplo e atraente construído pelos Americanos em 1920 com uma cúpula que faz lembrar a Casa Branca. Duvalier foi nomeado diretor-geral do Serviço Nacional de Saúde Pública, tornando-se ministro da Saúde e do Trabalho três anos depois. Mas Estimé depressa se revelou demasiado radical para a elite: aumentou a representação dos negros na burocracia do Estado, introduziu o imposto sobre o rendimento e promoveu o vudu como a religião indígena da maioria da população. Em maio de 1950, uma junta militar liderada por Paul Magloire, um corpulento oficial à frente da polícia em Porto Príncipe, afastou-o do poder. Duvalier perdeu o seu emprego, ressentido com o domínio da elite. Aprendeu uma dura lição, a saber, nunca confiar no Exército.

Voltou a praticar medicina no campo, mas pouco depois aderiu às fileiras da oposição. Quando o governo pôs a sua cabeça a prémio em 1954, ele foi obrigado a fugir para as montanhas com um dos seus amigos mais fiéis, um jovem chamado Clément Barbot. Os dois foram procurados por um jornalista americano, que foi levado de olhos vendados para o esconderijo deles. Herbert Morrison encontrou os dois homens disfarçados de mulher, com Barbot escondendo uma metralhadora debaixo da saia. Foi o início do mito de Duvalier, o combatente da resistência fugindo de um esconderijo para outro para evitar ser capturado.([6])

Em setembro de 1956, quando Paul Magloire concedeu uma amnistia a todos os opositores políticos, Duvalier saiu da clandestinidade. Meses depois, Magloire perdeu o apoio do Exército e fugiu do país com a família, deixando os cofres do Estado vazios. Por essa altura, existia já um crescente desejo político de romper com o passado, suficientemente generalizado para obrigar a junta militar a organizar eleições de fachada. Antonio Kébreau, presidente do Conselho Militar, solicitou a apresentação de candidaturas.([7])

Duvalier candidatou-se, com uma dúzia de outros adversários. Seguiram-se dez meses de caos político, com greves paralisantes, violência generalizada e a queda de cinco governos provisórios. Em agosto de 1957 restavam apenas dois candidatos de peso, François Duvalier e Louis Déjoie, um rico proprietário de uma plantação de açúcar e de várias indústrias. Durante toda a campanha, Duvalier evocou o muito respeitado Dumarsais Estimé, prometendo consolidar e alargar a revolução que o seu antigo professor iniciara em 1946. Fez promessas aos operários e camponeses, e apelos à unidade nacional e à reconstrução económica. Mas acima de tudo, adotou uma atitude moderada e modesta, transmitindo a preocupação de um médico com as outras pessoas. Ele e a família eram demasiado pobres para serem proprietários de uma casa, pois o generoso médico dedicava-se aos seus pacientes. Ele trabalhava incansavelmente durante a noite. Era adorado pelo seu povo. «Os camponeses amam o seu médico, e eu sou o seu Papa Doc», salientou, afavelmente. Duvalier aparentava ser um homem inofensivo.([8])

O médico pacato parecia fácil de controlar. Depois de ele concordar com a nomeação de Kébreau para chefe do Estado-Maior do Exército, a junta militar tomou medidas para enfraquecer o seu principal rival. Os oficiais do Exército que apoiavam Déjoie foram demitidos, os seus apoiantes atacados e, por fim, fazer campanha a seu favor foi totalmente proibido.([9])

Duvalier foi eleito presidente a 22 de setembro de 1957. Vinte e dois era o seu número da sorte. «O meu governo protegerá escrupulosamente a honra e os direitos civis que constituem a felicidade de todos os povos livres. O meu governo garantirá a liberdade ao povo haitiano», declarou solenemente no seu discurso de tomada de posse um mês depois.([10])

O primeiro ato de Duvalier foi afastar os seus opositores políticos, que contestaram o resultado das eleições. Em poucas semanas as fileiras da administração pública foram expurgadas. Duvalier nomeou os seus apoiantes, independentemente das competências ou experiência. Dois meses depois, os seus aliados dominavam os ramos executivo e judicial do governo. A assembleia legislativa também já se encontrava sob o seu domínio.([11])

Duvalier recrutou Herbert Morrison como diretor de relações-públicas. Durante a campanha presidencial, Morrison tinha comprado uma máquina fotográfica em segunda mão e tirado centenas de fotografias, promovendo Duvalier no estrangeiro. Foram publicadas fotografias com a legenda «Defensor dos Pobres», mostrando o presidente eleito a posar ao lado de um camponês pobre. Depois das eleições, Morrison viajou pela ilha com a sua máquina fotográfica, procurando retratar o Haiti como um farol da democracia. Na rádio em Nova Iorque, um ano depois, ele descreveu Duvalier como «um humilde médico de aldeia, um indivíduo dedicado e honesto que está a tentar ajudar o seu povo». «Foi a primeira vez na história do Haiti», explicou Morrison ao seu público americano, «que a classe média e as massas suburbanas, as massas rurais, escolheram o seu homem em eleições livres».([12])

Clément Barbot foi incumbido de organizar a polícia secreta. Com ordens para atacar opositores do regime, os seus agentes agiram com tanta brutalidade, que provocaram a indignação geral. A poucas semanas das eleições, rapazes com apenas onze anos de idade tinham sido arrastados para o mato e espancados com varas de nogueira. Famílias inteiras foram parar à prisão.([13])

Antonio Kébreau, o chefe do Estado-Maior do Exército, intimidou, prendeu e deportou os opositores do regime. Os sindicatos foram reprimidos e os jornais silenciados, com as instalações de alguns sendo incendiadas. Uma estação de rádio foi destruída. Centenas de suspeitos foram acusados de serem comunistas e presos. O recolher obrigatório imposto pela junta antes das eleições foi mantido indefinidamente.([14])

A sede do poder, contudo, continuava a ser o Exército. A aliança entre Duvalier e Kébreau, ditada pelas circunstâncias, não era fácil. Mas quando a junta o ajudou a eliminar os seus opositores, ela foi longe de mais, espancando até à morte um cidadão americano que apoiara Louis Déjoie. Em dezembro os Americanos fizeram regressar o seu embaixador, em protesto. Duvalier tirou proveito do caso, culpando os militares pela violência. Kébreau foi demitido dois meses depois.([15])

Nos meses seguintes, o Exército foi reduzido de tamanho, com muitos oficiais dispensados, transferidos ou obrigados a aceitar a reforma antecipada, em particular os quadros superiores. Outra oportunidade para expurgar as fileiras surgiu no verão, quando cinco mercenários americanos acompanhados de dois oficiais haitianos desembarcaram perto da capital, esperando mobilizar a população e cercar o palácio presidencial a 28 de julho de 1958. Todos os rebeldes foram mortos por tropa leal ao presidente.

A tentativa de golpe de Estado foi um mal que veio por bem. Uma semana depois Duvalier falou à nação pela rádio. «Eu conquistei a nação. Conquistei o poder. Eu sou o Novo Haiti. Os que procuram destruir-me procuram destruir o próprio Haiti. É através de mim que o Haiti respira; é através do Haiti que eu existo [...] Deus e o Destino escolheram-me.» Todas as garantias constitucionais foram suspensas. O presidente recebeu plenos poderes para tomar todas as medidas necessárias à manutenção da segurança nacional. Menos de um ano depois de ser eleito, Duvalier reinava como monarca absoluto, com poucas limitações ao seu poder.([16])

Em nome da segurança nacional, Duvalier reduziu ainda mais os fundos atribuídos ao Exército, criando as suas próprias milícias como contrapeso intencional às forças regulares. Como a polícia secreta, elas eram controladas por Clément Barbot. Inicialmente, os milicianos eram chamados de *cagoulards*, como os fascistas encapuzados que aterrorizaram a França nos anos 30. Mas depressa ficaram conhecidos por *tonton macoutes*, termo crioulo para papões. Um ano depois, Barbot afirmava ter uma força de 25 000 homens sob o seu comando, embora provavelmente eles nunca fossem mais de 10 000, com um núcleo duro de cerca de 2000 na capital. Os *macoutes* vestiam-se como gângsteres, com fatos de sarja azul-brilhante, óculos escuros com armação de metal e chapéus de feltro cinzento. Transportavam uma arma, escondida num cinto ou num coldre debaixo do braço. Só Duvalier podia recrutar um *macoute*, concedendo-lhe autorização para transportar uma arma. Os *macoutes*, por sua vez, respondiam perante Duvalier. Nas palavras do *New Republic*, um *macoute* era «um informador, chefe de bairro, extorsionista, rufião e pilar político do regime». Eram os olhos e ouvidos de Duvalier. Poucos recebiam honorários, mas todos usaram o seu poder para extorquir, intimidar, assediar, violar e assassinar.([17])

Os *macoutes* reprimiam ou interferiam com todas as liberdades exceto uma. A nova Constituição proclamou a liberdade religiosa em abril de 1958. Com uma simples assinatura, a posição dominante da Igreja Católica foi subvertida. O vudu deixou de ser proibido. Durante mais de duas décadas Duvalier estudara a religião, desenvolvendo de forma sistemática relações com os *houngans*. Uma vez no poder, fez bom uso dos seus conhecimentos, recrutando os *houngans* para serem chefes dos *macoutes* nas zonas rurais. Eles eram frequentemente consultados, convidados para o palácio e solicitados para realizar cerimónias religiosas.([18])

Duvalier projetou-se como um espírito vudu. Desde a sua antiga amizade com Lorimer Denis ele adotara os modos de um *houngan*, vestindo-se quase sempre de preto, transportando uma bengala e adotando um comportamento taciturno. O seu modelo era o Baron Samedi, o espírito dos mortos e guardião dos cemitérios. Na cultura popular, o Baron Samedi era geralmente representado com uma cartola e fraque preto, usando óculos escuros e tampões de algodão nas narinas, parecendo um cadáver preparado para um enterro no campo.

Duvalier usava óculos escuros grossos e de vez em quando aparecia em público de cartola e fraque. Sussurrava misteriosamente num tom nasal profundo, como se estivesse a entoar encantamentos contra os seus inimigos. Além disso, alimentava boatos sobre as suas ligações ao mundo oculto. Em 1958, o antropólogo americano Harold Courlander foi apresentar os seus cumprimentos no palácio. Ele conhecera Duvalier dos seus primeiros anos no Gabinete de Etnologia. O visitante pestanejou, surpreendido, quando um guarda o conduziu a uma sala muito escura com cortinas pretas. Duvalier, no seu fato de lã preto, estava sentado diante de uma mesa comprida com dezenas de velas pretas e rodeado dos seus *macoutes*, usando todos óculos escuros.([19])

Um dos boatos mais persistentes começou a circular depois de os *macoutes* terem interferido no enterro de um antigo rival de Duvalier, em abril de 1959. Eles tiraram o caixão do carro fúnebre, colocaram-no no seu próprio veículo e partiram, deixando para trás uma multidão espantada. A explicação oficial foi que o corpo tinha sido retirado para impedir uma manifestação pública junto à sua campa, mas começaram rapidamente a espalhar-se boatos de que o presidente queria usar o coração do homem como feitiço para fortalecer o seu próprio poder.([20])

Havia muitas outras histórias. O presidente recebia conselhos dos espíritos sentado na sua banheira, usando a cartola do Baron Samedi. Examinava entranhas de cabra no Salon Jaune do Palácio Nacional. Mas Duvalier não contava apenas com os boatos. Da mesma forma que expurgara as fileiras do governo e do Exército, eliminava os *houngans* que se recusavam a colaborar. «Nunca se esqueçam», disse-lhes ele em 1959, «de que eu sou a autoridade suprema do Estado. De hoje em diante, eu, apenas eu, serei o vosso chefe.»([21])

O Haiti partilha a ilha de São Domingos com a República Dominicana, que ocupa a parte leste. A oeste, a apenas cinquenta quilómetros pelo canal de Barlavento, fica a ilha de Cuba. Em janeiro de 1959 Fidel Castro e os seus guerrilheiros entraram em Havana. Foi mais um golpe de sorte para Duvalier, pois os Estados Unidos começaram a cortejá-lo com ajuda financeira e assessoria militar. No mês seguinte foram concedidos 6 milhões de dólares em ajuda, sustentando um regime que estava a passar por uma grave crise económica. Numa entrevista a Peter Kihss no *New York Times*, Duvalier afirmou que não era um ditador, mas apenas um médico interessado em reconstruir o seu país.([22])

Mas os espíritos vudus podem ser caprichosos. A 24 de maio de 1959, Duvalier teve um ataque de coração. A doença significava fraqueza, e começaram logo a circular boatos sobre a diminuição das suas capacidades físicas e mentais. O túmulo do seu pai foi profanado, o caixão destruído e os restos mortais espalhados. Os seus inimigos sentiram-se encorajados. Explodiram bombas na capital. Vários políticos puseram em causa a gestão dos fundos públicos. Um senador lançou-se mesmo numa invetiva contra o regime. No entanto, mesmo nesse momento de grande vulnerabilidade, Duvalier parecia levar a melhor, com o embaixador americano fazendo uma visita ao palácio a 2 de junho para manifestar o seu apoio.([23])

Um mês depois, Duvalier assinalou o seu regresso ao poder com um gesto dramático, aparecendo com a família e os seus conselheiros na escadaria da frente do Palácio Nacional para passar revista a uma parada militar. Milhares de apoiantes entusiásticos, cuidadosamente reunidos pelos *macoutes*, deram-lhe uma receção calorosa. No dia seguinte, o presidente percorreu as ruas da capital, acompanhado do seu diretor de relações-públicas, Herbert Morrison, que tirou fotografias do acontecimento.([24])

Dois meses depois, Duvalier anunciou que tinha sido descoberta uma grande conspiração comunista para derrubar o governo. Ele exigiu o poder de governar por decreto e suspender a imunidade parlamentar. Serviu-se das suas novas prerrogativas quase imediatamente, destituindo seis senadores que se haviam aproveitado da sua doença durante o verão para criticar o governo.([25])

Duvalier vivia então em autoisolamento, rodeado de sicofantas. Os seus conselheiros assumiam vários cargos oficiais simultaneamente, apesar de a autoridade deles nunca ter sido definida, criando grande confusão na administração. A competência, mesmo quando provinha de um fiel subordinado, despertava a sua desconfiança. Por causa disso, ele envolvia-se em todas as decisões, apesar de alegadamente mal se interessar pela governação. Duvalier «despende todo o seu tempo na manipulação política de pessoas», escreveu um conselheiro americano.([26])

Os tiranos não confiam em ninguém, e muito menos nos seus aliados. Duvalier dispunha de amigos e inimigos de igual modo, eliminando qualquer um que ele julgasse demasiado ambicioso ou que pudesse desenvolver uma base de poder independente. Ninguém era indispensável. Durante a sua doença, o seu confidente e braço-direito, Clément Barbot, tinha mantido a ordem. Mas como chefe dos *macoutes*, era potencialmente perigoso. A 15 de julho, depois de Barbot ter encetado negociações secretas com os Estados Unidos, Duvalier mandou prendê-lo sumariamente.

O «número dois» do Haiti, como tantos outros colaboradores próximos de ditadores, não soubera avaliar a verdadeira dimensão do dom para a dissimulação do seu chefe. Morrison, o diretor de relações-públicas do presidente, tornou-se então suspeito por causa da sua amizade com Barbot, mas conseguiu fugir para Miami. Duas semanas depois o presidente passou revista aos *macoutes* diante do palácio, ladeado pelo seu alto-comando. Pela primeira vez desde a sua criação dois anos antes, a milícia foi oficialmente reconhecida. Duvalier pediu-lhes que «mantivessem os olhos abertos».([27])

Subsistia ainda um último bastião de resistência, nomeadamente, a Igreja. Esta apoiava os estudantes, que ainda tinham coragem para organizar greves, apesar da feroz repressão dos *macoutes*. Em janeiro de 1961, Duvalier expulsou o bispo francês e quatro padres, o que lhe valeu a excomunhão pelo Vaticano. O seu domínio sobre o país era então quase absoluto.

A Constituição estabelecia um limite de seis anos para a presidência. Dois anos antes do termo do seu mandato, Duvalier começou a preparar-se para um segundo mandato. Quando fez cinquenta e quatro anos, a 14 de abril de 1961, os jornais aclamaram-no como «Chefe Supremo», «Líder Espiritual da Nação», «Líder Venerado», «Apóstolo do Bem Comum» e «Maior Homem da Nossa História Moderna». Isso deu o tom para as eleições para um novo órgão legislativo duas semanas depois. Todos os candidatos se esforçaram seriamente por declarar a sua fidelidade a Duvalier. O nome do presidente vinha em todos os boletins de voto. Em Cabo Haitiano, os *macoutes* reuniram as pessoas quando estas saíram da igreja, no domingo de manhã, e conduziram-nas para as secções de voto. Uma criança de sete anos foi obrigada a votar. No dia seguinte os jornais anunciaram que as pessoas tinham não só votado nos candidatos legislativos, mas também aprovado espontaneamente um segundo mandato para o presidente Duvalier.([28])

No Dia da Bandeira, quando a criação da bandeira haitiana por Jean-Jacques Dessalines era tradicionalmente comemorada na cidade de Arcahaie, Duvalier foi recebido e aclamado por uma multidão de aldeões, vigiados pelas forças de segurança de armas na mão. Numa série de discursos extravagantes, o presidente foi elogiado pelos seus sequazes. A declamação mais excessiva foi a do padre Hubert Papailler, ministro da Educação Nacional, que explicou que as pessoas tinham tomado as urnas de assalto na esperança de que o seu líder reinasse não apenas por mais seis anos, mas «talvez tanto tempo como Deus, de Quem ele recebe o poder». Duvalier observava, insondável por trás dos seus óculos escuros.([29])

A tomada de posse de Duvalier ocorreu a 22 de maio, uma data auspiciosa contendo o número vinte e dois. Durante vários dias os *macoutes* tinham esquadrinhado as zonas rurais à procura de voluntários, transportando à força homens, mulheres e crianças numa frota de camiões. Os que resistiam eram chicoteados. Não lhes era oferecida comida, apesar de em muitos casos a viagem levar um dia inteiro. As pessoas eram aquarteladas em escolas e armazéns, obrigadas a esperar pela cerimónia. Todas as estradas que saíam da capital foram bloqueadas. No próprio dia cerca de 50 000 pessoas foram escoltadas para o palácio, onde manifestaram obedientemente o seu apoio, transportando faixas, erguendo retratos e dando vivas quando recebiam ordens para tal. «Vós sois eu e eu sou vós», declarou Duvalier.([30])

Os Estados Unidos, com John F. Kennedy então na Casa Branca, mostraram o desagrado com as eleições-surpresa. Em meados de 1962 a ajuda económica foi discretamente suspensa. Os estrangeiros partiram em massa. Com a economia a degradar-se, Duvalier usou os Estados Unidos como bode expiatório para todos os males que afligiam o Haiti.

Em abril de 1963, Duvalier libertou Clément Barbot da prisão, oferecendo-lhe mesmo um automóvel novinho em folha como sinal de reconciliação. Em vez de mostrar gratidão, o seu antigo braço-direito tentou raptar Jean-Claude e Simone Duvalier, os dois filhos do presidente. Este desencadeou um reino de terror com os *macoutes*, que aproveitaram a oportunidade para ajustar contas e eliminar os seus próprios inimigos. Centenas de suspeitos foram mortos e muitos mais desapareceram. Na capital, os corpos eram abandonados para apodrecer à beira da estrada. Em menos de uma semana, os Estados Unidos emitiram cinco protestos formais por causa de incidentes envolvendo cidadãos americanos.([31])

Algumas semanas depois os Estados Unidos aumentaram a pressão recusando convites oficiais para comparecer no aniversário da reeleição de Duvalier. A embaixada começou a retirar os seus funcionários. As relações diplomáticas foram suspensas. Mas Duvalier não vacilou, calculando que Washington precisava de um aliado na sua luta contra Cuba. Os festejos realizaram-se a 22 de maio, com dezenas de milhares de aldeões obedientes dançando e entoando cantos de louvor diante do palácio. Papa Doc apareceu na varanda, «numa calma tão absoluta que parecia narcótica», segundo uma testemunha. «Não existem balas e metralhadoras capazes de assustar Duvalier», explicou. «Eu já sou um ser imaterial.» Em Nova Iorque, a revista *Newsweek* declarou-o «completamente, irremediavelmente louco». Mas a 3 de junho os Estados Unidos pediram que se restabelecessem relações diplomáticas normais. No Haiti a rádio anunciou o «triunfo político» de Duvalier.([32])

Outra vitória ocorreu em meados de julho, quando Barbot e o irmão foram finalmente capturados no interior do país e fuzilados. Os jornais publicaram fotografias dos seus corpos mutilados.

Todas as crises pareciam tornar Duvalier mais forte. Após mais uma tentativa falhada de invasão por parte de um dos seus inimigos exilados em agosto, ele suspendeu todos os direitos civis durante seis meses, incluindo o direito de reunião. Tratou-se de um ato simbólico, pois já não restavam mais liberdades para suspender. A 17 de setembro de 1963, o Haiti tornou-se oficialmente num Estado de partido único. Todas as atividades políticas tinham de ser exercidas sob a égide do «Partido da Unidade Nacional». O partido nunca teve grande influência, mas uma máquina partidária autónoma fornecia mais um meio para proteger a revolução. Também unia mais pessoas a Duvalier, indo além dos *houngans* e dos *macoutes*.([33])

«Eu sou a revolução e a bandeira», declarou Duvalier nos meses seguintes. Os anúncios luminosos no centro de Porto Príncipe emitiam a mesma mensagem: «Eu Sou a Bandeira Haitiana, Unida e Indivisível. François Duvalier». Uma praça próxima do centro foi rebatizada «Place de la Révolution Duvalier». Bustos de plástico e retratos do ditador, já bem patentes em lojas e escritórios, surgiram em habitações particulares. Na rádio, onde a sua voz se ouvia regularmente, Duvalier apresentava-se como a personificação de Deus, proclamando: «E a palavra fez-se carne.» Mas não havia nenhuma estátua. Quando os legisladores redigiram uma lei para aprovar a construção de monumentos comemorando o seu líder, Duvalier declinou modestamente. Como Hitler, ele achava que as estátuas eram para os mortos.([34])

A adulação tinha um objetivo. Duvalier desejava tornar-se presidente vitalício. Em março de 1964 vários líderes da Igreja, comércio e indústria foram sucessivamente chamados ao palácio para demonstrar a sua lealdade. Depois de esperar horas num calor de abafar, eram obrigados a ler em público textos previamente preparados, implorando ao presidente que ficasse para sempre. Duvalier mostrou-se indefetivelmente gracioso. Agradeceu a todos de modo efusivo, sobretudo aos que ele reconhecia como seus críticos. Durante vários dias a imprensa publicou telegramas exigindo uma alteração da Constituição. Foram lidos salmos e entoados hinos. A 1 de abril o próprio presidente apareceu em público, declarando: «Eu sou um homem excecional, daqueles que o país só pode produzir uma vez em 50 a 75 anos.»([35])

Foram realizados inúmeros desfiles nos meses seguintes, com milhares de pessoas transportadas para a capital para implorar a Duvalier que continuasse a ser o seu presidente. Surgiu um novo cartaz, mostrando Cristo com as mãos no ombro de um Duvalier sentado: «Eu escolhi-o.» A campanha culminou num referendo realizado a 14 de junho. O boletim de voto vinha com um «Sim» já impresso. Numa população total de quatro milhões de pessoas, cerca de 2 800 000 votaram a favor e 3234 contra, representando uma vitória de 99,89 por cento. Foi redigida uma nova Constituição para satisfazer a vontade popular. A 22 de junho o presidente prestou um juramento solene diante de todo o corpo diplomático. Chegou com uma hora de atraso e começou a ler um discurso de noventa minutos. O seu público teve de ficar de pé, mas após algum tempo um diplomata alemão, por puro cansaço, sentou-se. Duvalier parou, voltou-se e ordenou a um oficial de protocolo que pedisse ao homem para se voltar a levantar.([36])

Semanas depois, em honra do presidente vitalício, a imprensa estatal lançou um folheto intitulado *O Catecismo da Revolução*. Continha frases apelativas de fácil memorização. O primeiro capítulo definia o estilo:

Q — Quem é Duvalier?

A — Duvalier é o Maior Patriota de todos os tempos, o Libertador das Massas, o Renovador da Nação Haitiana, o Defensor da Dignidade Nacional, Chefe da Revolução e presidente vitalício do Haiti.

Q — Por que outro nome Duvalier também pode ser identificado?

A — Duvalier é também o digno herdeiro de sangue do ideal dessaliniano, tornado presidente vitalício para nos salvar.([37])

Como o grande combatente pela independência, Jean-Jacques Dessalines, que se proclamara imperador em 1804, François Duvalier tinha então um mandato para toda a vida. Em setembro, um decreto ordenou que retratos de Duvalier e do seu herói Dessalines fossem exibidos em todas as salas de aula de todas as escolas, privadas, públicas ou religiosas.([38])

Em 1965 o Haiti já estava em apuros. A ajuda financeira americana, que em 1960 representara pouco menos de metade da despesa pública do país, cessara completamente. O país exportava café e sisal, mas os preços no mercado internacional tinham caído. O turismo diminuíra, em grande parte por causa do reino de terror imposto pelos *macoutes*. O comércio e a indústria sofriam com pedidos intermináveis de contribuições para fundos de austeridade, obrigações do tesouro ou lotarias nacionais.([39])

Nenhuma das promessas eleitorais de luta contra a fome, a pobreza, o analfabetismo e a injustiça foi cumprida. O desemprego estava a aumentar, enquanto o analfabetismo era ainda maior que antes. Com 65 por cento de todos os fundos alocados à segurança do Estado, a maior parte dos serviços públicos era negligenciada. As ruas estavam cheias de automóveis abandonados e enferrujados. Parques outrora belos estavam cobertos de arbustos e ervas daninhas. Em Cayes e Jeremias, duas zonas na península meridional onde as colheitas costumavam ser abundantes, surgiram notícias de pessoas que tinham morrido de fome.([40])

No entanto, apesar do clima de medo e insegurança, o número de mortos era relativamente baixo. Como na Coreia do Norte, cerca de 7 a 8 por cento da população conseguiu fugir do país. As pessoas pobres atravessavam ilegalmente a fronteira para a República Dominicana ou seguiam de barco pelo canal de Barlavento para Cuba. Os mais ricos fugiam para as Baamas, esperando entrar nos Estados Unidos. Nos meados da década de 60, quatro em cinco dos melhores advogados, médicos, engenheiros, professores e outros profissionais do país já viviam no exílio. Os que permaneciam no Haiti viviam na apatia.([41])

O próprio Duvalier vivia como um recluso, raramente visto, ouvido de vez em quando, um prisioneiro no seu próprio palácio. Tomava todas as decisões sozinho. Como Mussolini, ocupava-se de todos os pormenores da governação. Decidia não só quem devia ser morto e quem devia ser poupado, mas também que tipo de material devia ser usado para uma estrada nova, quem devia receber um diploma universitário e que ortografia devia ser usada em crioulo.([42])

Mas o entusiasmo, mesmo imposto pela força das armas, estava a esmorecer. O país vivia em paz, mas prostrado. Pela primeira vez em muitos anos, as comemorações para assinalar o 22 de junho, data que substituiu o 22 de maio como o ponto alto no calendário do ditador, foram moderadas.([43])

Em novembro de 1965 Duvalier apareceu em público visitando várias lojas na capital, aparentemente numa reação a emissões radiofónicas hostis de Nova Iorque que troçavam dele por ter medo de deixar o palácio. O seu *Mercedes-Benz* à prova de bala seguia acompanhado de meia dúzia de sedãs apinhados de guarda-costas para garantir a sua segurança. Dias depois o presidente visitou vários orfanatos. A sua aparição, segundo o comunicado oficial publicado nos jornais, provocou «entusiasmo delirante».([44])

A 2 de janeiro de 1966 Duvalier adotou um novo estilo no seu discurso de Ano Novo à nação. Chegara a hora, anunciou, de pôr fim à fase explosiva da Revolução Duvalierista. Depois da eliminação da «superestrutura política, social e económica do antigo regime», chegara o momento de começar a reconstruir a economia. O recolher obrigatório e os bloqueios de estrada foram levantados. As ruas foram limpas. O palácio presidencial foi novamente pintado. Os *macoutes* foram contidos.([45])

Duvalier renovou a sua imagem, projetando-se como um estadista benigno e idoso, o líder espiritual do mundo negro. Em abril, o presidente vitalício recebeu o Rei dos Reis, Hailé Selassié, imperador da Etiópia. Antes de este aterrar, o aeroporto foi apressadamente rebatizado Aeroporto François Duvalier. A sua nova estrada de acesso passou a chamar-se Avenida Hailé Selassié. A cobertura da imprensa, rádio e televisão locais foi generosa e lisonjeira. Duvalier mostrou-se invulgarmente aberto com a imprensa internacional, convidada a visitar o Haiti pela nova firma de relações-públicas do regime. Numa série de entrevistas, ele parecia cordial e confiante, admitindo serenamente que havia de facto censura nos *media*, que ele considerava necessária para proteger o povo de falsas reportagens. Um correspondente descreveu-o como «encantador, cooperante e completamente descontraído».([46])

Seguiram-se mais aparições públicas. Em junho ele assistiu a um torneio de futebol com o filho Jean-Claude. Dias depois, acompanhou a filha Marie-Denise à cerimónia inaugural do congresso anual da Caribbean Travel Association. Pela primeira vez desde 1963 ele apareceu numa missão diplomática, brindando ao embaixador britânico numa receção organizada para assinalar o aniversário da rainha Isabel II.([47])

Duvalier, dizia-se ao povo, era um grande estadista aclamado por personalidades internacionais. Um jornal local publicou uma declaração atribuída a Hailé Selassié. «Você tem de se manter como presidente, para que este povo possa continuar a beneficiar da sua bondade. Eu percebi, depois de o ter visitado, de o ter visto, por que razão este povo e esta nação o amam tanto.» A citação era falsa, inventada por um dos escritores-fantasma do presidente.([48])

Duvalier criou a impressão de ser um líder de estatura internacional, um estadista com acesso direto a Washington e ao Vaticano. Em junho deu uma entrevista a Martin Agronsky para a CBS. Sentado no seu trono dourado e azul no Palácio Nacional, afirmou que estava em «contacto estreito» com o presidente Johnson para debater a renovação da ajuda americana. Mas os seus contactos com a Casa Branca eram «matéria privilegiada que não devia ser comentada em público». Nesse mesmo ano, o Vaticano restabeleceu as relações com o Haiti e concedeu a Duvalier o direito de nomear os seus próprios bispos. O presidente vitalício apareceu na rádio e na televisão para dar a entender que o acordo resultara de uma colaboração próxima entre ele e o papa Paulo VI.([49])

Duvalier também desenvolveu a sua imagem como grande escritor, historiador, etnólogo, poeta e filósofo. Acima de tudo, Duvalier era o pai do duvalierismo, enunciado nas suas *Obras Essenciais*. Segundo o próprio, «quando somos líderes temos de ter uma doutrina. Sem uma doutrina não podemos orientar um povo.» Os dois primeiros volumes saíram em maio de 1966, sendo muito elogiados, com excelentes críticas nos jornais e inúmeras cartas laudatórias escritas por membros eminentes da comunidade. Alguns excertos eram lidos na rádio, num programa de cinco horas, e depois retransmitidos por todas as estações na capital. Duvalier, dizia-se aos ouvintes, era um gigante da mesma categoria que Kipling, Valéry, Platão, Santo Agostinho e De Gaulle. «Ele é o maior doutrinador do século.»([50])

As escolas e outras instituições de ensino receberam pacotes de presentes. Os dois pesados tomos foram também oferecidos a estudantes excecionais, que, manifestamente obrigados, escreveram mais cartas adulatórias, todas publicadas nos jornais.([51])

Outro ponto alto ocorreu em setembro, quando a câmara legislativa aprovou um decreto concedendo a Duvalier o título de Grão-mestre do Pensamento Haitiano. Além de designar o seu aniversário o Dia da Cultura Nacional, exigia que toda a gente decorasse pelo menos três quartos das *Obras Essenciais*, apesar de 90 por cento da população ser analfabeta.([52])

O sexagésimo aniversário de Duvalier foi festejado ao longo de quatro dias, num estilo adequado a um ditador em pleno controlo do seu país. O Mardi Gras, o carnaval haitiano, foi antecipado para realçar o ambiente festivo. Algumas beldades de Miami e da República Dominicana chegaram de avião para animar a festa. Foram organizadas leituras de poesia, com destaque para as obras de François Duvalier. Importantes políticos, soldados, académicos, homens de negócios e funcionários públicos apresentaram tributos. Uma delegação de 2000 crianças fardadas desfilou em frente do palácio. Os *macoutes* desfilaram, os soldados desfilaram.([53])

Contudo, as festividades seriam prejudicadas por uma bomba que explodiu numa carrinha de gelados, matando duas pessoas e ferindo quarenta. Suspeitando de um golpe militar, Duvalier remodelou as chefias e mandou prender dezanove oficiais da guarda palaciana no Fort Dimanche, uma masmorra nos arredores da capital. Para jogar pelo seguro, dois ministros também foram presos. A 8 de junho Duvalier chegou a Fort Dimanche de uniforme e capacete do Exército para presidir pessoalmente à execução dos dezanove suspeitos, amarrados a postes numa carreira de tiro.([54])

Duas semanas depois, a 22 de junho, quando o país comemorava o terceiro aniversário da eleição de Duvalier como presidente vitalício, uma plateia cativa de milhares de pessoas foi reunida em frente do palácio. Numa grande demonstração de força, Duvalier enumerou solenemente os dezanove oficiais, fazendo pausas teatrais depois de cada nome. «Todos eles foram fuzilados», anunciou no fim, chocando a multidão. «Eu sou um braço de aço, batendo inexoravelmente», exclamou. Depois descreveu-se como a personificação da nação, comparável a outros grandes líderes como Atatürk, Lenine, Nkrumah e Mao.([55])

O culto de personalidade foi reforçado nos meses seguintes, atingindo o seu auge no décimo aniversário da revolução. Foram cunhadas moedas de ouro em quatro denominações, exibindo a efígie do presidente. Uma compilação das suas *Obras Essenciais* foi publicada como *Breviário de Uma Revolução*. Como *O Pequeno Livro Vermelho*, que acabara de ser publicado, saiu em pequeno formato, cabendo facilmente num bolso. Os jornais encheram-se de relatos adulatórios, «repugnantemente transparentes e incessantemente repetidos», segundo a embaixada americana. Dias antes do evento principal, Duvalier falou à nação, referindo-se a si mesmo como «o Deus que vocês criaram». Foram realizadas grandes paradas militares nos dois dias seguintes. Uma Ponte François Duvalier, uma Biblioteca François Duvalier, uma Piscina François Duvalier (de tamanho olímpico) e um Terminal Aéreo Internacional François Duvalier foram inaugurados.([56])

A 22 de setembro o presidente voltou a falar, referindo-se a si mesmo na terceira pessoa. Enumerou os seus muitos feitos e depois concluiu: «Nós somos negros superiores, porque nenhum outro povo negro no mundo construiu uma epopeia histórica. É por isso que nós, os negros do Haiti, sem qualquer narcisismo e sem qualquer sentimento de superioridade, nos sentimos superiores a todos os outros negros no mundo. É por isso, meus caros amigos, que vos quero dizer hoje que o vosso Chefe é considerado um Sol Vivo por negros em todo o mundo. Dizem que ele iluminou a consciência revolucionária dos negros do continente americano e do Universo.»([57])

Duvalier era um manipulador de homens, não de massas. Ele poderá ter sido um defensor dos pobres, mas mostrou pouco interesse em mobilizá-los, mesmo para a glória da sua própria pessoa. Raramente saía do palácio, e nunca viajava pelo país. Os *macoutes* certificavam-se de que milhares de pessoas compareciam nos relvados do seu palácio para o aclamar obedientemente várias vezes por ano, mas tirando isso a grande maioria das pessoas era deixada em paz. Não havia uma ideologia oficial, nenhum partido abrangente, nenhuma tentativa de instituir o controlo do pensamento, apesar de a dissidência ser proibida. A rádio transmitia regularmente os seus discursos, mas antes de 1968 as estações no norte do país eram demasiado fracas para serem captadas. Os jornais publicavam as suas declarações, mas raramente eram vistos no interior pobre, onde poucos sabiam ler.([58])

Duvalier era o ditador perfeito, um homem que exercia poder puro sem a pretensão da ideologia, apesar de toda a retórica sobre a revolução. Ele governava sozinho, da sua secretária de mogno, com uma pistola automática ao seu alcance e alguns guardas palacianos atrás da porta mais próxima. Não havia qualquer junta, nem fação, nem clique, nem verdadeiro partido a não ser em nome, apenas subalternos lutando pela sua atenção, esperando superar-se com manifestações de fidelidade absoluta. Duvalier, que desconfiava de toda a gente, era determinado no aproveitamento dos defeitos deles, manipulando as suas emoções, pondo à prova a sua lealdade. Às vezes também se enganava, destruindo amigos e inimigos de igual forma.([59])

A sua rede de cúmplices voluntários estendia-se a todo o país. Mesmo na zona mais remota, o presidente era popular. Nenhum funcionário público alguma vez reivindicou uma boa decisão como sua. Os deputados preenchiam as reuniões com elogios ao seu líder. Muitos dos seus seguidores achavam que todos os acontecimentos positivos, incluindo uma boa estação de chuvas, emanavam de Duvalier.([60])

Era uma rede relativamente pequena de fidelidades, mas bastava para sustentar o seu regime. Os restantes quatro milhões de pessoas pouca importância tinham para ele. Elas estavam acostumadas a governos predatórios. Na pior das hipóteses, viviam com medo, na melhor, na apatia e na subserviência.

Apesar disso, um pequeno comando de soldados profissionais, devidamente equipados e treinados, podia ter derrubado facilmente o regime. Isso nunca aconteceu, graças sobretudo aos Estados Unidos. Depois do desastre de abril de 1961, quando um grupo de refugiados cubanos treinados pela CIA tentou desembarcar na baía dos Porcos para derrubar Castro, não havia hipótese realista de os Estados Unidos tentarem intervir no Haiti. E mesmo que Washington olhasse para Duvalier com repulsa, ele, ao contrário de Castro, era um aliado no meio da Guerra Fria. Duvalier explorou a relação ao máximo. Ele podia ser teimoso, imprevisível e irascível, mas nunca cortou verdadeiramente todos os laços com os Americanos. Sabia insultá-los ao mesmo tempo que tirava proveito da sua ajuda económica.([61])

O melhor meio de propaganda de Duvalier em Washington era o comunismo. Durante uma década, Duvalier exagerou a ameaça da esquerda, rotulando os seus inimigos reais e imaginários de agentes secretos de Cuba e Moscovo.

Em dezembro de 1968, dois partidos rivais juntaram-se para formar o Partido Unido dos Comunistas Haitianos, decididos a derrubar Duvalier. Em março de 1969, eles escolheram a única aldeia no Haiti sem um *houngan* e arriaram a bandeira do regime. Duvalier respondeu com uma enorme caça às bruxas. Muitas pessoas foram obrigadas a fugir para as montanhas. Dezenas foram fuziladas ou enforcadas em público. Qualquer livro, mesmo que vagamente relacionado com o comunismo, tornou-se tabu. A sua simples posse era um crime punível com a pena de morte. Quando Nelson Rockefeller, o governador de Nova Iorque, visitou Porto Príncipe três meses depois, Duvalier pôde garantir-lhe que a ameaça comunista tinha sido eliminada. Foi o início de mais uma aproximação aos Estados Unidos.([62])

No entanto, a fotografia desse encontro divulgada pela imprensa mostrava um Duvalier doente apoiando-se em Rockefeller. Papa Doc estava debilitado, com a saúde a deteriorar-se, parecendo muito mais velho do que os seus sessenta e dois anos. Ele começou a eliminar todos os que se opunham à designação do seu filho como herdeiro. Em janeiro de 1971 Jean-Claude foi nomeado seu sucessor. Um referendo foi devidamente realizado, embora entre os 2 391 916 votos apenas um parece ter sido negativo. François Duvalier morreu de ataque cardíaco três meses depois, a 21 de abril de 1971. O seu reinado foi poucos meses mais curto do que o de Henri Christophe (1806–1820). O seu filho tomou posse às primeiras horas de 22 de abril, como sempre uma data auspiciosa para a família Duvalier.([63])

Milhares de haitianos desfilaram pelo corpo do seu falecido governante, exposto em câmara ardente no Palácio Nacional. Duvalier envergava a sua sobrecasaca preta preferida, jazendo num caixão com tampo de vidro e forrado de seda. Perder um ditador pode ser tão traumático como ter de viver sob o seu domínio, mas, apesar do receio generalizado de que o caos se instalaria após o seu desaparecimento, prevaleceu a calma total. O seu corpo foi sepultado primeiro no Cemitério Nacional, mas transferido mais tarde para um mausoléu grandioso construído pelo filho. Quando o próprio Baby Doc foi derrubado em 1986, uma multidão irada demoliu a última morada de Papa Doc.

7

CEAUŞESCU

O Palácio do Povo, situado no que foi em tempos um próspero bairro residencial de Bucareste, é o maior edifício administrativo no mundo. Em termos de volume ofusca até a Grande Pirâmide de Gizé. A sua estrutura *kitsch* e neoclássica contém mais de mil divisões, cheias de colunas de mármore, escadarias ornamentadas e lustres de cristal. Nicolae Ceauşescu, que lançou a primeira pedra em junho de 1985, anunciou que o projeto era uma homenagem adequada à grandeza da sua época, conhecida oficialmente por «a Era Ceauşescu».

Na realidade, era um monumento a si mesmo. Dez quilómetros quadrados de edifícios, incluindo vinte igrejas e seis sinagogas, foram demolidos para limpar o terreno. Milhares de trabalhadores labutaram de dia e de noite. O projeto consumiu um terço do orçamento nacional. Ceauşescu supervisionou todos os pormenores, fazendo visitas de improviso para dar ordens. Homem enérgico mas baixo, sensível em relação à sua altura, mandou reconstruir as escadarias duas vezes para se adaptarem ao seu passo. Embora nunca chegasse a ver o projeto acabado, as obras foram retomadas poucos anos depois de ele ter sido fuzilado no dia de Natal de 1989. Continua a ser um projeto em curso.([1])

Nada predispunha Ceauşescu para vir a ser um ditador. Em criança não revelara nenhuma promessa ou dom especial, saindo de casa aos onze anos para ir trabalhar como aprendiz de sapateiro. Quatro anos depois foi preso brevemente por distribuir panfletos comunistas. Em 1933 o número de filiados no Partido Comunista Romeno não passava das centenas. O comunismo não era popular, pois a maioria dos romenos desconfiava da União Soviética. Mas Ceauşescu era um crente apaixonado e fanático, percebendo na ideologia uma solução aparentemente simples para um mundo complicado.

A polícia prendeu-o repetidas vezes, mas libertava-o sempre por causa da sua juventude. Em 1936 ele foi enviado para uma prisão política, onde ficou dois anos. Era pouco apreciado pelos outros reclusos, que faziam pouco da sua falta de educação, gaguez e sotaque regional. Era impulsivo, extremamente competitivo e geralmente desdenhoso dos outros. Mas teve astúcia política para forjar relações com os líderes do movimento comunista, incluindo Gheorghe Gheorghiu-Dej, que tomou o jovem sob a sua proteção. Seguiram-se mais períodos na prisão durante a Segunda Guerra Mundial, quando o país tomou o partido da Alemanha.([2])

O Exército Vermelho ocupou a Roménia em 1944 e transformou o país num Estado satélite. Gheorghiu-Dej tornou-se no seu primeiro líder comunista em 1947. Ele maquinou com êxito contra os seus rivais, que foram todos afastados, presos ou assassinados. Lucretiu Patrascanu, membro fundador do partido, foi executado em 1954. Centenas de milhares de prisioneiros políticos foram enviados para campos de concentração.

Em 1956 Gheorghiu-Dej já se sentia suficientemente estabelecido para aplicar as políticas de Krutchov de modo seletivo. Por um lado, reforçou a independência económica do seu país em relação à União Soviética, desviando o comércio para o Ocidente. Por outro, continuou a construir um sistema repressivo dominado pela Securitate, a polícia secreta criada em 1948 com a ajuda da União Soviética. Gheorghiu-Dej contava com ela para incutir o medo na população.([3])

Ele também desenvolveu o seu culto de personalidade. Ao mesmo tempo que desapareciam os retratos de Estaline, os seus eram pendurados em todas as escolas, fábricas e escritórios. Os jornais publicavam fotografias de aldeões reunidos em torno de um rádio para ouvir os seus discursos. Enquanto ele viajava pelo país, aclamado pelo seu povo, os seus camaradas passavam a segundo plano.([4])

Ceauşescu foi subindo progressivamente na hierarquia, insinuando-se cada vez mais junto de Gheorghiu-Dej. Atacou de modo veemente os opositores do regime, perseguiu intelectuais críticos e ajudou a implementar a coletivização forçada das zonas rurais. Ceauşescu era um tenente dedicado, modesto, trabalhador e fiel. Como o seu mestre, condenava a dependência do seu país em relação ao Kremlin, mas desejava manter as estruturas rígidas do Estado monopartidário estalinista.

Em 1954, Gheorghiu-Dej já confiava em Ceauşescu o suficiente para o pôr à frente do secretariado do Comité Central. Todas as novas nomeações passavam pelo seu gabinete. Como Estaline nos princípios da década de 20, Ceauşescu cultivava os seus próprios subalternos e certificava-se de que eles eram bem-sucedidos.([5])

Gheorghiu-Dej morreu em 1965. Os líderes do partido tinham opiniões divergentes quanto ao rumo da desestalinização. Gheorghe Apostol, que segundo constava tinha sido escolhido como sucessor por um Gheorghiu-Dej já doente, era considerado demasiado próximo da União Soviética. Como alternativa, Gheorghe Maurer, um líder idoso e muito respeitado do partido, mobilizou os dirigentes em torno de Ceauşescu. O jovem diminuto, prejudicado pela sua falta de talentos verbais e organizacionais, parecia a figura de proa ideal do partido.([6])

Durante dois anos após ser eleito secretário-geral em março de 1965, Ceauşescu esperou a sua hora, desempenhando o papel de porta-voz de uma liderança coletiva. Mas tirou o maior partido possível do seu cargo, discursando perante multidões, visitando fábricas e estabelecendo relações com as forças militares e de segurança. As suas viagens ao estrangeiro, em representação do partido, recebiam ampla cobertura mediática. Ele também gostava de provocar, irritando Moscovo ao fazer convites a líderes críticos da União Soviética. Chu En-lai foi recebido em 1966, o futuro presidente Richard Nixon em 1967.

A 26 de janeiro de 1968 Ceauşescu fez cinquenta anos. Como homem prudente, queria evitar a impressão de que almejava um culto de personalidade. No entanto, foram publicados dois volumes dos seus discursos, recebidos com grandes elogios. Os seus colegas, sobretudo Apostol e Maurer, apressaram-se a prestar-lhe homenagem.([7])

Três meses depois, em abril de 1968, Ceauşescu já se sentia suficientemente seguro para se virar contra o seu antigo chefe, condenando Gheorghiu-Dej pela prisão, julgamento e execução de membros leais do partido. Esse gesto permitiu-lhe eliminar um dos seus principais rivais,

Alexandru Draghici, que dirigia a polícia secreta na altura. Ion Iliescu, um dos fiéis seguidores de Ceauşescu, substituiu-o. Mas o caso de Lucretiu Patrascanu, executado dias antes de Ceauşescu entrar para o Comité Central em 1954, implicara toda a velha guarda. Como estavam todos maculados, foram obrigados a humilhar-se.([8])

O momento de Ceauşescu surgiu durante o verão, quando a União Soviética invadiu a Checoslováquia para reprimir a revolta do país contra o comunismo. A Bulgária, Polónia e Hungria prometeram apoio com o envio de tropas, mas não a Roménia. Quando os tanques entraram em Praga, Ceauşescu convocou um comício para a Praça do Palácio, em frente do Comité Central. Proferiu um discurso apaixonado, condenando a medida de Leonid Brejnev e descrevendo-a como um «erro grave e um grande perigo para a paz na Europa». Tornou-se num herói nacional de um dia para o outro, adorado pela sua promessa de que nenhuma potência seria autorizada a «violar o território da nossa pátria».([9])

Ceauşescu apresentava-se como um herói destemido, o homem que ousou fazer frente à União Soviética. Vários dignitários estrangeiros correram para o visitar, descrevendo-o como o defensor do socialismo de rosto humano. Richard Nixon, então presidente dos Estados Unidos, foi prodigamente recebido em agosto de 1969. Foram publicadas fotografias do homem mais poderoso do mundo inclinando-se perante Ceauşescu, recostado numa cadeira confortável. «Ele pode ser um comuna, mas é o nosso comuna!», afirmaria Nixon mais tarde.([10])

Três dias depois de Nixon partir foi convocado um congresso do partido. Ceauşescu introduziu uma alteração nos estatutos do mesmo, exigindo a sua eleição direta pelos membros do congresso. Isso implicava que o Comité Central já não o poderia afastar. Em vários discursos, os delegados prestaram homenagem ao seu líder. Só restava um membro da velha guarda, nomeadamente, Gheorghe Maurer, que continuou a servir como «número dois». Ceauşescu era o líder incontestado, com os seus homens à frente de todos os principais órgãos do partido.([11])

Entre julho de 1965 e janeiro de 1973, Ceauşescu fez 147 visitas-relâmpago a vários pontos do país. Só em janeiro de 1970 visitou quarenta e cinco unidades industriais e agrícolas, segundo o *Scinteia*, o jornal do partido. Todas as visitas eram rigorosamente encenadas, obedecendo a uma coreografia que pouco mudou ao longo dos anos. Primeiro chegava um cortejo de automóveis cobertos de flores. A população local era reunida ao longo da estrada principal, acenando com bandeiras vermelhas para saudar o seu líder. As crianças ofereciam flores. Ceauşescu aparecia à varanda da sede local do partido para se dirigir à multidão, normalmente em cima de um pedestal para parecer mais alto. As pessoas aplaudiam e davam vivas entusiasticamente, com a polícia secreta atrás para garantir que toda a gente participava no coro. Todas as visitas eram noticiadas na primeira página de todos os jornais, o que contribuía para a imagem de Ceauşescu como líder omnipresente em estreito contacto com o seu povo. Consequentemente, as pessoas tinham mais tendência para culpar os seus subordinados. «Se Ceauşescu soubesse da situação, atacaria os lojistas com uma vassoura de ferro», murmuravam as pessoas quando havia falta de alimentos.([12])

Ceauşescu gostava do ritual minuciosamente ensaiado, mas nada o preparara para a receção que o esperava quando visitou a China e a Coreia em junho de 1971. Em Pequim, toda a liderança o recebeu e à sua delegação na pista do aeroporto. Ladeando as estradas, dezenas de milhares de pessoas davam vivas. Na Praça Tiananmen foi realizada uma grande exibição de ginástica em sua honra, com centenas de participantes vestidos de cores diferentes e sincronizando os seus movimentos para projetar mensagens de boas-vindas: «Viva a Amizade Romeno-Chinesa!»([13])

Em toda a parte, notou Ceauşescu, as pessoas trabalhavam afincadamente. A China era um país aparentemente sem ócio. «Eles estão muito bem organizados e são muito disciplinados», comentou. Em Pionguiangue, a etapa seguinte da sua viagem, tudo tinha sido reconstruído do nada depois da devastação da Guerra da Coreia. A cidade tinha edifícios grandes e modernos. As lojas estavam repletas de mercadorias. A agricultura e a indústria prosperavam, graças a um espírito de autossuficiência económica. União, disciplina, autarcia, independência: todos estes objetivos se conjugam quando a população se mobiliza em torno do seu líder.([14])

Como Hitler na sua primeira viagem a Itália, Ceauşescu pareceu não perceber que grande parte do que tinha visto na China e na Coreia era mero espetáculo. Chegou mesmo a censurar os funcionários da sua própria embaixada em Pequim e Pionguiangue, acusando-os de terem enganado a Comissão Executiva ao comunicarem uma grave escassez de bens, quando ele próprio testemunhara apenas abundância para todos.([15])

Assim que regressou a Bucareste, Ceauşescu lançou a sua própria minirrevolução cultural. Durante alguns anos depois de 1965, quando ele se apresentara como reformador, as restrições ideológicas da era estalinista tinham sido aliviadas. A censura na imprensa diminuíra, permitindo aos escritores alguma margem de manobra. Eram exibidos programas estrangeiros na televisão. Mas o desanuviamento foi limitado, com Ceauşescu a realçar repetidamente que o marxismo-leninismo continuava a ser «o denominador comum da nossa arte socialista».([16])

Essas poucas liberdades desapareceram. Na China, Ceauşescu vira como o velho mundo tinha sido eliminado. Todos os aspetos da cultura tinham sido reconstruídos segundo orientações revolucionárias. Ele queria o mesmo para o seu país. A 6 de julho de 1971, num discurso à Comissão Executiva que ficaria conhecido por Teses de Julho, ele atacou as «influências ideológicas burguesas e ideias retrógradas» e exigiu que as mesmas fossem erradicadas da imprensa, rádio, televisão, literatura e até da ópera e do balé. Enalteceu o realismo socialista e apelou a uma rigorosa conformidade ideológica em todos os domínios. A cultura devia sofrer uma revolução, tornando-se numa ferramenta ideológica para moldar um «Novo Homem».([17])

As chefias do partido foram expurgadas. Ion Iliescu, promovido apenas três anos antes, foi demitido. Aparentemente, no voo de regresso ao país, tinha havido uma acesa discussão sobre o que eles tinham visto na Coreia do Norte.([18])

Ao mesmo tempo que a cultura era arregimentada, o culto de personalidade aumentava. Já antes da sua viagem à Ásia Oriental, Ceauşescu se mostrara ansioso por arranjar um biógrafo oficial. Encontrou um cúmplice dedicado em Michel-Pierre Hamelet, um jornalista francês que trabalhava para *Le Figaro* e acompanhara o secretário-geral do Partido Comunista Francês à Roménia em 1967. Hamelet ficara imediatamente fascinado com o seu anfitrião: «Impressionou-me o fogo nos seus olhos, a energia intelectual que eles transmitiam, o sorriso irónico que lhe iluminava constantemente o rosto.» Regressou à Roménia pouco depois e recebeu toda a ajuda para compilar a biografia do ditador. *Nicolae*

Ceauşescu foi publicado em 1971 em francês, seguido de traduções romenas, húngaras e alemãs no mesmo ano.

Hamelet apresentava Ceauşescu como um «humanista apaixonado» que anunciava nada menos do que «o advento de uma nova era», em que as relações sociais seriam reconstruídas de acordo com uma nova ideologia. Ceauşescu tinha sido uma criança sobredotada nascida na pobreza. O rapaz ia para a escola descalço, sendo demasiado pobre para comprar livros, mas estava sempre entre os melhores da sua turma. Hamelet entrevistou a professora dele, que se lembrava de que o rapaz se distinguia na matemática, mas que era, acima de tudo, um verdadeiro camarada para os outros. Identificado pela polícia aos dezasseis anos de idade como um perigoso agitador, foi devolvido à sua aldeia algemado. Mas nada o levaria a abandonar a causa. Tornou-se inimigo do Estado, organizador determinado do movimento comunista, defensor apaixonado dos princípios do marxismo-leninismo.([19])

Hamelet não foi o único recrutado para promover a imagem do rapaz camponês que, por meio de trabalho árduo, coragem e puro talento, superou a adversidade para se tornar num líder socialista. Em 1972, Donald Catchlov publicou *Romania's Ceauşescu* em Londres, espalhando ainda mais o mito de Ceauşescu. Seguiram-se *Ceauşescu* de Heinz Siegert, na Alemanha em 1973, e *Ceauşescu* de Giancarlo Elia Valori, em italiano em 1974. *O Semideus da Roménia* foi publicado em grego em 1978.([20])

Ceauşescu, trabalhando normalmente através do Departamento de Propaganda e Agitação, aprovava ele próprio todos os pormenores, até ao número de exemplares que deviam ser impressos. O financiamento era sempre generoso. Em 1976, Mihai Steriade, autor de um folheto intitulado *A Presença e o Prestígio de Um Humanista: Nicolae Ceauşescu*, pediu 8000 dólares americanos para o ajudar a «propagar a Roménia» na Bélgica. Ceauşescu reviu pessoalmente o montante para 5000 dólares.([21])

O Departamento de Propaganda e Agitação, ou Agitprop, também garantia a promoção da imagem do líder no estrangeiro através de outros meios. Em 1971, por exemplo, pagou ao jornal italiano *L'Unità* cerca de 5000 dólares para publicar um suplemento sobre o aniversário do Partido Comunista Romeno. Nas fotografias, Ceauşescu aparecia como líder internacional ao lado de Mao, Nixon e De Gaulle. Não havia referência a líderes soviéticos.([22])

Ceauşescu era líder do partido e chefe de Estado. Mas ao contrário de outros ditadores, e apesar de exercer controlo efetivo através da máquina do partido, ele não se contentava com o poder simbólico do chefe de Estado. A autoridade do Conselho de Estado foi alargada, com órgãos independentes chefiados por Ceauşescu contornando o Conselho de Ministros. Um desses órgãos era o Conselho de Defesa, outro o Conselho Económico. Na prática, isso significava que ele tinha não só o Estado mas também o partido à sua disposição, podendo lançar um contra o outro quando se deparasse com oposição. Além de controlar todas as rédeas do poder, Ceauşescu estabelecera-se também como a autoridade suprema sobre todos os assuntos, das montras em grandes armazéns à decoração do interior do Teatro Nacional em Bucareste. Ele era impaciente, com uma tendência para remodelar as fileiras da burocracia quando elas não implementavam as suas políticas com a rapidez suficiente. Ceauşescu também alternava frequentemente os quadros entre o partido e o Estado, para garantir que ninguém pudesse desenvolver uma base de poder. O frenesim apenas aumentava a confusão e a ineficiência.([23])

Mas nada parecia ser suficiente. Em 1974 Ceauşescu decidiu expandir o seu cargo como presidente do Conselho de Estado para presidente da república, o que lhe permitiria nomear ministros por decreto pessoal. Numa reunião preparatória, os seus subalternos competiram entre si para conceber a cerimónia de investidura mais extravagante. Emil Bodnaras, vice-presidente do Conselho de Estado, sugeriu que uma edição especial da Constituição fosse impressa em letras douradas. Outro propôs disparar uma salva de canhão. Ceauşescu declinou modestamente.([24])

A 28 de março, depois de ter sido devidamente eleito presidente da Roménia, Ceauşescu foi empossado com toda a pompa e circunstância de um monarca feudal. O ponto alto da cerimónia, transmitida pela rádio e televisão, foi a apresentação de um ceptro presidencial. Salvador Dalí, o pintor surrealista, ficou tão impressionado com o acontecimento, que enviou um telegrama de felicitações. A mensagem foi publicada no dia seguinte no *Scinteia*: «Admiro profundamente o seu ato histórico de introduzir o ceptro presidencial.» O diretor do jornal, evidentemente, não percebeu que se tratava de uma mensagem irónica.([25])

No mesmo mês, Gheorghe Maurer, o fiel «número dois» que tentara estabelecer alguma moderação, foi demitido. Ceauşescu deixou de ter rival. Uma nova lei da imprensa impondo uma censura ainda mais rigorosa foi imediatamente aprovada. A difamação de dirigentes do partido foi proibida, assim como qualquer crítica a qualquer política do partido. No final do ano, o XI Congresso do Partido criou um novo órgão, concentrando todo o poder num Gabinete Permanente do Conselho Executivo. Como outros órgãos estatutários, este tinha apenas uma função consultiva, e os seus doze membros escutavam respeitosamente Ceauşescu. Para assinalar a ocasião, o *Scinteia* descreveu o líder como «Júlio César, Alexandre Magno, Péricles, Cromwell, Napoleão, Pedro, *o Grande*, e Lincoln», aclamando-o como «o nosso Deus laico, o coração do partido e da nação». Ceauşescu tornara-se no Conducator, título derivado do verbo *conduce*, ou *ducere* em latim. Como o Duce ou o Führer, ele era o Líder Supremo da nação.([26])

Ceauşescu era secretário-geral, presidente e comandante supremo, mas ansiava por reconhecimento oficial como ideólogo eminente. Dois volumes dos seus escritos e discursos escolhidos foram publicados em 1968. O ritmo acelerou nos anos seguintes, com o Agitprop sugerindo um plano de publicação todos os anos, coordenado pelo próprio Ceauşescu. Os seus discursos foram traduzidos para meia dúzia de línguas em 1971, seguidos da publicação constante dos seus escritos escolhidos, disponíveis em 1976 em várias línguas, do italiano ao chinês.([27])

Em 1976, Ceauşescu assumiu a presidência da Comissão Ideológica do Comité Central. Os seus subordinados apressaram-se a aclamá-lo como «grande pensador do marxismo contemporâneo», ideólogo brilhante que tinha «rejuvenescido e desenvolvido o marxismo». Ceauşescu era «o marxismo-leninismo em ação». Os autores, académicos e ativistas do partido eram obrigados a usar a sua obra como importante fonte de referência.([28])

Os escritos de Ceauşescu eram uma miscelânea de ideias contraditórias, mas, resumidamente, ele revestiu o comunismo de uma capa nacionalista. Ele apresentava-se como defensor de valores nacionalistas ao mesmo tempo que defendia a doutrina, chamando-lhe «patriotismo revolucionário». A sua sabedoria agradava supostamente a pessoas em todo o mundo. Como constatou o primeiro-ministro Manea Manescu depois de uma longa viagem a vários países asiáticos: «Nicolae Ceauşescu goza de enorme prestígio internacional, profunda estima e respeito em toda a parte, mesmo nas regiões mais remotas do mundo, onde o seu nome se tornou num símbolo de fervoroso patriotismo e internacionalismo, da luta pela independência e soberania nacional.» Ele era um líder do comunismo mundial, uma figura internacional do movimento operário.([29])

No seu sexagésimo aniversário em 1978, a nação inteira prestou homenagem ao seu líder. Constantin Pirvulescu declarou Ceauşescu «o líder popular mais genuíno a surgir em toda a história do povo romeno». Nas suas mensagens oficiais, o Partido, o Estado e a Nação anunciavam que a nova Era Ceauşescu, que ele criara, era «uma época que representa o capítulo mais produtivo de toda a nossa história milenar, rica em façanhas e grande sucesso».([30])

Uma vez que Ceauşescu era o ideólogo-chefe da nação, os principais centros de saber realizavam cerimónias especiais para reconhecer e enaltecer as suas muitas proezas académicas. Os graus *honoris causa* multiplicaram-se: uma academia designou-o Doutor em Economia, outra Doutor em Ciências Políticas. A sua defesa da existência soberana da Roménia passou a chamar-se Doutrina Ceauşescu, rejeitando indiretamente a ideia da soberania limitada conhecida por Doutrina Brejnev, o homem que enviara os tanques para esmagar a revolta popular em Praga uma década antes. Foi organizada uma exposição para mostrar todos os presentes que Ceauşescu tinha recebido durante as suas muitas viagens ao estrangeiro, revelando a elevada estima que lhe era concedida como estadista internacional e grande teórico do marxismo-leninismo.([31])

As comemorações duraram três semanas. Houve poemas, canções, peças de teatro, pinturas, bustos, tapeçarias e medalhas. O seu nome era escrito em letras maiúsculas. Ele era o facho, o porta-bandeira, a estrela de janeiro, o abeto mais alto do país. Era um falcão. Era «a medida de todos os seres e coisas neste país abençoado chamado Roménia». Como Jesus Cristo, ele era a encarnação do povo, «um corpo do corpo do povo, uma alma da alma do povo».([32])

Ceauşescu recebeu, pela segunda vez, o cobiçado título de Herói da República Socialista da Roménia. Da Jugoslávia chegou a ordem do Herói do Trabalho Socialista. O magnânimo Brejnev concedeu-lhe a Ordem de Lenine. Mas estas honras eram ofuscadas pelo reconhecimento que ele recebia do Ocidente. Meses depois do seu aniversário, o presidente

Jimmy Carter dos Estados Unidos ofereceu um jantar a Ceauşescu e à mulher na Casa Branca. Mas o ponto alto da sua carreira foi decerto a sua visita de Estado ao Palácio de Buckingham em junho de 1978, organizada por *Sir* Reggie Secondé, o embaixador britânico na Roménia. Secondé não tinha ilusões. Num relatório confidencial para o Ministério dos Negócios Estrangeiros e da Commonwealth, ele descreveu Ceauşescu «como um ditador tão absoluto quanto é possível encontrar no mundo atualmente». A sociedade em Londres recebeu o autocrata de braços abertos. Um dissidente romeno realizou um protesto solitário, mas a polícia deteve-o prontamente. Ceauşescu acompanhou a rainha Isabel II na carruagem real, acenando para as multidões que o aclamavam. Recebeu também a Ordem de Bath. No Palácio de Buckingham, os seus guarda-costas provaram a comida antes de deixar que a mesma fosse servida. Todos os eventos públicos — os pequenos-almoços, almoços, jantares e banquetes — foram exibidos na televisão romena, fosse qual fosse a hora do dia. A visita silenciou todos os que se opunham ao tirano.([33])

Mas havia ainda alguma resistência. Ion Pacepa, um poderoso general da Securitate, desertou para os Estados Unidos semanas depois, destruindo a rede de espionagem do país e revelando o funcionamento interno da corte de Ceauşescu. Pacepa foi condenado à morte *in absentia*, com uma recompensa de 2 milhões de dólares pela sua captura. Ceauşescu tornou-se ainda mais desconfiado daqueles que o rodeavam. À medida que o seu círculo de acólitos diminuía, ele contava cada vez mais com os seus familiares.([34])

Entre estes, o mais importante era a sua esposa Elena, uma mulher austera e inculta, mas ambiciosa e determinada, que se inspirara na Sra. Mao Tsé-tung durante a sua viagem à China em 1971. Era a companheira constante de Ceauşescu, sempre a seu lado em congressos do partido, cerimónias de Estado e visitas oficiais no país e no estrangeiro. Subiu ao topo da hierarquia política em poucos anos, entrando para o poderoso Gabinete Permanente do Conselho Executivo em 1977.

Elena compartilhava da sede de títulos e honrarias do marido. Apesar da sua pouca instrução, era sempre referida como «Académica Doutora Engenheira Elena Ceauşescu» e apresentava-se como a primeira cientista da nação. Em 1977 já tinha recebido vinte e quatro condecorações estrangeiras, incluindo a Ordem Nacional do Leopardo do Zaire, a Ordem da

Bandeira Nacional da Coreia do Norte, a Ordem de Orange-Nassau da Holanda e a Ordem das Virtudes do Egito. Em 1975 a União Soviética ofereceu-lhe uma medalha comemorativa do Trigésimo Aniversário da Vitória sobre o Fascismo. Apesar de impressionante, este portefólio não se comparava à coleção do marido, que em 1977 já tinha arrecadado cerca de cinquenta condecorações internacionais, incluindo a prestigiosa Legião de Honra de França e inúmeras Ordens da Bandeira Vermelha de países comunistas.([35])

Em janeiro de 1979, vários meses depois da deserção de Pacepa, Elena tornou-se presidente da Comissão para o Estado e Quadros do Partido, que a incumbia de todas as nomeações. O novo cargo coincidiu com o seu sexagésimo aniversário, sumptuosamente festejado durante dois dias. Todos os membros do partido se prostraram para enaltecer a primeira-dama, descrevendo-a como uma «estrela ao lado de uma estrela no eterno arco do céu». A primeira-dama assumiu o seu novo cargo com grande prazer, exigindo que todos os 2,9 milhões de membros fossem escrutinados, colocando o partido à prova. A obediência cega passou a ser a norma. Os irmãos de Elena receberam importantes cargos no governo, enquanto o filho Nicu foi promovido ao Comité Central.

Quando o XII Congresso do Partido se reuniu em novembro de 1979, ela era já a poderosa «número dois». Apenas uma voz ainda se atrevia a enfrentar os Ceauşescus. Constantin Pirvulescu, membro fundador do partido que apenas um ano antes enaltecera o seu líder, acusou Ceauşescu de ignorar os verdadeiros problemas do país para perseguir a sua própria glória. Os membros do congresso apuparam-no, realçando a popularidade do seu líder no estrangeiro.([36])

O culto de personalidade impedia na prática qualquer outra pessoa de desenvolver uma base de poder independente. Mais membros da família foram nomeados na década seguinte. Quando o regime caiu em 1989, segundo alguns relatos, nada menos que cinquenta familiares detinham cargos influentes.([37])

No seu sexagésimo aniversário em janeiro de 1978, Nicolae Ceauşescu foi comparado a vários heróis nacionais do passado: Mircea, *o Velho*; Estêvão, *o Grande*; e Miguel, *o Valente*, todos eles governantes da Valáquia medieval.

Outro modelo era Burebista, o rei que destruiu o domínio dos Celtas, impediu o avanço dos Romanos e uniu as tribos do reino da Dácia entre 61 e 41 a. C. A Dácia era apresentada como uma civilização única numa zona que abrangia grande parte da Roménia atual. Como Mussolini, Ceaușescu considerava-se a reencarnação de uma tradição antiga e gloriosa. Evocava o passado arcaico da nação, descobrindo continuidades entre vários períodos históricos que ligavam o reino da Dácia à República Socialista da Roménia, tornando-o nada menos que a culminação de milhares de anos de história.

O 2050.º aniversário da fundação da Dácia foi comemorado com grande pompa a 5 de julho de 1980. Todo o escalão superior da máquina do partido compareceu na cerimónia, realizada no Estádio da República. Foram encenadas peças alegóricas e lidos poemas. Ceaușescu era representado como descendente direto de Burebista, que depressa se tornou no tema predileto para os artistas na Roménia. A sua imagem era pintada, gravada e tricotada, sempre com um perfil nobre e uma barba viril. O filme *Burebista* foi o principal acontecimento artístico do ano. Linguistas, historiadores e arqueólogos publicaram tomos eruditos sobre os Dácios.([38])

Os cidadãos comuns, no entanto, pareciam não mostrar grande entusiasmo. Esquivavam-se às comemorações públicas. Alguns expressavam abertamente o seu descontentamento com o regime, apesar da presença ubíqua da polícia. «Ceaușescu está muito desacreditado entre a população», escreveu o embaixador francês. A razão era evidente. Em todos os lugares havia longas filas. Os talhos vendiam apenas banha de porco, salsichas, vísceras e pés de galinha. Não havia fruta, excetuando algumas maçãs no Norte e pêssegos no Sul (mas não o contrário). O vinho comum era inacessível a todos, menos os que jantavam nos restaurantes mais caros. O país enfrentava uma grave escassez de energia, com uma indústria petroquímica demasiado grande consumindo quantidades enormes de gasolina. Apenas uma em cada três lâmpadas era ligada e os transportes públicos paravam ao domingo.([39])

A Roménia entrara num período de grave recessão económica. A pedra angular da Doutrina Ceaușescu era a autossuficiência económica. Como o seu antecessor Gheorghe-Dej, o Conducator procurava igualar o modelo estalinista ao mesmo tempo que se distanciava da União

Soviética. Desejando criar uma base de indústria pesada, pediu grandes empréstimos a países ocidentais para importar a tecnologia, equipamento e matérias-primas necessários. Mas o preço do petróleo subiu em flecha durante a crise energética de 1979, produzindo taxas de juro muito mais altas, que por sua vez obrigaram o regime a pedir empréstimos ainda maiores.

Em 1981, quando a dívida externa atingiu o seu ponto máximo de aproximadamente 12 mil milhões de dólares americanos, a Roménia deixou de poder pagar juros. Ceauşescu, numa decisão precipitada, ordenou o pagamento de toda a dívida no mais curto espaço de tempo possível, impondo um programa de austeridade. As importações foram reduzidas e as exportações aumentaram. Os fornecimentos de carne para a União Soviética mais que triplicaram entre 1983 e 1985. O milho, fruta, legumes e vinho foram todos direcionados para mercados estrangeiros. A comida foi racionada, com filas para alimentos de base como pão e batatas. Às vezes usava-se ração para animais em vez de farinha para fazer pão. Foram aplicados cortes severos ao consumo de eletricidade, com as pessoas a viver às escuras e a tremer de frio durante o inverno. Não havia combustível para os tratores.([40])

Quanto maior a miséria, mais ruidosa a propaganda. Com os níveis de vida a baixar, o culto a Ceauşescu tornava-se cada vez mais extravagante. Os aniversários nos anos ímpares eram proclamados com grande exuberância, sinal revelador do desespero do regime. Em 1982 comemorou-se o sexagésimo quarto aniversário de Nicolae Ceauşescu, seguido do décimo sétimo aniversário do IX Congresso do Partido, realizado em 1965. Meses depois, no sexagésimo aniversário da fundação da Liga dos Jovens Comunistas, membros do partido e cidadãos comuns tiveram de elogiar a «juventude revolucionária» do Conducator. O oitavo aniversário da sua eleição como presidente da Roménia seguiu-se mais tarde nesse ano. Em todas as ocasiões, chegavam carradas de telegramas de todos os cantos do país, dando graças ao Conducator pela Era Ceauşescu e pelo Milagre Romeno. Ceauşescu exigia manifestações de gratidão constantes às mesmas pessoas que estava a arruinar. Aproveitava também a oportunidade que esses eventos proporcionavam para responsabilizar o governo por todas as falhas, absolvendo-se a si e ao seu partido.([41])

Em junho de 1982, nos intervalos de várias comemorações, o Conducator presidiu à Comissão Ideológica do Comité Central. Esta substituiu o marxismo-leninismo, que deixou de ser mencionado, pela obra de Nicolae Ceauşescu.([42])

O culto atingiu provavelmente o seu auge em 1985, quando o país festejou os vinte anos da Era Ceauşescu com concertos, festivais, conferências e cerimónias, tudo meticulosamente ensaiado e impecavelmente executado. Todos aclamaram Ceauşescu como o «filho mais querido do povo». Foram organizadas exposições das suas obras completas em todas as cidades.([43])

O retrato de Ceauşescu, exposto em instituições do partido e do Estado logo que ele regressou da Coreia em 1971, passou a estar em toda a parte. Por lei, o retrato tinha de ser exposto nas paredes das escolas, fábricas e quartéis do Exército, bem como nos postos fronteiriços. Os cidadãos comuns eram também obrigados a exibir o retrato em cerimónias públicas, aniversários do Estado, comícios e visitas oficiais. Por lei, o retrato do líder tinha de aparecer na primeira página de todos os livros escolares, enquanto todos os manuais do ensino primário tinham de exibir uma fotografia a cores de Nicolae e Elena Ceauşescu. Segundo as instruções precisas do Conducator, a fotografia devia mostrar o Primeiro Casal «rodeado de pioneiros e falcões», ou seja, alunos nos uniformes das duas organizações partidárias de filiação obrigatória para as crianças entre os quatro e catorze anos de idade.([44])

A televisão cingia-se a um único canal que transmitia apenas duas horas por dia. Metade da programação era sistematicamente dedicada às atividades e proezas de Ceauşescu. Sob a supervisão pessoal do Conducator, para assinalar 1985, foram produzidos programas especiais, incluindo «O IX Congresso: O Congresso de Novos Avanços»; «Vinte Anos de Conquistas Socialistas»; «A Era Nicolae Ceauşescu»; e «A Ciência durante a Época Nicolae Ceauşescu». Medidas semelhantes aplicavam-se à radiodifusão, com elogios a Ceauşescu transmitidos durante todo o dia.([45])

As primeiras páginas dos jornais, rigorosamente controlados, mostravam invariavelmente os muitos feitos de Ceauşescu. As livrarias eram obrigadas por lei a destacar os seus discursos, que em 1986 já tinham aumentado de uns modestos dois tomos para uns impressionantes vinte e oito pesados volumes. Os quiosques de jornais apresentavam seleções mais pequenas das suas obras. As lojas de música ofereciam gravações dos seus discursos.([46])

Todas as pequenas decisões tinham de passar pelos Ceauşescus. A simples alteração do nome de uma rua tinha de ser aprovada por Nicolae, que escrevia «de acord» na margem. Quando duas equipas de futebol se defrontavam, Elena decidia se o jogo devia ou não ser exibido na televisão. Todos os pormenores do culto eram definidos pelos Ceauşescus, incluindo o número de vezes que os seus nomes eram mencionados diariamente. Mas não havia estátuas. Como Hitler e Duvalier, Ceauşescu rejeitou todas as estátuas em sua honra, com a exceção de um grande busto na sua aldeia natal. Quando alguns artistas lhe perguntaram se podiam incluir a sua imagem num monumento a ser construído em Bucareste intitulado «Vitória do Socialismo», ele declinou repetidamente.([47])

Ceauşescu tinha algo muito maior em mente. Anos antes, Pionguiangue, com as suas avenidas direitas e imensos edifícios públicos, oferecera-lhe uma visão da utopia comunista: uma cidade verdadeiramente moderna sem qualquer vestígio do passado. Quando um terramoto devastou partes de Bucareste em 1977, ele encarou o desastre como uma oportunidade para erguer uma nova capital em cima da velha. A destruição sistemática do centro da cidade, repleta de casas, igrejas e mosteiros com centenas de anos, começou em 1982. Dois anos depois nada restava senão uma colina deserta, que por sua vez foi arrasada para dar lugar ao Palácio do Povo, projeto faraónico que manteve dezenas de milhares de trabalhadores ocupados de dia e de noite. Nunca seria concluído. Foi construída uma Avenida da Vitória do Socialismo, com 3,5 quilómetros de comprimento e noventa e dois metros de largura, ladeada por blocos de apartamentos inspirados na Coreia do Norte.([48])

A dois quilómetros do palácio, noutro bairro, foi projetado um Museu de História Nacional, mas apenas a fachada seria construída. Na periferia da capital, um complexo monástico do século XVIII foi demolido para dar espaço a um novo Palácio da Justiça, projeto que nunca saiu do papel.

Ansioso por remodelar o país com linhas retas, a influência de Ceauşescu chegou muito além da capital, num projeto designado «sistematização». Principiada em 1972, a iniciativa implicou a destruição premeditada de milhares de pequenas aldeias, com os seus habitantes forçados a mudar-se para blocos de apartamentos de má construção, geralmente com elevadores que não funcionavam ou sem água corrente. O projeto foi abandonado depois da crise energética de 1979, se bem que a falta de fundos nunca constituísse um obstáculo para Ceauşescu. Mesmo enquanto a economia da Roménia se desmoronava, ele retomou a «sistematização» em 1988, programando a destruição de entre sete e oito mil aldeias.([49])

Uma aldeia prosperou. Em Scornicesti, local de peregrinação nacional, uma pequena casa em particular foi poupada à bola de demolição, mais propriamente, a casa onde nasceu Nicolae Ceauşescu. A aldeia tinha ruas asfaltadas, casas novas, um grande estádio, uma fábrica-modelo e lojas com mantimentos aparentemente inesgotáveis.([50])

A Securitate reprimia todas as manifestações de desagrado. Brandindo pistolas-metralhadoras, os seus agentes podiam ser vistos em todas as ruas da capital e em postos de controlo regulares, de quinze em quinze quilómetros, nas zonas rurais. Uma rede de espiões e informadores cobria o país.

As pessoas faziam o que lhes era exigido, sem grande convicção. Em 1985 o embaixador francês ficou impressionado com uma sociedade perfeitamente arregimentada, destituída de «qualquer espontaneidade na manifestação de sentimentos para com o líder». Nos comícios, os que ficavam à frente, aclamando entusiasticamente o líder, eram muitas vezes agentes de segurança em trajes de operário. As pessoas comuns mais atrás faziam apenas gestos, uma vez que os altifalantes já produziam o volume de som necessário transmitindo vivas e aplausos gravados.([51])

As pessoas elogiavam o líder em público, mas amaldiçoavam-no em segredo. Um observador notou como os peões paravam para o aplaudir quando ele aparecia em público para inspecionar uma obra. Assim que ele desaparecia, começavam os insultos. John Sweeney, um jornalista britânico que visitou o país no verão de 1985, escreveu que «o país inteiro estava fechado num amuo silencioso e passivo contra o regime». Mas também ele reconheceu mais tarde que nenhum dos estrangeiros que escreviam sobre a Roménia na altura percebeu completamente a miséria absoluta das pessoas comuns, uma vez que todos os seus passos eram vigiados de perto por agentes de segurança.([52])

*

As pessoas comuns talvez odiassem o regime, mas era pouco provável que se revoltassem. O partido tinha quatro milhões de membros numa população de vinte e dois milhões, o que significava que cerca de uma em seis pessoas beneficiava de alguma forma com o regime. O seu destino estava ligado ao de Ceauşescu. Elas serviam-no bem e ele por sua vez sustentava-as, oferecendo-lhes generosos subsídios que as distinguiam do resto da população.([53])

Paradoxalmente, contudo, era a União Soviética que tornava menos provável uma revolta popular. Ceauşescu manifestara-se contra o envio de tropa para a Checoslováquia em 1968, cultivando depois disso a imagem do homem que ousara enfrentar a União Soviética. De vez em quando censurava ou insultava os Soviéticos, mas Moscovo tolerava os seus dislates porque ele não constituía verdadeira ameaça. Ceauşescu continuava a ser um comunista inflexível e doutrinário. Os cidadãos comuns sabiam que a União Soviética era ainda a guardiã vigilante do socialismo e que, ao abrigo da Doutrina Brejnev, o Exército Vermelho podia muito bem atravessar a fronteira para reprimir uma revolta. O medo de Brejnev suplantava o seu ódio a Ceauşescu.([54])

A ascensão de Mikhail Gorbatchov alterou a perceção que as pessoas tinham de Ceauşescu. Quando o proponente da *perestroika* expôs a sua ideia de democratização em janeiro de 1987, o Conducator começou a apresentar-se como defensor da pureza ideológica. Rejeitou a reforma política, considerando-a uma mera ilusão, e prometeu manter-se no «caminho certo para o comunismo». Em vez de atenuar o rigor económico, pediu um «espírito de sacrifício» ainda maior e introduziu imediatamente mais medidas de austeridade. Estas tornaram a sua economia periclitante ainda mais dependente da União Soviética.([55])

Quando o Ocidente decidiu apoiar Gorbatchov, os seus líderes deixaram de se insinuar junto de Ceauşescu. Os convites diminuíram. Os turistas eram raros. Os jornalistas estrangeiros tornaram-se mais críticos, encorajando os dissidentes internos. Em março de 1989, seis estadistas idosos publicaram uma carta aberta condenando o culto de personalidade do líder e a vigilância generalizada da população. Entre os signatários incluía-se Constantin Pirvulescu, então com noventa e três anos. Ele foi detido, interrogado e colocado novamente em prisão domiciliária.

A saúde do próprio Ceauşescu estava a deteriorar-se. Ele sofria de diabetes, sem tratamento durante muitos anos porque era demasiado paranoico para confiar em quem quer que fosse, incluindo os seus próprios médicos. Confiava apenas na mulher, mas ela também era paranoica, e ignorante. Ambos estavam convencidos de que o destino os escolhera para conduzir o seu país à grandeza. Desligados da realidade, vivendo gloriosamente isolados, rodeados dos sicofantas e mentirosos que tinham promovido ao longo dos anos, tinham vindo a acreditar no seu próprio culto.([56])

Em novembro de 1989, o XIV Congresso do Partido, obedientemente, voltou a eleger Ceauşescu líder do Partido Comunista Romeno. Ele aproveitou a ocasião para criticar as revoluções que estavam a derrubar os regimes comunistas na Europa de Leste. Em junho, o sindicato Solidariedade vencera as eleições na Polónia, provocando a queda do partido comunista meses depois. Gorbatchov não interviera. Em outubro, a Hungria adotou um pacote de reformas democráticas que puseram fim ao comunismo. Mais uma vez, Gorbatchov não interveio.([57])

A 17 de dezembro as tropas romenas dispararam sobre uma multidão de manifestantes em Timisoara, onde o governo ordenara a prisão de um padre local que protestara contra a destruição planeada de dezenas de igrejas e mosteiros históricos. A violenta repressão desencadeou protestos em todo o país. A 21 de dezembro, Nicolae Ceauşescu apareceu à varanda da sede do partido no centro de Bucareste, acompanhado de todo o seu aparelho, para falar num comício organizado em apoio ao regime. Por uma vez, a multidão reunida não o aclamou. Minutos depois, as pessoas nas filas de trás começaram a assobiar e a vaiar. Ele levantou a mão, pedindo silêncio, batendo repetidamente no microfone. A agitação continuou. Ceauşescu parecia espantado. A sua mulher inclinou-se para a frente, admoestando a multidão: «Sosseguem! Que se passa convosco?» Ceauşescu decidiu prosseguir com o seu discurso, numa voz rouca e débil, tentando aplacar os manifestantes com a promessa de aumentar o salário mínimo. Mas ele tinha vacilado. Desaparecido o medo, o comício transformou-se num motim.

O discurso foi transmitido em direto. Assim que a emissão foi interrompida, toda a gente percebeu que estava em curso uma revolução.

Em todos os lugares, as pessoas juntaram-se aos protestos, atacando edifícios públicos, rasgando retratos oficiais de Ceauşescu e queimando os seus livros de propaganda. Ceauşescu ordenou à Securitate que lutasse até ao último homem. Durante toda a noite eles dispararam sobre os manifestantes, mas não conseguiram pôr termo aos protestos.

No dia seguinte o Exército juntou-se à revolução. Quando manifestantes revoltados começaram a cercar a sede do partido, Elena e Nicolae Ceauşescu foram obrigados a fugir de helicóptero, aterrando num campo nos arredores da capital. Nesse mesmo dia, foram capturados e detidos. No dia de Natal, Ion Iliescu, chefe da Frente de Salvação Nacional, uma organização espontânea formada por membros do partido comunista que se viraram contra o seu líder, organizou apressadamente um tribunal militar para julgar os Ceauşescus. Depois de pronunciada a pena de morte, o casal foi levado para um pátio muito frio ao lado de um bloco de latrinas. Ceauşescu, aparentemente, começou a cantar a *Internationale.* A primeira-dama gritou «Vão-se foder» quando os dois foram alinhados contra uma parede e fuzilados.([58])

8
MENGISTU

Nos arredores da antiga capital Axum, onde em 1937 os Italianos desmantelaram um obelisco enorme para o levar como espólio de guerra, tanques soviéticos calcinados jazem ainda abandonados nos campos poeirentos. Também noutras regiões da Etiópia podemos encontrar memoriais enferrujados de uma guerra civil que ceifou pelo menos 1,4 milhões de vidas. Durante quase duas décadas o Corno de África foi assolado por uma revolução que derrubou o imperador em 1974.

A Etiópia era um antigo império que adotara o cristianismo em 330 d. C., algumas décadas depois de Roma. Os seus portos ao longo do mar Vermelho serviam de refúgio para crentes exilados. A religião funcionou como força centralizadora. No final do século XIX o imperador Menelik II expandiu o império, transformou o país num Estado moderno e liderou as suas tropas numa vitória contra a Itália. A Batalha de Adwa contra os Italianos assegurou que a Etiópia nunca fosse colonizada, excetuando um breve período entre 1936 e 1941.

Hailé Selassié, coroado em 1916, exerceu o poder absoluto durante quase seis décadas, um recorde para qualquer chefe de Estado. Leão de Judá, Rei dos Reis, Eleito de Deus, ele encarnava a vontade divina. A autoridade, na Igreja Ortodoxa Etíope, tinha de ser energicamente exercida pelas chefias, e, segundo todos os relatos, ele foi um autocrata, usando o seu poder para manter o império unido — quase sempre pela força. A sua imagem estava em toda a parte, em moedas, pinturas, selos, postais e fotografias. O seu nome era dado a escolas e hospitais. Ao contrário de outros ramos do cristianismo, a Igreja na Etiópia nunca tentou regular a produção de ícones.([1])

Fora da Etiópia, Hailé Selassié era adorado pelos rastafarianos, que viam nele a encarnação de Deus, o Messias que regressara para conduzir o povo negro a uma idade de ouro de paz e prosperidade. Mas ele resistiu a qualquer tipo de reforma social, e nas décadas seguintes à Segunda Guerra Mundial mostrou-se cada vez menos disposto a adaptar-se ao mundo moderno. Em 1973 uma fome devastadora revelou a pobreza gritante nas regiões rurais. Inúmeros aldeões morreram de fome. Os preços dos alimentos e do óleo dispararam nas cidades, provocando protestos generalizados. A disciplina entre os militares desmoronou-se; várias unidades do Exército amotinaram-se. Em fevereiro de 1974, os motins estenderam-se à Marinha, à Força Aérea e à polícia antes de chegarem finalmente à guarda imperial a 1 de março. Para apaziguar o Exército, Hailé Selassié nomeou um governo de transição, incumbido de dar ao país uma monarquia constitucional.([2])

Um grupo de chefes militares popularmente conhecido por Derg depressa assumiu o poder. *Derg*, palavra amárica para «comissão», era a abreviatura de «Comissão Coordenadora das Forças Armadas, Guarda Pessoal, Polícia e Exército Territorial», criada para investigar as reivindicações do Exército. Na realidade, era uma junta, composta sobretudo por oficiais de patente inferior representando diferentes unidades militares. Os oficiais superiores foram mantidos à distância, desacreditados pela sua ligação ao imperador.([3])

Em julho o Derg demitiu o primeiro-ministro. Depois, aboliu o Conselho da Coroa do imperador e decidiu prender todos os seus funcionários particulares. Todos os palácios foram nacionalizados, juntamente com todas as empresas detidas pela família imperial. Na noite de 11 de setembro, o Derg difundiu um documentário sobre a fome na televisão estatal, intercalado com cenas de extravagância régia. Isso destruiu o que restava da imagem imperial. No dia seguinte Hailé Selassié foi deposto, metido num *Volkswagen* e retirado rapidamente do palácio.([4])

O Derg, sob o lema de «Etiópia em Primeiro Lugar», nomeou inicialmente um general muito respeitado como seu chefe nominal. Aman

Andom era eritreu, defendendo um acordo negociado com a Frente de Libertação da Eritreia, uma organização que ganhara nova força com a queda do império e reclamava a independência para o seu povo. A Eritreia, uma província marítima vasta e formidável com portos vitais, estendia-se por centenas de quilómetros ao longo do mar Vermelho. Sem ela, a Etiópia não teria acesso ao mar. Os oficiais subalternos do Derg decidiram que as tropas na região deviam ser reforçadas como preparação para uma grande ofensiva contra os secessionistas.

A 23 de novembro Aman foi destituído. O Derg aproveitou a oportunidade para eliminar os seus opositores mais veementes. Numa execução em massa, cerca de sessenta antigos dirigentes civis e militares do país foram sumariamente fuzilados. Aman morreu numa troca de tiros com soldados enviados para o deter na sua residência.

Para o lugar dele o Derg nomeou o general Teferi Banti, partidário de uma linha dura relativamente à Eritreia. Figura mais maleável, nas cerimónias públicas ele aparecia acompanhado de dois dos seus vice-presidentes, Atnafu Abate e Mengistu Hailé Mariam. O seu primeiro ato foi introduzir um novo código penal, que permitia ao Derg julgar em conselho de guerra qualquer pessoa que contestasse o seu *slogan* «Etiópia em Primeiro Lugar».([5])

De entre os três homens à frente do Derg, Mengistu era provavelmente a figura menos impressionante. Corriam rumores sobre o seu nascimento, sempre considerado muito importante numa sociedade feudal. Alguns afirmavam que a mãe dele, uma criada da corte que morreu em 1949, quando Mengistu tinha oito anos, era filha ilegítima de um dos conselheiros do imperador. Outros, apontando o seu tom de pele escuro, alegavam que ele vinha de uma família de escravos no Sul. Fosse qual fosse a verdade, a família dele não pertencia aos Amara, o povo reinante das terras altas do centro da Etiópia. Ele foi criado na dependência de uma casa nobre, à sombra do palácio imperial.([6])

Mengistu tinha apenas a escolaridade mínima e, seguindo os passos do pai, entrou para o Exército poucos anos depois da morte da mãe. Ele atraiu a atenção do general Aman Andom, que o tomou sob a sua proteção. De moço de recados no gabinete do general, foi subindo na hierarquia até se tornar sargento. Depois de se formar numa academia militar, foi destacado para uma divisão em Adis Abeba. Mas ele tinha um temperamento rebelde que desagradou ao seu comandante, que o descreveu como agitador. Em 1970, Mengistu foi enviado para o Aberdeen Proving Ground em Maryland, nos Estados Unidos, onde ficou vários meses. Aí adquiriu formação adicional e conhecimentos básicos de inglês.([7])

Embora preferisse manter-se em segundo plano, na realidade Mengistu dominava o Derg. Foi ele quem enviou soldados para a casa do seu antigo mentor e permitiu que a revolução se tornasse sangrenta com o Massacre dos Sessenta. Foi Mengistu, mais uma vez, quem proclamou o «Socialismo Etíope» a 20 de dezembro de 1974. Em poucos meses dezenas de empresas foram nacionalizadas. Todas as terras foram declaradas propriedade pública. O feudalismo, declarou Mengistu num comício, seria permanentemente relegado para o museu. Uma «nova ordem» estava a ser criada. Cerca de cinquenta e seis professores e estudantes foram enviados para o interior do país para «disseminar a revolução».([8])

O Derg geria o país a partir do Grande Palácio, um extenso complexo de residências, pavilhões e capelas no topo de uma das sete colinas de Adis Abeba. Os seus telhados vermelhos contrastavam com o verde aveludado dos eucaliptos circundantes. Os membros do Derg reuniam-se na Sala do Trono, onde o imperador realizara importantes cerimónias e banquetes reais. Num edifício próximo, Hailé Selassié passou os seus últimos dias em prisão domiciliária. Em agosto de 1975 morreu em circunstâncias misteriosas, supostamente de complicações associadas a uma cirurgia à próstata. Tinha oitenta e três anos de idade. Começou então a correr um boato persistente, alegando que Mengistu pusera uma almofada sobre a cabeça de Hailé Selassié para o matar. Anos mais tarde, soube-se que ele mandara enterrar os restos mortais do imperador debaixo do seu escritório, colocando a sua secretária mesmo por cima do cadáver.([9])

Do Grande Palácio, os membros do Derg governavam através da força e do medo. Um mês depois da morte do imperador, declararam um estado de emergência e proibiram todas as formas de oposição à revolução, da distribuição de cartazes à pronúncia de «palavras contrárias à lei em público ou em qualquer outro lugar». Adotaram também o marxismo-leninismo, tornando-o obrigatório nas escolas, fábricas e escritórios. No interior rural, em grande parte analfabeto, os comissários da polícia doutrinavam os aldeões, obrigados a juntar-se a associações de camponeses.([10])

Em setembro de 1976 Mengistu caiu numa emboscada quando regressava a casa. O atentado contra a sua vida fracassou, mas ele aproveitou a oportunidade para erradicar os seus rivais. Apareceu no dia seguinte num comício realizado na praça central da capital, rebatizada Praça da Revolução, instando em ar de desafio «vigilância para salvaguardar a revolução». Nas semanas seguintes, dezenas de opositores foram mortos em buscas implacáveis organizadas pelo Exército. Nos bastidores, os próprios membros do Derg caíam em emboscadas. De vez em quando viam-se cadáveres a serem retirados da Sala do Trono.([11])

Mengistu traíra o seu antigo mentor, o general Aman Andom. A 3 de fevereiro de 1977 virou-se contra Teferi Banti, o chefe nominal do Derg, acusando-o de ter planeado um golpe de Estado contrarrevolucionário. Com sete outros membros do Derg, Teferi foi preso no Grande Palácio. «Eu verei a vossa morte, mas vocês não verão a minha», disse-lhes Mengistu quando eles foram levados para a cave do palácio. A maioria foi morta com uma pistola abafada, os outros estrangulados. De uma comissão de mais de cem membros, não restavam mais de sessenta no Derg.([12])

Um anúncio conciso e arrepiante foi difundido pela Rádio Etiópia. Mengistu era então o único presidente do Derg. O embaixador soviético felicitou-o pessoalmente no dia seguinte.([13])

Mengistu foi o arquiteto do Derg. Com grande tato e paciência, transformara uma coligação pouco coesa de oficiais subalternos numa estrutura organizada que tomara a dianteira na revolução. Estivera três anos a trabalhar nos bastidores, infletindo cuidadosamente o equilíbrio de poderes a seu favor. Ele sabia esperar; depois atacava subitamente. Um dos seus maiores dons era a capacidade de esconder os sentimentos. Ele era humilde. Podia ser todo sorrisos, com a voz transmitindo sinceridade quando necessário. Como disse um dos seus seguidores, ele era água e fogo, ao mesmo tempo cordeiro e tigre.([14])

Mengistu tinha outras qualidades. Era dotado de uma memória invulgarmente boa, nunca se esquecendo de um rosto. Tinha uma enorme apetência para o trabalho, preparando-se meticulosamente para todas as reuniões. Era um orador convincente que sabia avaliar o estado de espírito de uma assistência e tirar partido disso. Propunha uma visão simples mas atraente de renovação nacional e revolução social, misturada com *slogans* marxistas rudimentares. Mostrava grande convicção, sobretudo entre os oficiais subalternos do Derg: «Depois de o veres, começas a acreditar nele», recordou mais tarde um dos seus seguidores. Ele também sabia ouvir, tentando sempre aprender mais sobre a dinâmica de poder à sua volta. Era um astuto manipulador de pessoas e acontecimentos. Acima de tudo, era mais determinado do que os seus jovens colegas no Derg.([15])

A 5 de fevereiro Mengistu apareceu na Praça da Revolução para anunciar que tinha sido abortada uma conspiração contrarrevolucionária. «Os nossos inimigos estavam a preparar-nos para o almoço, mas nós comemo-los ao pequeno-almoço», disse ele à multidão reunida. No fim do discurso quebrou num gesto teatral uma garrafa cheia de tinta vermelha, declarando acintosamente que o sangue de todos os que se opunham à revolução seria derramado. Enquanto a multidão o aplaudia, ele prometia armar os oprimidos.([16])

Seguiu-se um Terror Vermelho. Semanas depois, os comités de bairro urbanos e as associações de camponeses já tinham recebido armas. Estes eliminaram inimigos reais e imaginários do Derg, sobretudo organizações estudantis concorrentes de inspiração marxista. Uma delas era o Partido Revolucionário do Povo Etíope, que inicialmente apoiara a junta, mas depressa acusou o Derg de ter traído a revolução. As tensões transformaram-se em conflito aberto.

Em Adis Abeba foram realizadas buscas de casa em casa. Às vezes, até máquinas fotográficas e de escrever eram tratadas como prova de atividades de espionagem. Centenas de suspeitos foram presos e executados nos arredores da capital, incluindo crianças com apenas onze anos. Os seus corpos podiam ser vistos apodrecendo nas sarjetas. Outros eram perseguidos pelas ruas e mortos a tiro em pleno dia. Os médicos tinham tanto medo, que se recusavam a tratar suspeitos de atividades «contrarrevolucionárias». Qualquer um podia tornar-se num inimigo, pois as pessoas aproveitaram o terror para ajustar contas, denunciando os seus vizinhos no meio do caos político.([17])

Mengistu ordenou à televisão estatal que exibisse imagens dos corpos mutilados de prisioneiros políticos que tinham sido torturados até à morte. As imagens macabras difundidas por todo o país eram prova da sua determinação, destinadas a intimidar uma população de trinta e dois milhões de pessoas. Os piores atos de terror diminuíram após alguns meses, mas o derramamento de sangue continuou durante vários anos, destruindo dezenas de milhares de vidas.([18])

Ao mesmo tempo que tomava medidas repressivas no plano nacional, Mengistu tentava consolidar o seu poder cortejando a União Soviética. Em maio de 1977 todas as relações com os Estados Unidos foram cortadas. Numa demonstração expressiva de alinhamento com a União Soviética, Mengistu visitou Moscovo poucos dias depois, sendo recebido no aeroporto por uma delegação de generais de alta patente. Atnafu Abate, o segundo vice-presidente do Derg, expressou reservas quanto a essa aproximação. Foi acusado de crimes contrarrevolucionários e executado nesse mesmo ano. Mengistu passou a ser o líder incontestado.([19])

A União Soviética, contudo, também apoiava a Somália, uma faixa de deserto com três milhões de pessoas governadas por uma junta militar chefiada por Siad Barre. Barre também tinha uma visão, esperando criar uma Somália Maior que incluísse Ogaden, um planalto de colinas áridas e densa vegetação rasteira no leste da Etiópia conquistado por Menelik II no século XIX. Durante um breve período, depois da Segunda Guerra Mundial, a região unira-se à Somália, mas Hailé Selassié conseguira que as Nações Unidas autorizassem a sua devolução ao império.

Em julho de 1977, pressentindo alguma fraqueza do outro lado da fronteira, Siad Barre invadiu Ogaden. As suas tropas avançaram rapidamente nas regiões onde predominavam os nómadas somalis. Mengistu foi obrigado a colocar-se na defensiva, angariando apressadamente recrutas para travar a guerra. Barre, como Mengistu, dependia da União Soviética. Os dois homens viajaram para Moscovo. Os soviéticos tentaram reconciliar os inimigos, mas quando isso se revelou impossível decidiram apoiar a Etiópia, um país com uma população dez vezes superior à da Somália. Um enorme carregamento aéreo de material militar, tanques, espingardas, foguetões, artilharia, morteiros e mísseis começou a chegar a Adis Abeba em dezembro, seguido de vários milhares de conselheiros russos e cubanos. Esta ajuda colocou a Etiópia em vantagem. Em março de 1978 as últimas tropas somalis começaram a retirar-se, pondo fim à Guerra de Ogaden.

Mengistu começou então a polir a sua imagem. Em abril de 1978 visitou Cuba, onde foi aclamado por milhares de pessoas ao longo da estrada de vinte e cinco quilómetros entre o aeroporto e o principal edifício protocolar, apesar de um atraso de três horas e de chuva esporádica.([20])

Alguns observadores viram nesse evento o início de um culto de personalidade. Várias semanas depois, quando ele visitou Ogaden, grandes multidões aclamaram Mengistu onde quer que ele aparecesse. Em Dire Dawa, cidade que resistira ao exército somali, ele foi saudado por cerca de 100 000 residentes, «cantando alegremente e gritando *slogans* revolucionários». Os jornais encheram-se de fotografias do presidente Mengistu recebendo ramos de flores de crianças, lançando primeiras pedras ou passando revista às suas tropas. Ele era acompanhado de uma banda, uma guarda de honra e de todo o escalão superior da liderança regional.([21])

Mengistu tentava imitar Fidel Castro, aparecendo de uniforme de campanha, botas e boina do Exército e um revolver à cintura. Alinhou os seus títulos para que estes se assemelhassem aos do seu homólogo cubano, sendo identificado na imprensa como «Comandante-Chefe do Exército Revolucionário», além de presidente do Conselho Administrativo Militar Provisório e presidente do Conselho de Ministros.

Acima de tudo, ele reproduzia gestos imperiais. O Grande Palácio, onde se situava o seu escritório, era mantido e gerido como se Hailé Selassié ainda lá residisse, com chitas acorrentadas, estátuas de leões e lacaios de libré. Os presentes de Estado de Mengistu eram expostos ao lado dos recebidos pelo imperador. Ele sentava-se sozinho numa cadeira dourada ou num estrado elevado. Os seus retratos substituíram os do imperador, às vezes nas velhas molduras com uma coroa no topo. Os edifícios e jardins, onde se podiam ouvir leões a rugir, tinham vedações de grades de ferro, decoradas com a inicial de Menelik II, a letra etíope M.([22])

No tempo do imperador a liderança sempre fora altamente personalizada, um estilo que correspondia muito melhor à expectativa popular do que o carácter anónimo e obscuro do Derg nos primeiros anos da revolução. Os jornais publicavam regularmente fotografias do imperador recebendo visitantes estrangeiros ou dirigindo-se a grupos de estudantes no canto superior esquerdo da primeira página. Mengistu passou a preencher o mesmo lugar.([23])

Da mesma forma que o imperador mantivera os seus governadores provinciais na ordem viajando por regiões remotas do seu império, Mengistu percorria o país. Nos primeiros meses de 1979 ele passou várias semanas a visitar as regiões administrativas do Sul e Oeste. Em todas as ocasiões, os representantes locais tentavam superar-se nos elogios ao presidente. Negussie Fanta, o governador de Welega, saudou a sua «previdente e sábia liderança revolucionária»; outros exprimiram o seu «amor sincero» pelo presidente. Como o imperador, Mengistu dava conselhos «revolucionários confidenciais» a funcionários locais, diretores de hospitais, peritos agrícolas e gestores de fábricas.([24])

Os elogios eram motivados pelo medo. Mengistu costumava visitar a frente para humilhar os seus generais, confiscando-lhes as medalhas e despromovendo-os um ou dois escalões à frente dos soldados. Alguns eram executados no local.([25])

Em 1979 todas as visitas públicas seguiam já um ritual bem ensaiado. A comparência era obrigatória para a população local, que recebia ordens para aplaudir o seu líder, gritar os seus lemas e transportar o seu retrato. Mengistu descia do céu num helicóptero, enquanto uma banda tocava canções revolucionárias. Quando ele visitou uma fábrica de tratores em Gojam, a cerca de 600 quilómetros da capital, os altifalantes anunciaram a chegada do «líder comunista, revolucionário e visionário, o camarada Mengistu». As crianças ofereceram-lhe flores. Mengistu visitou a fábrica e depois o refeitório. Em toda a parte viu retratos de si mesmo. Seguiram-se discursos, apertos de mão, trocas de presentes e poses para fotografias. Nalgumas visitas eram lidos poemas. Quando Mengistu visitou um mosteiro histórico em Tigré, um padre compôs os seguintes versos: «Eis a estrela negra/ Ele incandesce como a aurora e brilha como um sol/ Eis a estrela negra como uma estrela cadente.»([26])

Desde 1974 Mengistu mandara matar dezenas de membros do Derg. Os que sobreviveram viviam amedrontados. Ele, por sua vez, interrogava-se sobre quem o trairia a seguir. Nunca podia ter a certeza da lealdade absoluta dos seus pares. Estes mostravam-se igualmente apreensivos em relação às intenções dele. Todos sabiam, pela experiência, que ele podia ser o seu melhor amigo de manhã e devorá-los à noite. Quer o admirassem verdadeiramente quer não, eram obrigados a aclamá-lo em público. Eram todos transformados em mentirosos, o que tornava a organização de um golpe de Estado muito mais difícil.

Os membros do Derg aprenderam a não contestar as diretivas de Mengistu, citando os seus discursos. Um pequeno folheto com citações escolhidas circulava entre eles. Tornou-se normal iniciar um discurso público evocando as palavras de sabedoria de Mengistu. Para os eventos importantes, pedia-se a um dos escritores de discursos de Mengistu, Baalu Girma, que fornecesse um excerto adequado. Baalu, jornalista com um mestrado da Michigan State University, já tinha escrito discursos para o imperador. Em 1977 tornou-se secretário permanente do Ministério da Informação, garantindo a difusão generalizada dos elogios ao líder.([27])

Nos primeiros anos da revolução, Mengistu impedira a impressão e exibição de retratos de Aman Andom e Teferi Banti, as duas figuras de proa do Derg. Depois da vitória na Guerra de Ogaden, o seu próprio retrato apareceu em todas as repartições públicas, em todos os serviços comunitários, em todas as fábricas e empresas, privadas ou públicas. A sua imagem podia até ser vista em restaurantes e bares. Isso também era induzido pelo medo. Os quadros locais do partido eram responsáveis por se certificar de que ele estava em toda a parte, mantendo listas de estabelecimentos que não colaborassem.([28])

O retrato de Mengistu começou a aparecer ao lado das imagens de Marx, Engels e Lenine em comícios organizados regularmente a partir de 1976. O ponto alto do calendário revolucionário era o Dia da Revolução, também chamado Dia Nacional, que por acaso coincidia com o segundo dia do calendário etíope, a 11 ou a 12 de setembro. No passado, milhares de pessoas deslocavam-se a Adis Abeba para festejar os feriados religiosos. Nos novos tempos, eram mobilizadas pelos comités de bairro urbanos, que passavam multas às que não comparecessem. Tudo era minuciosamente encenado, com milhares de pessoas obrigadas a marchar e a empurrar carros alegóricos diante do líder, que sorria abertamente na sua cadeira dourada numa tribuna na Praça da Revolução. O vermelho era a cor dominante, com estrelas, faixas, foices e martelos em toda a parte. Em 1977, 150 000 pessoas participaram no evento. No fim do discurso do presidente, um canhão disparou faixas para o ar, que se desenrolaram e desceram lentamente, presas a pequenos paraquedas. Os aviões passavam por cima em formação.([29])

Como em todos os regimes marxistas-leninistas, o segundo acontecimento mais importante do ano era o Dia do Trabalhador. Mas existiam outros eventos, inspirados pelo capricho do líder. Comícios de união, comícios de vitória, comícios de guerra e comícios de paz eram realizados com uma frequência deprimente. Em 1979, 20 000 crianças foram obrigadas a marchar a passo de ganso diante de Mengistu, no estádio em Adis Abeba, para assinalar o Ano Internacional da Criança. Às vezes, no seu tempo livre, ele brincava com os seus soldados no Grande Palácio, obrigando-os a estar em sentido e a desfilar pelo terreno.([30])

Em 1979 a Etiópia não tinha Constituição, nem parlamento e nem partido. Todo o poder era efetivamente exercido por Mengistu. Ele dependia do Derg. Este, por sua vez, dependia de um exército de cerca de 280 000 soldados e de uma rede informal de comités de bairro urbanos e associações de camponeses. Mas o que faltava era uma organização disciplinada e fiel capaz de estabelecer uma verdadeira ditadura do proletariado, orientando o país na sua transformação para o socialismo.([31])

Em dezembro de 1979, Mengistu estabeleceu uma organização preparatória chamada Comissão para a Organização do Partido dos Trabalhadores da Etiópia, conhecida pela sigla COPWE. O seu objetivo era divulgar o marxismo-leninismo e criar de raiz um partido comunista de vanguarda, segundo o modelo do Partido Comunista da União Soviética. Mengistu foi responsável por definir as regras e condições de recrutamento, nomeando pessoalmente todos os membros do Comité Central, da Comissão Executiva (equivalente a um Politburo) e do Secretariado. Estes eram todos seus apoiantes locais e alguns confidentes próximos. Nenhum tinha grande número de seguidores, e alguns não eram dignos de confiança por terem traído os seus colegas durante o Terror Vermelho. Como seu presidente, Mengistu servia de mediador entre a comissão e o governo. A comissão prometeu «tomar todas as medidas necessárias para prevenir qualquer situação que ponha em perigo a revolução». Um dos seus primeiros atos foi proibir todas as outras organizações políticas.([32])

Durante os seus primeiros anos, a comissão criou mais de 6000 células, avaliando criteriosamente todos os potenciais candidatos. Como o

Comité Central, as células eram dominadas por elementos das Forças Armadas e da polícia. Havia, evidentemente, um preço a pagar. Como a fidelidade era mais importante do que a crença, muitos dos membros do partido não tinham mais do que algumas leves noções do marxismo-leninismo. Foram então enviados para a União Soviética ou Europa de Leste para aprender a doutrina, mas continuaram «em grande parte imunes à ideologia», para citar o historiador Christopher Clapham.([33])

A comissão controlava todos os órgãos de poder, incluindo os comités de bairro urbanos e as associações de camponeses. Foram criadas novas organizações equiparáveis às da União Soviética, de uma Associação Revolucionária das Mulheres da Etiópia a uma Organização Revolucionária da Juventude da Etiópia.

À medida que a comissão alargava o seu domínio sobre o país, eram conduzidos programas cada vez mais radicais em nome do socialismo. Mengistu não precisava de Marx para perceber que a coletivização lhe permitia extrair um excedente muito maior do campo. Em poucos anos, cerca de sete milhões de agregados familiares foram organizados em associações de camponeses, que passaram a ser organismos do Estado. Essas associações impunham quotas de cereais aos aldeões, obrigando-os a vender o seu produto ao Estado a preços fixados pelo mesmo. Elas tributavam-nos impiedosamente e recrutavam-nos para trabalhar sem pagamento em projetos de infraestruturas longe de casa. Transformaram-nos em rendeiros do Estado.([34])

Em maio de 1982, finalmente, *O Capital* foi publicado em amárico. Seis meses depois, os Alemães de Leste doaram um gigantesco bloco de granito vermelho representando Karl Marx para guardar a entrada da Universidade de Adis Abeba. Lenine chegou em 1983, produzido em série na União Soviética e elevando-se a sete metros de altura mesmo em frente da Comissão Económica das Nações Unidas para África. Com o olhar fixo no horizonte e uma perna arqueada para a frente, indicava o caminho para o futuro.([35])

Após cinco anos de trabalhos preparatórios, Mengistu achou que estava pronto para estabelecer formalmente o Partido dos Trabalhadores da Etiópia. Um novo capítulo na Revolução do Povo concluiu-se em julho de 1984, quando filiais do partido foram inauguradas nas províncias, todas saudando respeitosamente «a liderança vital e decisiva» de

Mengistu. O seu retrato aparecia no meio, com Marx, Engels e Lenine à esquerda e uma estrela vermelha à sua direita.([36])

O acontecimento principal foi agendado para coincidir com o décimo aniversário da revolução, em setembro de 1984. Mengistu visitara Pionguiangue dois anos antes e estava decidido a superar a escala com que os Norte-coreanos assinalavam o seu Dia Nacional. Ele voltou de Pionguiangue com uma equipa de conselheiros que embelezou e preparou a capital para o evento, instalando centenas de arcos triunfais, obeliscos e cartazes para exaltar Mengistu e o marxismo. Todos os anúncios comerciais foram retirados. Enormes *slogans* revolucionários encimavam todos os edifícios modernos. Os bairros de lata foram escondidos por quilómetros de vedações de chapa ondulada, pintada forçosamente de vermelho.([37])

Um enorme Salão de Congressos do Partido, no estilo socialista-realista apreciado por tantos ditadores comunistas, abriu uma semana antes dos festejos. Em 1979 a comissão mudara-se para um elegante edifício *art déco* outrora ocupado pelo parlamento. O exterior tinha sido pintado de novo de um vermelho-terroso, os portões de ferro, decorados com uma foice e um martelo. O novo edifício, porém, era um monumento às conquistas da revolução. Na principal sala de conferências, cada um dos 3500 lugares vinha equipado com a tecnologia mais recente para proporcionar tradução simultânea. Tudo, exceto o revestimento de pedra no exterior do edifício, tinha sido construído segundo as mais rigorosas estipulações e importado da Finlândia. A conta foi paga em dinheiro.([38])

Na sua primeira reunião a 10 de setembro, os membros do Partido dos Trabalhadores da Etiópia elegeram unanimemente o seu «líder visionário» secretário-geral do Comité Central e prometeram ao povo implementar o lema «Avante com a Liderança Revolucionária do Camarada Mengistu Hailé Mariam». Um membro do Politburo levantou-se, lendo solenemente uma biografia do presidente, comparando a vida do «salvador da Etiópia, brilhante, generoso», ao segundo advento de Cristo. Mengistu, que verificara todas as palavras do discurso, mostrou-se humilde, murmurando modestamente que não merecia o louvor.([39])

Ainda mais imponente do que o Salão de Congressos do Partido era o Monumento Tiglachin, ou Monumento A Nossa Luta, uma estela altíssima concebida pelos norte-coreanos. Tinha cinquenta metros de altura e era coroada por uma estrela vermelha. Em dois dos lados da estela, intrincados relevos de bronze contavam a história da revolução, da queda do imperador a Mengistu Hailé Mariam, conduzindo o seu povo a um futuro socialista.([40])

No início de setembro as principais avenidas de Adis Abeba foram encerradas durante vários dias, para que os conselheiros norte-coreanos pudessem treinar grandes multidões para o desfile. As pessoas que não comparecessem para marchar eram espancadas, presas ou privadas de comida, uma vez que os alimentos tinham sido racionados.

O grande evento realizou-se no Dia Nacional, quando cerca de 70 000 estudantes, aldeões e soldados marcharam diante da tribuna de revista na Praça da Revolução, transportando cartazes enormes de Marx, Lenine e Mengistu e gritando *slogans* revolucionários: «Avante com a Liderança Revolucionária do Camarada Mengistu Hailé Mariam». Mengistu observava-os de pé e em sentido. Numa demonstração de força militar, centenas de tanques, veículos blindados de transporte de tropas e lança-foguetes atravessaram lentamente a praça. Mas a principal atração era um carro alegórico com uma estátua gigante de Mengistu de punho esquerdo cerrado e erguido no ar. Vinha decorado com outro *slogan*, dizendo: «Sem a Liderança Sábia e Revolucionária de Mengistu Hailé Mariam a Nossa Luta não Pode Ter Êxito».([41])

Poucos anos depois da revolução, todos os objetos religiosos do Museu de Etnologia tinham sido removidos e armazenados, mas poucos itens sobre o novo regime os haviam substituído. No âmbito do décimo aniversário, uma exposição especial abriu as suas portas, apresentando finalmente uma visão unificada do passado. Dos tempos paleoantropológicos à Batalha de Adwa e ao derrube do imperador, o país era apresentado como uma linha evolutiva ininterrupta, uma história de progresso e redenção que culminava na figura de Mengistu.([42])

Segundo a maioria dos cálculos, as comemorações custaram entre 50 e 100 milhões de dólares americanos.([43]) Mesmo antes do seu início, milhões de pessoas já estavam a morrer de fome. A Etiópia era um país pobre e uma economia socialista rígida não ajudava. O serviço militar obrigatório e a guerra civil debilitaram ainda mais um frágil meio rural. A produção de cereais *per capita* caiu 15 por cento entre 1974 e 1984, embora mais cereais fossem requisitados para pagar um orçamento militar maior. Os primeiros sinais de fome surgiram em 1983, com algumas zonas do país sofrendo de uma seca invulgarmente severa. No verão de 1984 milhares de pessoas já estavam a morrer só na região de Wollo. As vilas e as cidades foram invadidas por aldeões famintos, que mendigavam nas ruas ou esperavam pela morte ao lado de campos desertos. O regime tentou encobrir a crise, levando jornalistas estrangeiros a visitar quintas coletivas onde as pessoas prosperavam. Como a fome afetava sobretudo o Norte rebelde, o regime também tirou partido da crise para deixar morrer de fome as pessoas locais que simpatizavam com os rebeldes. Quando Mengistu discursou à multidão, durante cinco horas, no décimo aniversário da revolução em setembro de 1984, já cerca de sete milhões de pessoas se encontravam à beira da morte.([44])

A fome despertou a atenção da comunidade internacional depois de pungentes imagens de crianças mirradas, ligadas a sacos de soro, terem sido exibidas num noticiário da BBC em outubro de 1984. As imagens geraram uma campanha mundial para angariar milhões de dólares em ajuda. Em fevereiro de 1985 Mengistu apareceu finalmente na televisão estatal, declarando que o país enfrentava uma grave crise resultante da seca. Propunha uma solução: o realojamento de aldeões famintos do Norte nas planícies mais férteis do Sul. Sob a capa da ajuda, o regime deslocou à força grupos populacionais inteiros das zonas rebeldes para zonas remotas do país. Mais de meio milhão de pessoas foi realojado, geralmente sob a ameaça de violência. Mas o pior estava para vir. O realojamento foi seguido de outro projeto, conhecido por «aldeamento». Era a coletivização com outro nome, com famílias divididas obrigadas a mudar-se para aldeias planificadas onde o Estado controlava tudo. Segundo a maioria das estimativas, pelo menos meio milhão de pessoas morreu na fome de 1983–1985.([45])

Grande parte da ajuda alimentar foi desviada dos civis para os soldados. A guerra civil grassava desde 1977, quando a seguir à revolução foram criados vários movimentos de libertação no norte árido da Etiópia, incluindo a Frente de Libertação Oromo, a Frente de Libertação do Povo Tigré e a Frente de Libertação Afar. Mas o principal inimigo do Derg era a Frente de Libertação do Povo Eritreu. No auge da guerra contra a Somália no verão de 1977, Mengistu apelara a uma «guerra total do povo» contra todos os agressores. Depois de vencer a Guerra de Ogaden com o apoio de Cuba e da União Soviética, ele esperara esmagar definitivamente os movimentos secessionistas no Norte. Mas a operação Estrela Vermelha, uma grande campanha militar em 1982, envolvendo mais de metade do exército do país, foi um desastre total. Ao contrário do planalto no Leste, o Norte oferecia terreno ideal para guerrilheiros, com montanhas altas, penhascos traiçoeiros e planícies desoladas cobertas de rochas.([46])

Mengistu assumiu pessoalmente o comando da operação, deslocando temporariamente a maior parte do seu governo para Asmara, a capital da Eritreia. Mas as mesmas qualidades que o tinham ajudado a controlar o Derg nos primeiros anos da revolução tornaram-se então numa desvantagem. Ele foi para a guerra sem uma estratégia definida, julgando que o seu formidável exército venceria pela simples força dos números. Quando as suas tropas não conseguiram expulsar os rebeldes dos seus redutos nas montanhas, ele acusou os generais de incompetência e traição, ordenando a sua execução sumária. Mengistu não confiava em ninguém, estabelecendo uma rede de vigilância de comissários políticos em torno do alto-comando. Como a fidelidade era mais valorizada do que a competência, eram promovidos bajuladores e oportunistas.([47])

A operação Estrela Vermelha tornou-se numa guerra de desgaste, com centenas de milhares de rapazes e jovens adultos recrutados à força para as Forças Armadas. Estes eram mal alimentados e muitas vezes espancados antes de serem lançados em combate contra alguns dos rebeldes mais calejados do mundo. Em meados da década de 80, a guerra civil e a fome já se haviam tornado elementos permanentes do regime.([48])

Apesar de um exército de 300 000 soldados e doze mil milhões de dólares em ajuda militar soviética, o regime começou a desmoronar-se sob o ataque de vários movimentos rebeldes. Em março de 1988 os rebeldes eritreus conseguiram uma vitória decisiva em Afabet, uma cidade estratégica fortalecida por trincheiras e abrigos subterrâneos no meio do Sahel. Foi a maior batalha em África desde El Alamein. Cerca de 20 000 soldados foram mortos ou capturados, alterando o equilíbrio da guerra. Meses depois, com Mengistu ausente na Alemanha de Leste à procura de mais armas, os seus oficiais superiores tentaram levar a cabo um golpe de Estado. Este fracassou, mas fez aumentar o número de deserções entre os soldados rasos. Quando os Eritreus capturaram o porto de Massawa no mar Vermelho em fevereiro de 1990, até

Moscovo perdeu a esperança, decidido a sair do conflito. Gorbatchov instou Mengistu a fazer reformas.

Os vários movimentos de guerrilha, liderados pela Frente de Libertação do Povo Eritreu, avançaram então pela Etiópia adentro e alcançaram a periferia de Adis Abeba em finais de 1990. Nos meses seguintes, Mengistu perdeu progressivamente o contacto com a realidade, oscilando entre declarações de desafio e insinuações de suicídio. A 16 de abril de 1991 falou através da rádio, atacando traidores e conspiradores estrangeiros. Três dias depois declarou uma mobilização geral «para salvaguardar a integridade da pátria». Numa atitude de desespero, agarrou-se a todos os seus títulos, mas substituiu vários dos seus ministros mais antigos. Foi tudo em vão. A 21 de maio fugiu, abandonando discretamente a capital para apanhar um pequeno avião e atravessar a fronteira para Nairóbi. Daí seguiu para o Zimbabué, onde o presidente Robert Mugabe lhe concedeu asilo.([49])

Semanas depois o regime dissolveu-se. Já antes da fuga de Mengistu, as suas forças se haviam dispersado na paisagem quando os rebeldes se deslocaram para sul. Os seus cartazes foram vandalizados, alguns crivados de balas. Lenine foi derrubado do seu pedestal. Os ditados de Mengistu desapareceram do cabeçalho do jornal do partido. Na Praça da Revolução, os *slogans* e as estrelas foram cobertos de tinta. Nada restou senão os andaimes enferrujados onde em tempos se exibira o seu retrato.([50])

Mengistu deixou um legado de devastação causada pela guerra, fome e coletivização, mas nenhuma instituição ou ideologia duradoura. Ele atribuiu todo o poder a si próprio, certificando-se de que nenhuma decisão era tomada sem o seu aval. Até o partido que construíra com tanto esmero era pouco mais do que um instrumento de governo pessoal. Uma vez que ele personificava a revolução, esta desapareceu assim que ele fugiu.

POSFÁCIO

Numa garagem da municipalidade de Adis Abeba, Lenine encontra-se deitado de costas, rodeado de ervas daninhas e bidões de petróleo vazios. Poucas pessoas vêm visitá-lo. As que o fazem são avisadas pelos trabalhadores locais para não o acordarem.([1])

Ele é grande e pesado e tirá-lo do seu pedestal foi tarefa difícil. Foi necessária maquinaria pesada, pois as cordas nem sequer conseguiam fazê-lo abanar. Ele não foi, evidentemente, o primeiro a ser derrubado. Depois da queda do Muro de Berlim em novembro de 1989, Lenine foi desmantelado milhares de vezes, às vezes atacado com martelos ou decapitado, outras armazenado. Outros déspotas também foram derrubados. Por toda a Albânia multidões jubilosas deitaram abaixo as estátuas de Enver Hoxha, que controlara o país durante quarenta anos. Ao longo de décadas tinham surgido retratos, cartazes, *slogans*, bustos e estátuas do ditador, mas a situação mudara.

Isso apanhou muitos observadores de surpresa. Os ditadores, julgava-se, eram inabaláveis, como as suas estátuas. Eles tinham aprisionado as almas dos seus súbditos e moldado a sua maneira de pensar. Enfeitiçaram-nos. Mas nunca houve um feitiço. Havia medo, e quando esse se dissipou o edifício inteiro desmoronou-se. No caso de Ceauşescu, o momento em que ele vacilou quando foi contestado por manifestantes em frente da sede do partido, a 21 de dezembro de 1989, pode ser definido quase ao minuto. Esse momento demorou várias décadas a chegar.

Não existe culto sem medo. No auge do século XX, centenas de milhões de pessoas em todo o mundo não tiveram alternativa senão aquiescer à glorificação dos seus líderes, que sustentavam o seu domínio com a ameaça da violência. No tempo de Mao ou Kim, escarnecer do nome do líder era o suficiente para garantir a transferência para um campo de trabalhos forçados. Quem não chorasse, aplaudisse ou gritasse à força incorria numa pena pesada. Nos regimes de Mussolini ou Ceauşescu, os diretores dos jornais recebiam instruções diárias sobre o que devia ser mencionado e o que estava proscrito. No tempo de Estaline, escritores, poetas e pintores tremiam perante a ideia de que os seus elogios pudessem não parecer suficientemente sinceros.

O uso generalizado do termo «culto de personalidade» para caracterizar todo e qualquer esforço de glorificar um líder trivializa o que ocorreu nas ditaduras modernas. Quando presidentes ou primeiros-ministros eleitos democraticamente cuidam em demasia da sua imagem, ou posam para a câmara diante de crianças que lhes entoam louvores, ou mandam gravar os seus nomes em moedas de ouro, ou se rodeiam de bajuladores, estão a fazer teatro político. Pode ser repugnante, ou parecer narcisístico e até sinistro, mas não é um culto. Ter seguidores a declarar que o seu líder é um génio também não é um culto. Na primeira fase de um culto, um líder precisa de ter poder suficiente para humilhar os seus opositores e obrigá-los a aclamá-lo em público. Mas com um culto de personalidade plenamente desenvolvido, já ninguém consegue precisar exatamente quem apoia e quem se opõe ao ditador.

É o caso de Kim Jong-un, da terceira geração da sua família, que governa a Coreia do Norte desde 2011. Em 2015, depois de ter mandado executar cerca de setenta oficiais superiores, incluindo vários generais e o seu tio por afinidade, ele distribuiu ao seu círculo mais próximo crachás exibindo o seu retrato. No mesmo ano foram erguidas estátuas dedicadas à família em todas as províncias. Como Kim Il-sung, Kim Jong-un viaja pelo país, oferecendo orientação no próprio local, com o seu séquito apontando religiosamente todas as suas palavras. Ele anda como o avô, sorri como o avô e até é parecido com o avô.([2])

Kim é apenas um de muitos ditadores que têm vingado, apesar da expansão da democracia desde 1989. Assad *fils* sucedeu a Assad *père* em 2000. Fazendo lembrar o «humilde médico de aldeia» François Duvalier, inicialmente Bashar al-Assad apresentava-se como um «afável oftalmologista». Depois, o médico espalhou uma cultura de medo, cobrindo a Síria com a sua imagem ao mesmo tempo que reprimia a dissidência com punho de ferro.([3])

Também têm surgido novos ditadores. Nos primeiros anos do século XXI, a Turquia parecia ser uma democracia em pleno desenvolvimento, com uma dinâmica sociedade civil e uma imprensa relativamente livre. Depois apareceu Recep Tayyip Erdogan. Eleito presidente em 2014, começou a desenvolver a sua imagem como o homem-forte do país. Em 2016 serviu-se de uma tentativa de golpe de Estado falhada como pretexto para reprimir toda a oposição, suspendendo, demitindo ou prendendo dezenas de milhares de pessoas, incluindo jornalistas, académicos, advogados e funcionários públicos. E ao mesmo tempo que eliminava os seus opositores, enaltecia a sua própria pessoa. Os seus discursos eram transmitidos várias vezes por dia na televisão, o seu rosto, afixado em vários muros, enquanto os seus apoiantes o comparavam a um segundo profeta. A Turquia está ainda muito longe das ditaduras absolutas que dominaram o século XX, mas essas também levaram o seu tempo a estabelecer-se.([4])

Depois da Revolução Cultural, o partido comunista na China alterou explicitamente a sua Constituição para proibir «todas as formas de culto de personalidade», progredindo lenta mas inexoravelmente para uma maior responsabilidade política. Mas o regime tem vindo a retroceder para a ditadura. Depois de ser eleito secretário-geral do partido em 2012, o primeiro ato de Xi Jinping foi humilhar e prender alguns dos seus adversários mais poderosos. Depois, disciplinou ou afastou centenas de milhares de membros do partido, tudo em nome de uma campanha contra a corrupção. Enquanto o regime fazia um esforço concertado para eliminar uma sociedade civil em crescimento, milhares de advogados, ativistas dos direitos humanos, jornalistas e líderes religiosos eram presos e exilados.([5])

A máquina de propaganda tem idolatrado constantemente o presidente Xi. Só na capital da província de Hebei foram instalados cerca de 4500 altifalantes em novembro de 2017, antes de um importante congresso do partido, apelando a todas as pessoas para «se unirem com firmeza em torno do presidente Xi». O partido conferiu-lhe sete títulos, incluindo

Líder Criativo, Cerne do Partido, Servidor Buscando a Felicidade para o Povo, Líder de Um Grande País e Arquiteto da Modernização na Nova Era. «Seguir-vos é seguir o Sol», dizia uma nova canção lançada em Pequim. Bugigangas, crachás e cartazes com o seu retrato apareceram em toda a parte. No mesmo ano, os seus pensamentos tornaram-se leitura obrigatória para as crianças em todas as escolas. O medo acompanha o elogio, pois até escarnecer do Presidente de Tudo numa mensagem privada online pode ser tratado como crime abominável punível com dois anos de prisão. Em março de 2018 ele tornou-se presidente vitalício, quando o Congresso Nacional do Povo votou para revogar as limitações ao seu mandato.([6])

Não obstante, os ditadores atuais, com a exceção de Kim Jong-un, estão muito longe de incutir o medo que os seus predecessores infligiam às populações no auge do século XX. No entanto, quase todos os meses parece sair um novo livro anunciando «A Morte da Democracia» ou «O Fim do Liberalismo». É verdade que há mais de uma década a democracia tem vindo a degradar-se em muitos lugares do mundo, enquanto os níveis de liberdade diminuíram mesmo nalgumas das mais sólidas democracias parlamentares. A vigilância eterna, como diz o provérbio, é o preço da liberdade, uma vez que o poder pode facilmente ser roubado.

A vigilância, contudo, não implica obscuridade. Até mesmo um mínimo de perspetiva histórica nos mostra que atualmente a ditadura está em declínio comparativamente ao século XX. Acima de tudo, os ditadores que se rodeiam de um culto de personalidade têm tendência para se embrenhar num mundo próprio, confirmados nas suas ilusões pelos seus apoiantes. Eles acabam por tomar todas as grandes decisões sozinhos. Veem inimigos em todo o lado, no próprio país e no estrangeiro. Dominados pela arrogância e pela paranoia, buscam mais poder para proteger o poder que já possuem. Mas como tanta coisa depende das avaliações que fazem, até mesmo um pequeno erro de cálculo pode levar o regime a vacilar, com consequências devastadoras. Em última análise, a maior ameaça para os ditadores não deriva apenas do povo mas de si mesmos.

BIBLIOGRAFIA SELECIONADA

Arquivos

ACS	Archivio Centrale dello Stato, Roma
ANR	Arhivele Naţionale ale României, Bucareste
BArch	Bundesarchiv, Berlim
GDPA	Guangdong sheng Dang'anguan, Cantão
GSPA	Gansu sheng Dang'anguan, Lanzhou
HBPA	Hebei sheng Dang'anguan, Shijiazhuang
Hoover	Hoover Institution Library and Archives, Palo Alto
MfAA	Politisches Archiv des Auswärtigen Amts, Berlim
MAE	Ministère des Affaires Etrangères, Paris
NARA	National Archives at College Park, Washington
NMA	Nanjing shi Dang'anguan, Nanquim
OSA	Open Society Archives, Central European University, Budapeste
PRO	The National Archives, Londres
RGANI	Rossiiskii Gosudarstvennyi Arkhiv Novei'shei Istorii, Moscovo
RGASPI	Rossiiskii Gosudarstvennyi Arkhiv Sotsial'no-Politicheskoi Istorii, Moscovo
SMA	Shanghai shi Dang'anguan, Xangai

Fontes secundárias

Abbott, Elizabeth, *Haiti: The Duvaliers and Their Legacy*, Nova Iorque: McGraw-Hill, 1988.

Altman, Linda Jacobs, *Shattered Youth in Nazi Germany: Primary Sources from the Holocaust*, Berkeley Heights, NJ: Enslow Publishers, 2010.

Andrieu, Jacques, «Mais que se sont donc dit Mao et Malraux? Aux sources du maoïsme occidental», *Perspectives chinoises*, n.º 37 (setembro 1996), pp. 50–63.

Applebaum, Anne, *Iron Curtain: The Crushing of Eastern Europe, 1944–1956*, Nova Iorque: Doubleday, 2012.

Arendt, Hannah, *The Origins of Totalitarianism*, Nova Iorque: Harvest Book, 1973.

Armstrong, Charles, *The North Korean Revolution: 1945–50*, Ithaca, NY: Cornell University Press, 2002.

Baberowski, Jörg, *Scorched Earth: Stalin's Reign of Terror*, New Haven, CT: Yale University Press, 2016.

Baczko, Bronisław, «La fabrication d'un charisme», *Revue européenne des sciences sociales*, 19, n.º 57 (1981), pp. 29–44.

Balázs, Apor, Jan C. Behrends, Polly Jones e E. A. Rees (org.), *The Leader Cult in Communist Dictatorships: Stalin and the Eastern Bloc*, Houndmills, Basingstoke: Palgrave Macmillan, 2004.

Barber, John, «The Image of Stalin in Soviet Propaganda and Public Opinion during World War 2» *in* John Garrard e Carol Garrard (org.), *World War 2 and the Soviet People*, Nova Iorque: St. Martin's Press, 1990, pp. 38–49.

Baxa, Paul, «"Il nostro Duce": Mussolini's Visit to Trieste in 1938 and the Workings of the Cult of the Duce», *Modern Italy*, 18, n.º 2 (maio 2013), pp. 117–128.

Behrends, Jan C., «Exporting the Leader: The Stalin Cult in Poland and East Germany (1944/45–1956)» *in* Apor Balázs, Jan C. Behrends, Polly Jones e E. A. Rees (org.), *The Leader Cult in Communist Dictatorships: Stalin and the Eastern Bloc*, Houndmills, Basingstoke: Palgrave Macmillan, 2004, pp. 161–78.

Beevor, Antony, *The Fall of Berlin 1945*, Londres: Penguin Books, 2002.

Berman, Stephen Jay, «Duvalier and the Press», dissertação de mestrado em Jornalismo, University of Southern California, 1974.

Ben-Ghiat, Ruth, *Fascist Modernities: Italy, 1922–1945*, Berkeley, CA: University of California Press, 2001.

Berneri, Camillo, *Mussolini grande attore*, Pistoia: Edizioni dell'Archivio Famiglia Berneri, 1.ª ed., 1934, 2.ª ed., 1983.

Bessel, Richard, «The Rise of the NSDAP and the Myth of Nazi Propaganda», *Wiener Library Bulletin*, 33, 1980, pp. 20–29.

Bessel, Richard, «Charismatisches Führertum? Hitler's Image in der deutschen Bevölkerung» *in* Martin Loiperdinger, Rudolf Herz e Ulrich Pohlmann (org.), *Führerbilder: Hitler, Mussolini, Roosevelt, Stalin in Fotografie und Film*, Munique: Piper, 1995, pp. 14–26.

Bevan, Robert, *The Destruction of Memory: Architecture at War*, Londres: Reaktion Books, 2006.

Binet, Laurence (org.), *Famine et transferts forcés de populations en Ethiopie 1984–1986*, Paris: Médecins Sans Frontières, 2013.

Biondi, Dino, *La fabbrica del Duce*, Florença: Vallecchi, 1967.

Blake, Robert e Wm Roger Louis (org.), *Churchill*, Oxford: Clarendon Press, 2002.

Bonnell, Victoria E., *Iconography of Power: Soviet Political Posters Under Lenin and Stalin*, Berkeley, CA: University of California Press, 1998.

Bonsaver, Guido, *Censorship and Literature in Fascist Italy*, Toronto: University of Toronto Press, 2007.

Boterbloem, Kees, *Life and Times of Andrei Zhdanov, 1896–1948*, Monreal: McGill-Queen's Press, 2004.

Bramsted, Ernest K., *Goebbels and National Socialist Propaganda 1925–1945*, East Lansing: Michigan State University Press, 1965.

Brandenberger, David, «Stalin as Symbol: A Case Study of the Personality Cult and its Construction» *in* Sarah Davies e James Harris (org.), *Stalin: A New History*, Cambridge: Cambridge University Press, 2005, pp. 249–270.

Brooks, Jeffrey, *Thank You, Comrade Stalin!: Soviet Public Culture from Revolution to Cold War*, Princeton: Princeton University Press, 2000.

Bühmann, Henning, «Der Hitlerkult. Ein Forschungsbericht» *in* Klaus Heller e Jan Plamper (org.), *Personenkulte im Stalinismus: Personality Cults in Stalinism*, Gotinga: Vandenhoeck & Ruprecht, 2004, pp. 109–157.

Burke, Peter, *The Fabrication of Louis XIV*, New Haven, CT: Yale University Press, 1992.

Calvino, Italo, «Il Duce's Portraits», *New Yorker*, 6 de janeiro de 2003, p. 34.

Campbell, Ian, *The Addis Ababa Massacre: Italy's National Shame*, Londres: Hurst, 2017.

Cannistraro, Philip, *La fabbrica del consenso: Fascismo e mass media*, Bari: Laterza, 1975.

Chang, Jung e Jon Halliday, *Mao: The Unknown Story*, Londres: Jonathan Cape, 2005.

Chaussy, Ulrich e Christoph Püschner, *Nachbar Hitler: Führerkult und Heimatzerstörung am Obersalzberg*, Berlim: Christoph Links Verlag, 2007.

Chinese Propaganda Posters: From the Collection of Michael Wolf, Colónia: Taschen, 2003.

Chen Jian, *China's Road to the Korean War*, Nova Iorque: Columbia University Press, 1996.

Chirot, Daniel, *Modern Tyrants: The Power and Prevalence of Evil in Our Age*, Princeton: Princeton University Press, 1996.

Clapham, Christopher, *Transformation and Continuity in Revolutionary Ethiopia*, Cambridge: Cambridge University Press, 1988.

Cohen, Arthur A., *The Communism of Mao Tse-tung*, Chicago: University of Chicago Press, 1964.

Cohen, Yves, «The Cult of Number One in an Age of Leaders», *Kritika: Explorations in Russian and Eurasian History*, vol. 8, n.º 3 (verão 2007), pp. 597–634.

Coox, Alvin D., *Nomonhan: Japan Against Russia 1939*, Palo Alto, CA: Stanford University Press, 1988.

Corner, Paul, *The Fascist Party and Popular Opinion in Mussolini's Italy*, Oxford: Oxford University Press, 2012.

Corvaja, Santi, *Hitler and Mussolini: The Secret Meetings*, Nova Iorque: Enigma Books, 2008.

Courtois, Stéphane *et al.* (org.), *The Black Book of Communism: Crimes, Terror, Repression*, Cambridge, MA: Harvard University Press, 1999.

Cushway, Eric H., «The Ideology of François Duvalier», dissertação de mestrado, University of Alberta, 1976.

David-Fox, Michael, *Showcasing the Great Experiment: Cultural Diplomacy and Western Visitors to the Soviet Union, 1921–1941*, Oxford: Oxford University Press, 2011.

Davies, Sarah, *Popular Opinion in Stalin's Russia: Terror, Propaganda and Dissent, 1934–1941*, Cambridge: Cambridge University Press, 1997.

de Waal, Alex, *Evil Days: Thirty Years of War and Famine in Ethiopia*, Nova Iorque: Human Rights Watch, 1991.

de Felice, Renzo, *Mussolini il Fascista*, vol. 1, *La conquista del potere, 1921–1925*, Turim: Giulio Einaudi, 1966.

Dee, Bleecker, «Duvalier's Haiti: A Case Study of National Disintegration», tese de doutoramento, University of Florida, 1967.

Deletant, Dennis, *Ceauşescu and the Securitate*, Londres: Hurst, 1995.

Deletant, Dennis, *Communist Terror in Romania: Gheorghiu-Dej and the Police State, 1948–1965*, Nova Iorque: St. Martin's Press, 1999.

Demick, Barbara, *Nothing to Envy: Ordinary Lives in North Korea*, Nova Iorque: Spiegel and Grau, 2009.

Diederich, Bernard e Al Burt, *Papa Doc: Haiti and its Dictator*, Londres: Bodley Head, 1969.

Diederich, Bernard, *The Price of Blood: History of Repression and Rebellion in Haiti Under Dr. François Duvalier, 1957–1961*, Princeton, NJ: Markus Wiener, 2011.

Diggins, John Patrick, *Mussolini and Fascism: The View from America*, Princeton: Princeton University Press, 1972.

Dikötter, Frank, *Mao's Great Famine: The History of China's Most Devastating Catastrophe, 1958–1962*, Londres: Bloomsbury, 2010.

Dikötter, Frank, *The Tragedy of Liberation: A History of the Chinese Revolution, 1945–1957*, Londres: Bloomsbury, 2013.

Dikötter, Frank, *The Cultural Revolution: A People's History, 1962–1976*, Londres: Bloomsbury, 2016.

Diller, Ansgar, *Rundfunkpolitik im Dritten Reich*, Munique: Deutscher Taschenbuch Verlag, 1980.

Donham, Donald L., «Revolution and Modernity in Maale: Ethiopia, 1974 to 1987», *Comparative Studies in Society and History*, 34, n.º 1 (jan. 1992), pp. 28–57.

Duggan, Christopher, *Fascist Voices: An Intimate History of Mussolini's Italy*, Oxford: Oxford University Press, 2013.

Durandin, Catherine, *Ceauşescu, vérités et mensonges d'un roi communiste*, Paris: Albin Michel, 1990.

Ennker, Benno, «The Origins and Intentions of the Lenin Cult» *in* Ian D. Thatcher (org.), *Regime and Society in Twentieth-Century Russia*, Houndmills, Basingstoke: Macmillan Press, 1999, pp. 118–128.

Evans, Richard J., «Coercion and Consent in Nazi Germany», *Proceedings of the British Academy*, 151, 2006, pp. 53–81.

Evans, Richard J., *The Third Reich in Power*, Londres: Penguin Books, 2006.

Evans, Richard J., *The Third Reich at War*, Londres: Penguin, 2009.

Eyal, Jonathan, «Why Romania Could Not Avoid Bloodshed» *in* Gwyn Prins (org.), *Spring in Winter: The 1989 Revolutions*, Manchester: Manchester University Press, 1990, pp. 139–162.

Falasca-Zamponi, Simonetta, *Fascist Spectacle: The Aesthetics of Power in Mussolini's Italy*, Berkeley, CA: University of California Press, 2000.

Farnsworth, Robert M., *From Vagabond to Journalist: Edgar Snow in Asia, 1928–1941*, Colúmbia, MO: University of Missouri Press, 1996.

Feigon, Lee, *Mao: A Reinterpretation*, Chicago: Ivan R. Dee, 2002.

Fest, Joachim C., *Hitler*, Boston, MA: Houghton Mifflin Harcourt, 2002.

Festorazzi, Roberto, *Starace. Il mastino della rivoluzione fascista*, Milão: Ugo Mursia, 2002.

Figes, Orlando, *The Whisperers: Private Life in Stalin's Russia*, Nova Iorque: Picador, 2007.

Fisher, Mary Ellen, *Nicolae Ceauşescu: A Study in Political Leadership*, Boulder, CO: Lynne Rienner Publishers, 1989.

Fitzpatrick, Sheila, *Everyday Stalinism. Ordinary Life in Extraordinary Times: Soviet Russia in the 1930s*, Oxford: Oxford University Press, 1999.

Foot, John, *Italy's Divided Memory*, Houndmills, Basingstoke: Palgrave Macmillan, 2009.

Franz-Willing, Georg, *Die Hitlerbewegung. Der Ursprung, 1919–1922*, Hamburgo: R.v. Decker's Verlag G. Schenck, 1962, 2.ª ed., 1972.

Fritz, Stephen G., *Ostkrieg: Hitler's War of Extermination in the East*, Lexington, KT: University Press of Kentucky, 2011.

Gabanyi, Anneli Ute, *The Ceauşescu Cult: Propaganda and Power Policy in Communist Romania*, Bucareste: The Romanian Cultural Foundation Publishing House, 2000.

Gao Hua, *Hong taiyang shi zenyang shengqi de. Yan'an zhengfeng yundong de lailong qumai* (Como é que o sol vermelho nasceu sobre Yan'an? História da Campanha de Retificação), Hong Kong: Chinese University Press, 2000.

Gao Wenqian, *Zhou Enlai: The Last Perfect Revolutionary*, Nova Iorque: PublicAffairs, 2007.

Gentile, Emilio, *The Sacralisation of Politics in Fascist Italy*, Cambridge, MA: Harvard University Press, 1996.

Giorgis, Dawit Wolde, *Red Tears: War, Famine and Revolution in Ethiopia*, Trenton, NJ: Red Sea Press, 1989.

Girard, Philippe, *Haiti: The Tumultuous History — From Pearl of the Caribbean to Broken Nation*, Nova Iorque: St. Martin's Press, 2010.

Glantz, David, *Stumbling Colossus: The Red Army on the Eve of World War*, Lawrence, KA: University Press of Kansas, 1998.

Goncharov, Sergei N., John W. Lewis e Xue Litai, *Uncertain Partners: Stalin, Mao, and the Korean War*, Stanford, CA: Stanford University Press, 1993.

Grangereau, Philippe, *Au pays du grand mensonge. Voyage en Corée*, Paris: Payot, 2003.

Gundle, Stephen, Christopher Duggan e Giuliana Pieri (org.), *The Cult of the Duce: Mussolini and the Italians*, Manchester: Manchester University Press, 2013.

Haffner, Sebastian, *The Meaning of Hitler*, Londres: Phoenix Press, 1979.

Han, Hongkoo, «Wounded Nationalism: The Minsaengdan Incident and Kim Il-sung in Eastern Manchuria», University of Washington, tese de doutoramento, 1999.

Harden, Blaine, *The Great Leader and the Fighter Pilot: A True Story About the Birth of Tyranny in North Korea*, Nova Iorque: Penguin Books, 2016.

Hasler, August Bernhard, «Das Duce-Bild in der faschistischen Literatur», *Quellen und Forschungen aus italienischen Archiven und Bibliotheken*, vol. 60, 1980, pp. 421–506.

Hastings, Max, *The Korean War*, Nova Iorque: Simon & Schuster, 1987.

Hatch, David Allen, «The Cult of Personality of Kim Il-Song: Functional Analysis of a State Myth», tese de doutoramento, Washington, DC: The American University, 1986.

Hayes, Romain, *Subhas Chandra Bose in Nazi Germany: Politics, Intelligence, and Propaganda, 1941–1943*, Londres, Hurst, 2011.

Heinl, Robert D. e Nancy Gordon Heinl, *Written in Blood: The Story of the Haitian People, 1492–1995*, Lanham, MD: University Press of America, 1998.

Held, Joseph (org.), *The Cult of Power: Dictators in the Twentieth Century*, Boulder, CO: East European Quarterly Press, 1983.

Heller, Klaus e Jan Plamper (org.), *Personenkulte im Stalinismus: Personality Cults in Stalinism*, Gotinga: Vandenhoeck & Ruprecht, 2004.

Henze, Paul B., *Layers of Time: A History of Ethiopia*, Londres: Hurst, 2000.

Herbst, Ludolf, *Hitler's Charisma. Die Erfindung eines deutschen Messias*, Frankfurt am Main: S. Fischer Verlag, 2010.

Herz, Rudolf, *Hoffmann & Hitler: Fotografie als Medium des Führer Mythos*, Munique: Klinkhardt & Biermann, 1994.

Hollander, Paul, *From Benito Mussolini to Hugo Chavez: Intellectuals and a Century of Political Hero Worship*, Cambridge: Cambridge University Press, 2017.

Hollander, Paul, *Political Pilgrims: Western Intellectuals in Search of the Good Society*, Londres: Routledge, 2017.

Hoyt, Edwin P., *Mussolini's Empire: The Rise and Fall of the Fascist Vision*, Nova Iorque: Wiley, 1994.

Hughes-Hallett, Lucy, *Gabriele d'Annunzio: Poet, Seducer, and Preacher of War*, Londres: 4th Estate, 2013.

Hung Chang-tai, «Mao's Parades: State Spectacles in China in the 1950s», *China Quarterly*, n.º 190 (junho 2007), pp. 411–431.

Hunter, Helen-Louise, *Kim Il-song's North Korea*, Westport, CT: Praeger Publishers, 1999.

Hupp, Kimberly, «"Uncle Joe": What Americans thought of Joseph Stalin before and after World War II», tese de doutoramento, University of Toledo, 2009.

Iezzi, Frank, «Benito Mussolini, Crowd Psychologist», *Quarterly Journal of Speech*, 45, n.º 2 (abril 1959), pp. 167–169.

Imbriani, Angelo M., *Gli italiani e il Duce: Il mito e l'immagine di Mussolini negli ultimi anni del fascismo (1938–1943)*, Nápoles: Liguori, 1992.

Jin Dalu, *Feichang yu zhengchang: Shanghai 'wenge' shiqi de shehui bianqian* (O extraordinário e o comum: mudança social em Xangai durante a Revolução Cultural), Xangai: Shanghai cishu chubanshe, 2011.

Johnson, Paul Christopher, «Secretism and the Apotheosis of Duvalier», *Journal of the American Academy of Religion*, 74, n.º 2 (junho 2006), pp. 420–445.

Kallis, Aristotle, *The Third Rome, 1922–43: The Making of the Fascist Capital*, Houndmills, Basingstoke: Palgrave Macmillan, 2014.

Kebede, Messay, *Ideology and Elite Conflicts: Autopsy of the Ethiopian Revolution*, Lanham, MD: Lexington Books, 2011.

Keil, Thomas J., *Romania's Tortured Road toward Modernity*, Nova Iorque: Columbia University Press, 2006.

Keller, Edmund J., *Revolutionary Ethiopia*, Bloomington, IN: Indiana University Press, 1988.

Kershaw, Ian, *Hitler, 1889–1936: Hubris*, Londres: Allen Lane, 1998.

Kershaw, Ian, *The 'Hitler Myth': Image and Reality in the Third Reich*, Oxford: Oxford University Press, 2001.

King, David, *The Commissar Vanishes: The Falsification of Photographs and Art in Stalin's Russia*, Nova Iorque: Metropolitan Books, 1997.

Kirkpatrick, Ivone, *Mussolini: Study of a Demagogue*, Nova Iorque: Hawthorn Books, 1964.

Klibansky, Raymond (org.), *Benito Mussolini's Memoirs 1942–1943*, Nova Iorque: Howard Fertig, 1975.

König, Wolfgang, «Der Volksempfänger und die Radioindustrie. Ein Beitrag zum Verhältnis von Wirtschaft und Politik im Nationalsozialismus» *in Vierteljahrschrift für Sozial- und Wirtschaftsgeschichte*, 90, n.º 3 (2003), pp. 269–289.

Koon, Tracy H., *Believe, Obey, Fight: Political Socialization of Youth in Fascist Italy, 1922–1943*, Chapel Hill, NC: University of North Carolina Press, 1985.

Kopperschmidt, Josef (org.), *Hitler der Redner*, Munique: Wilhelm Fink Verlag, 2003.

Korn, David A., *Ethiopia, the United States and the Soviet Union*, Carbondale, IL: Southern Illinois University Press, 1986.

Kotkin, Stephen, *Stalin: Paradoxes of Power, 1878–1928*, Nova Iorque: Penguin Press, 2014.

Kotkin, Stephen, *Stalin: Waiting for Hitler, 1929–1941*, Nova Iorque: Penguin Press, 2017.

Kraus, Richard Curt, *Brushes with Power: Modern Politics and the Chinese Art of Calligraphy*, Berkeley, CA: University of California Press, 1991.

Ladany, Laszlo, *The Communist Party of China and Marxism, 1921–1985: A Self-Portrait*, Londres: Hurst, 1988.

Lankov, Andrei, *Crisis in North Korea: The Failure of De-Stalinization, 1956*, Honolulu: University of Hawai'i Press, 2005.

Lankov, Andrei, *From Stalin to Kim Il Sung: The Formation of North Korea, 1945–1960*, Nova Brunsvique, NJ: Rutgers University Press, 2002.

Lankov, Andrei, *North of the DMZ: Essays on Daily Life in North Korea*, Jefferson, NC: McFarland, 2007.

Lankov, Andrei, *The Real North Korea: Life and Politics in the Failed Stalinist Utopia*, Oxford: Oxford University Press, 2013.

Leese, Daniel, *Mao Cult: Rhetoric and Ritual in China's Cultural Revolution*, Cambridge: Cambridge University Press, 2011.

Li Rui, *Dayuejin qin liji* (Testemunho do Grande Salto em Frente), Haikou: Nanfang chubanshe, 1999.

Li Rui, *Lushan huiyi shilu* (Registo verídico da reunião de Lushan), Hong Kong: Tiandi tushu youxian gongsi, 2.ª ed., 2009.

Li Zhisui, *The Private Life of Chairman Mao: The Memoirs of Mao's Personal Physician*, Nova Iorque: Random House, 1994.

Lim Un, *The Founding of a Dynasty in North Korea: An Authentic Biography of Kim Il-song*, Tóquio: Jiyu-sha, 1982.

Locard, Henri, *Pol Pot's Little Red Book: The Sayings of Angkar*, Banquecoque: Silkworm Books, 2004.

Lundahl, Mats, «Papa Doc: Innovator in the Predatory State», *Scandia*, 50, n.º 1 (1984), pp. 39–78.

MacFarquhar, Roderick e Michael Schoenhals, *Mao's Last Revolution*, Cambridge, MA: Harvard University Press, 2006.

Machiavelli, Niccolo, *The Prince*, tradução de Tim Parks, Londres: Penguin Books, 2009.

Mack Smith, Denis, *Mussolini*, Londres: Weidenfeld & Nicolson, 1981.

Mack Smith, Denis, «Mussolini: Reservations about Renzo De Felice's Biography», *Modern Italy*, 5, n.º 2 (2000), pp. 193–210.

Marcus, Harold G., *A History of Ethiopia*, Berkeley, CA: University of California Press, 1994.

Marquis, John, *Papa Doc: Portrait of a Haitian Tyrant 1907–1971*, Kingston: LMH Publishing Limited, 2007.

Martin, Bradley K., *Under the Loving Care of the Fatherly Leader: North Korea and the Kim Dynasty*, Nova Iorque: Thomas Dunne Books, 2004.

McNeal, Robert H., *Stalin: Man and Rule*, Nova Iorque: New York University Press, 1988.

Medvedev, Roy, *Let History Judge: The Origins and Consequences of Stalinism*, Nova Iorque: Knopf, 1972.

Melograni, Piero, «The Cult of the Duce in Mussolini's Italy», *Journal of Contemporary History*, 11, n.º 4 (out. 1976), pp. 221–237.

Merridale, Catherine, *Ivan's War: The Red Army 1939–45*, Londres: Faber and Faber, 2005.

Mocanescu, Alice, «Surviving 1956: Gheorge Gheorghiu-Dej and the "Cult of Personality" in Romania» *in* Apor Balázs, Jan C. Behrends, Polly Jones e E. A. Rees (org.), *The Leader Cult in Communist Dictatorships: Stalin and the Eastern Bloc*, Houndmills, Basingstoke: Palgrave Macmillan, 2004, pp. 246–260.

Moorhouse, Roger, «Germania: Hitler's Dream Capital», *History Today*, 62, n.º 3 (março 2012).

Moseley, Ray, *Mussolini: The Last 600 Days of Il Duce*, Lanham, MD: Taylor Trade Publishing, 2004.

Munro, Martin, *Tropical Apocalypse: Haiti and the Caribbean End*, Charlottesville, VA: University of Virginia Press, 2015.

Murck, Alfreda (org.), *Mao's Golden Mangoes and the Cultural Revolution*, Zurique: Scheidegger & Spiess, 2013.

Myers, Brian R., «The Watershed that Wasn't: Re-Evaluating Kim Il-sung's "Juche Speech" of 1955», *Acta Koreana*, 9, n.º 1 (jan. 2006), pp. 89–115.

Nagorski, Andrew, *The Greatest Battle: Stalin, Hitler, and the Desperate Struggle for Moscow that Changed the Course of World War II*, Nova Iorque: Simon & Schuster, 2008.

Nagorski, Andrew, *Hitlerland: American Eyewitnesses to the Nazi Rise to Power*, Nova Iorque: Simon & Schuster, 2012.

Nathan, Andrew J., «Foreword» *in* Li Zhisui, *The Private Life of Chairman Mao: The Memoirs of Mao's Personal Physician*, Nova Iorque: Random House, 1994, pp. vii–xiv.

Neiberg, Michael, *Potsdam: The End of World War II and the Remaking of Europe*, Nova Iorque: Basic Books, 2015.

Nicholls, David, «Haiti: The Rise and Fall of Duvalierism», *Third World Quarterly*, vol. 8, n.º 4 (out. 1986), pp. 1239–1252.

Nitz, Wenke, *Führer und Duce: Politische Machtinszenierungen im nationalsozialistischen Deutschland und im faschistischen Italien*, Colónia: Böhlau Verlag, 2013.

Oberdorfer, Don, *The Two Koreas: A Contemporary History*, Reading, MA: Addison-Wesley, 1997.

Overy, Richard, *Russia's War: A History of the Soviet Effort: 1941–1945*, Harmondsworth: Penguin Books, 1997.

Pacepa, Mihai, *Red Horizons: The True Story of Nicolae and Elena Ceaușescus' Crimes, Lifestyle, and Corruption*, Washington, DC: Regnery Publishing, 1990.

Pantsov, Alexander V. e Steven I. Levine, *Mao: The Real Story*, Nova Iorque: Simon & Schuster, 2012.

Paul, Gerhard, *Aufstand der Bilder. Die NS-Propaganda vor 1933*, Bona: Dietz, 1990.

Person, James F., «North Korea's chuch'e philosophy» *in* Michael J. Seth, *Routledge Handbook of Modern Korean History*, Londres: Routledge, 2016, pp. 705–798.

Pipes, Richard, *The Russian Revolution*, Nova Iorque: Vintage Books, 1991.

Pipes, Richard, *Communism: A History of the Intellectual and Political Movement*, Londres: Phoenix Press, 2002.

Pisch, Anita, «The Personality Cult of Stalin in Soviet Posters, 1929–1953: Archetypes, Inventions and Fabrications», tese de doutoramento, Australian National University, 2014.

Plamper, Jan, *The Stalin Cult: A Study in the Alchemy of Power*, New Haven: Yale University Press, 2012.

Plewnia, Margarete, *Auf dem Weg zu Hitler: Der 'völkische' Publizist Dietrich Eckart*, Bremen: Schünemann Universitätsverlag, 1970.

Plöckinger, Othmar, *Geschichte eines Buches. Adolf Hitler's 'Mein Kampf' 1922–1945*, Munique: Oldenbourg Verlag, 2006.

Polyné, Millery, *From Douglass to Duvalier: U. S. African Americans, Haiti, and Pan Americanism, 1870–1964*, Gainesville, FL: University of Florida Press, 2010.

Rabinbach, Anson e Sander L. Gilman (org.), *The Third Reich Sourcebook*, Berkeley, CA: University of California Press, 2013.

Radchenko, Sergey e David Wolff, «To the Summit via ProxySummits: New Evidence from Soviet and Chinese Archives on Mao's Long March to Moscow, 1949», *Cold War International History Project Bulletin*, n.º 16 (inverno 2008), pp. 105–182.

Reid, Richard J., *Frontiers of Violence in North-East Africa: Genealogies of Conflict since c. 1800*, Oxford: Oxford University Press, 2011.

Rivoire, Mario, *Vita e morte del fascismo*, Milão: Edizioni Europee, 1947.

Rees, E. A., «Leader Cults: Varieties, Preconditions and Functions» *in* Apor Balázs, Jan C. Behrends, Polly Jones e E. A. Rees (org.), *The Leader Cult in Communist Dictatorships: Stalin and the Eastern Bloc*, Houndmills, Basingstoke: Palgrave Macmillan, 2004, pp. 3–26.

Rolf, Malte, «A Hall of Mirrors: Sovietizing Culture under Stalinism», *Slavic Review*, 68, n.º 3 (outono 2009), pp. 601–630.

Rolf, Malte, «Working towards the Centre: Leader Cults and Spatial Politics» *in* Apor Balázs, Jan C. Behrends, Polly Jones e E. A. Rees (org.), *The Leader Cult in Communist Dictatorships: Stalin and the Eastern Bloc*, Basingstoke: Palgrave Macmillan, 2004, pp. 141–159.

Rotberg, Robert I., *Haiti: The Politics of Squalor*, Boston: Houghton Mifflin, 1971.

Ryang, Sonia, *Writing Selves in Diaspora: Ethnography of Autobiographics of Korean Women in Japan and the United States*, Lanham, MD: Lexington Books, 2008.

Salisbury, Harrison, *The 900 Days: The Siege of Leningrad*, Nova Iorque, Cambridge, MA: Da Capo Press, 1985.

Santoro, Lorenzo, *Roberto Farinacci e il Partito Nazionale Fascista 1923–1926*, Soveria Mannelli: Rubbettino, 2008.

Scalapino, Robert A. e Chong-sik Lee, *Communism in Korea. Part I: The Movement*, Berkeley, CA: University of California Press, 1972.

Schlenker, Ines, *Hitler's Salon: The Große Deutsche Kunstausstellung at the Haus der Deutschen Kunst in Munich 1937–1944*, Berna: Peter Lang AG, 2007.

Schmitz, David F., *The United States and Fascist Italy, 1922–1940*, Chapel Hill, NC: University of North Carolina Press, 1988.

Schmölders, Claudia, *Hitler's Face: The Biography of an Image*, Filadélfia: University of Pennsylvania Press, 2005.

Schneider, Wolfgang, *Alltag unter Hitler*, Berlim: Rowohlt Berlin Verlag, 2000.

Schram, Stuart R., «Party Leader or True Ruler? Foundations and Significance of Mao Zedong's Personal Power» *in* Stuart R. Schram (org.), *Foundations and Limits of State Power in China*, Londres: School of Oriental and African Studies, 1987, pp. 203–256.

Schrift, Melissa, *Biography of a Chairman Mao Badge: The Creation and Mass Consumption of a Personality Cult*, Nova Brunsvique, NJ: Rutgers University Press, 2001.

Sedita, Giovanni, *Gli intellettuali di Mussolini: La cultura finanziata dal fascismo*, Florença: Casa Editrice Le Lettere, 2010.

Sebag Montefiore, Simon, *Stalin: The Court of the Red Tsar*, Nova Iorque: Knopf, 2004.

Semmens, Kristin, *Seeing Hitler's Germany: Tourism in the Third Reich*, Houndmills, Basingstoke: Palgrave Macmillan, 2005.

Service, Robert, *Stalin: A Biography*, Basingstoke: Macmillan, 2004.

Siani-Davies, Peter, *The Romanian Revolution of December 1989*, Ithaca, NY: Cornell University Press, 2007.

Sobanet, Andrew, «Henri Barbusse, Official Biographer of Joseph Stalin», *French Cultural Studies*, 24, n.º 4 (nov. 2013), pp. 359–375.

Sohier, Estelle, «Politiques de l'image et pouvoir royal en Éthiopie de Menilek II à Haylä Sellasé (1880–1936)», tese de doutoramento, Universidade de Paris 1, 2007.

Sösemann, Bernd, «Die Macht der allgegenwärtigen Suggestion. Die Wochensprüche der NSDAP als Propagandamittel», *Jahrbuch 1989*, Berlim: Berliner Wissenschaftliche Gesellschaft, 1990, pp. 227–248.

Sösemann, Bernd, *Propaganda: Medien und Öffentlichkeit in der NS-Diktatur*, Estugarda: Franz Steiner Verlag, 2011.

Stratigakos, Despina, *Hitler at Home*, New Haven, CT: Yale University Press, 2015.

Suh, Dae-sook, *Kim Il-sung: The North Korean Leader*, Nova Iorque: Columbia University Press, 1988.

Sun, Judy e Greg Wang, «Human Resource Development in China and North Korea» *in* Thomas N. Garavan, Alma M. McCarthy e Michael J. Morley (org.), *Global Human Resource Development: Regional and Country Perspectives*, Londres: Routledge, 2016, pp. 86–103.

Sweeney, John, *The Life and Evil Times of Nicolae Ceausescu*, Londres: Hutchinson, 1991.

Szalontai, Balázs, *Kim Il Sung in the Khrushchev Era: Soviet-DPRK Relations and the Roots of North Korean Despotism, 1953–1964*, Stanford: Stanford University Press, 2006.

Tareke, Gebru, *The Ethiopian Revolution: War in the Horn of Africa*, New Haven, CT: Yale University Press, 2009.

Taubman, William, *Khrushchev: The Man and his Era*, Londres, Free Press, 2003.

Taylor, Jay, *The Generalissimo: Chiang Kai-shek and the Struggle for Modern China*, Cambridge, MA: Harvard University Press, 2009.

Tiruneh, Andargatchew, *The Ethiopian Revolution 1974–87*, Cambridge: Cambridge University Press, 1993.

Tismaneanu, Vladimir, *Stalinism for All Seasons: A Political History of Romanian Communism*, Berkeley, CA: University of California Press, 2003.

Tola, Babile, *To Kill a Generation: The Red Terror in Ethiopia*, Washington: Free Ethiopia Press, 1989.

Tucker, Robert C., «The Rise of Stalin's Personality Cult», *American Historical Review*, 84, n.º 2 (abril 1979), pp. 347–366.

Tucker, Robert C., «Memoir of a Stalin Biographer», *Princeton Alumni Weekly*, n.º 83 , 3 nov. 1982, pp. 21–31.

Ventresca, Robert A., *Soldier of Christ: The Life of Pope Pius XII*, Cambridge, MA: Harvard University Press, 2013.

Ullrich, Volker, *Hitler: Ascent 1889–1939*, Nova Iorque: Alfred Knopf, 2016.

Vasilieva, Larissa, *Kremlin Wives*, Nova Iorque: Arcade Publishing, 1992.

Wang, Helen, *Chairman Mao Badges: Symbols and Slogans of the Cultural Revolution*, Londres: British Museum, 2008.

Wedeen, Lisa, *Ambiguities of Domination: Politics, Rhetoric, and Symbolism in Contemporary Syria*, Chicago: University of Chicago Press, 1999.

Weintraub, Stanley, *Journey to Heartbreak: The Crucible Years of Bernard Shaw*, Nova Iorque: Weybright and Talley, 1971.

Weintraub, Stanley, «GBS and the Despots», *Times Literary Supplement*, 22 de agosto de 2011.

Werth, Alexander, *Russia at War, 1941–1945: A History*, Nova Iorque: Skyhorse Publishing, 2011.

White, Lynn T. III, *Policies of Chaos: The Organizational Causes of Violence in China's Cultural Revolution*, Princeton: Princeton University Press, 1989.

Wilson, Verity, «Dress and the Cultural Revolution» *in* Valerie Steele e John S. Major (org.), *China Chic: East Meets West*, New Haven, CT: Yale University Press, 1999, pp. 167–186.

Wingrove, Paul, «Mao in Moscow, 1949–50: Some New Archival Evidence», *Journal of Communist Studies and Transition Politics*, 11, n.º 4 (dez. 1995), pp. 309–334.

Wolff, David, «"One Finger's Worth of Historical Events": New Russian and Chinese Evidence on the Sino-Soviet Alliance and Split, 1948–1959», *Cold War International History Project Bulletin*, Documento de Trabalho n.º 30 (agosto 2002), pp. 1–74.

Wylie, Raymond F., *The Emergence of Maoism: Mao Tse-tung, Ch'en Po-ta, and the Search for Chinese Theory, 1935–1945*, Palo Alto, CA: Stanford University Press, 1980.

Yurchak, Alexei, «Bodies of Lenin: The Hidden Science of Communist Sovereignty», *Representations*, n.º 129 (inverno 2015), pp. 116–157.

Zeleke, Elleni Centime, «Addis Ababa as Modernist Ruin», *Callaloo*, 33, n.º 1 (primavera 2010), pp. 117–135.

Zewde, Bahru, *A History of Modern Ethiopia*, Londres: James Currey, 2001.

NOTAS

PREFÁCIO

(1) W. M. Thackeray, *The Paris Sketch Book*, Londres: Collins' Clear-Type Press, 1840, p. 369.

(2) Peter Burke, *The Fabrication of Louis XIV*, New Haven, CT: Yale University Press, 1992.

(3) Ver, por exemplo, a análise na obra exemplar de Lisa Wedeen, *Ambiguities of Domination: Politics, Rhetoric, and Symbolism in Contemporary Syria*, Chicago: University of Chicago Press, 1999; ver também Yves Cohen, «The Cult of Number One in an Age of Leaders», *Kritika: Explorations in Russian and Eurasian History*, vol. 8, n.º 3 (verão 2007), pp. 597–634.

(4) Andrew J. Nathan, «Foreword» *in* Li Zhisui, *The Private Life of Chairman Mao: The Memoirs of Mao's Personal Physician*, Nova Iorque: Random House, 1994, p. x.

(5) Ian Kershaw, *The 'Hitler Myth': Image and Reality in the Third Reich*, Oxford: Oxford University Press, 2001.

(6) Stephen F. Cohen, *Rethinking the Soviet Experience: Politics and History since 1917*, Oxford: Oxford University Press, 1985, p. 101.

(7) Paul Hollander, *Political Pilgrims: Western Intellectuals in Search of the Good Society*, Londres: Routledge, 2017; Paul Hollander, *From Benito Mussolini to Hugo Chavez: Intellectuals and a Century of Political Hero Worship*, Cambridge: Cambridge University Press, 2017.

(8) Henri Locard, *Pol Pot's Little Red Book: The Sayings of Angkar*, Banquecoque: Silkworm Books, 2004, p. 99.

CAPÍTULO 1
MUSSOLINI

(1) Aristotle Kallis, *The Third Rome, 1922–43: The Making of the Fascist Capital*, Houndmills, Basingstoke: Palgrave Macmillan, 2014, p. 245.

(2) Christopher Duggan, «The Internalisation of the Cult of the Duce: The Evidence of Diaries and Letters» *in* Stephen Gundle, Christopher Duggan e Giuliana Pieri (org.), *The Cult of the Duce: Mussolini and the Italians*, Manchester: Manchester University Press, 2013, p. 130.

(3) ACS, SPD, CO, b. 2762, f. 509819.

(4) ACS, SPD, b. 386, f. 142471, 29 de abril de 1933, b. 386, f. 142484, 6 de junho de 1933; b. 2773, dez. de 1938.

(5) Herman Finer, *Mussolini's Italy*, Nova Iorque: Holt and Co., 1935, p. 298.

(6) Denis Mack Smith, «Mussolini, Artist in Propaganda: The Downfall of Fascism», *History Today*, 9, n.º 4 (abril 1959), p. 224.

(7) Peter Neville, *Mussolini,* Abingdon: Routledge, 2015, p. 46.

(8) Ivone Kirkpatrick, *Mussolini: Study of a Demagogue*, Nova Iorque: Hawthorn Books, 1964, p. 89; Denis Mack Smith, *Mussolini*, Londres: Weidenfeld & Nicolson, 1981, p. 39.

(9) Emilio Gentile citado em Lucy Hughes-Hallett, *Gabriele d'Annunzio: Poet, Seducer, and Preacher of War*, Londres: 4th Estate, 2013, loc. 179.

(10) Kirkpatrick, *Mussolini*, pp. 98–99.

(11) Mack Smith, *Mussolini*, p. 54.

(12) *Ibid.*, pp. 54–55; Kirkpatrick, *Mussolini*, p. 151; *The Times*, 28 de outubro de 1929, p. 14.

(13) Kirkpatrick, *Mussolini*, p. 156; George Slocombe, *The Tumult and the Shouting*, Kingswood: Windmill Press, 1936, p. 148.

(14) Kirkpatrick, *Mussolini*, p. 176.

(15) *Ibid.*, pp. 107 e 200–202.

(16) Quinto Navarra, *Memorie del cameriere di Mussolini*, Milão: Longanesi, 1972, pp. 17–18; Dino Biondi, *La fabbrica del Duce*, Florença: Vallecchi, 1967, p. 96.

(17) Navarra, *Memorie del cameriere di Mussolini*, p. 173.

(18) Guido Bonsaver, *Censorship and Literature in Fascist Italy*, Toronto: University of Toronto Press, 2007, pp. 19–20.

(19) O discurso de Mussolini à Câmara, 3 de janeiro de 1925, Patrick G. Zander, *The Rise of Fascism: History, Documents, and Key Questions*, Santa Bárbara, CA: ABC-Clio, 2016, p. 140.

(20) Bonsaver, *Censorship and Literature in Fascist Italy*, pp. 20–21; Mack Smith, *Mussolini*, p. 87.

([21]) William Bolitho, *Italy under Mussolini*, Nova Iorque: Macmillan, 1926, p. 107; a citação de Mussolini sobre o Estado é famosa e apareceu pela primeira vez em «Per la medaglia dei benemeriti del comune di Milano», 28 de outubro de 1925, Benito Mussolini, *Opera Omnia*, Florença: La Fenice, 1956, vol. 21, p. 425.

([22]) Bolitho, *Italy under Mussolini*, p. 107.

([23]) Kirkpatrick, *Mussolini*, p. 244; Mack Smith, *Mussolini*, p. 102.

([24]) ACS, SPD, Carteggio Ordinario, b. 234, f. 2795, pp. 19731–19736, maio 1923; Lorenzo Santoro, *Roberto Farinacci e il Partito Nazionale Fascista 1923–1926*, Soveria Mannelli: Rubbettino, 2008, pp. 197–198.

([25]) Mack Smith, *Mussolini*, pp. 102–103; Mario Rivoire, *Vita e morte del fascismo*, Milão: Edizioni Europee, 1947, p. 107.

([26]) Augusto Turati, *Una rivoluzione e un capo*, Roma: Libreria del Littorio, 1927, pp. 35 e 143; Partito Nazionale Fascista, *Le origini e lo sviluppo del fascismo, attraverso gli scritti e la parola del Duce e le deliberazioni del P.N.F. dall'intervento alla marcia su Roma*, Roma: Libreria del Littorio, 1928, p. xiii.

([27]) Navarra, *Memorie del cameriere di Mussolini*, pp. 197–199.

([28]) Percy Winner, «Mussolini: A Character Study», *Current History*, 28, n.º 4 (julho 1928), p. 526; Bolitho, *Italy under Mussolini*, p. 62; Slocombe, *The Tumult and the Shouting*, p. 149.

([29]) Camillo Berneri, *Mussolini grande attore*, Pistoia: Edizioni dell'Archivio Famiglia Berneri, 1.ª ed., 1934, 2.ª ed., 1983, pp. 25–26; Mack Smith, *Mussolini*, p. 124.

([30]) William Sloane Kennedy, *Italy in Chains*, West Yarmouth, MA: Stonecraft Press, 1927, p. 18; Henri Béraud, *Ce que j'ai vu à Rome*, Paris: Les Editions de France, 1929, p. 38; Rivoire, *Vita e morte del fascismo*, p. 99.

([31]) Adrian Lyttelton, *The Seizure of Power: Fascism in Italy, 1919–1929*, Londres: Weidenfeld & Nicolson, 2.ª ed., 1987, p. 401.

([32]) Béraud, *Ce que j'ai vu à Rome*, pp. 37–42; sobre a imagem de Mussolini, ver também Simonetta Falasca-Zamponi, *Fascist Spectacle: The Aesthetics of Power in Mussolini's Italy*, Berkeley, CA: University of California Press, 2000.

([33]) Margherita Sarfatti, *The Life of Benito Mussolini*, Londres: Butterworth, 1925, pp. 29–30, 44 e 230.

([34]) Berneri, *Mussolini grande attore*, pp. 26–28; Vincenzo de Gaetano, *Il libro dell'Avanguardista*, Catânia: Società Tip. Editrice Siciliana, 1927, pp. 45–46; também Sckem Gremigni, *Duce d'Italia*, Milão, Istituto di Propaganda d'Arte e Cultura, 1927.

([35]) Navarra, *Memorie del cameriere di Mussolini*, pp. 110–12, 124–125 e 135; Emil Ludwig, *Talks with Mussolini*, Boston: Little, Brown, and Co., 1933, p. 80; Kirkpatrick, *Mussolini*, p. 159.

([36]) Winner, «Mussolini: A Character Study», p. 525.

([37]) René Benjamin, *Mussolini et son peuple*, Paris: Librairie Plon, 1937, p. 235; Maurice Bedel, *Fascisme An VII*, Paris: Gallimard, 1929, pp. 18–19; Berneri, *Mussolini grande attore*, p. 43.

([38]) Navarra, *Memorie del cameriere di Mussolini*, p. 161; Romain Hayes, *Subhas Chandra Bose in Nazi Germany: Politics, Intelligence and Propaganda, 1941–1943*, Londres, Hurst, 2011, pp. 9–10; Robert Blake e Wm Roger Louis (org.), *Churchill*, Oxford: Clarendon Press, 2002, p. 258; Edwin P. Hoyt, *Mussolini's Empire: The Rise and Fall of the Fascist Vision*, Nova Iorque: Wiley, 1994, p. 115; ver também John Patrick Diggins, *Mussolini and Fascism: The View from America*, Princeton: Princeton University Press, 1972; David F. Schmitz, *The United States and Fascist Italy, 1922–1940*, Chapel Hill, NC: University of North Carolina Press, 1988.

([39]) Roberto Festorazzi, *Starace. Il mastino della rivoluzione fascista*, Milão: Ugo Mursia, 2002, p. 71.

([40]) Piero Melograni, «The Cult of the Duce in Mussolini's Italy», *Journal of Contemporary History*, 11, n.º 4 (out. 1976), pp. 221–224; ver também Winner, «Mussolini: A Character Study», p. 518.

([41]) Berneri, *Mussolini grande attore*, p. 54; Kirkpatrick, *Mussolini*, p. 161.

([42]) Tracy H. Koon, *Believe, Obey, Fight: Political Socialization of Youth in Fascist Italy, 1922–1943*, Chapel Hill, NC: University of North Carolina Press, 1985, pp. 111–112; Mack Smith, *Mussolini*, pp. 175–176; G. Franco Romagnoli, *The Bicycle Runner: A Memoir of Love, Loyalty, and the Italian Resistance*, Nova Iorque: St. Martin's Press, 2009, p. 48.

([43]) Uma lista de jornais subsidiados aparece em ACS, MCP, Reports, b. 7, f. 73; os lemas encontram-se em ACS, MCP, Gabinetto, b. 44, f. 259, «Motti del Duce»; sobre a troca de informações entre Ciano e Goebbels ver Wenke Nitz, *Führer und Duce: Politische Machtinszenierungen im nationalsozialistischen Deutschland und im faschistischen Italien*, Colónia: Böhlau Verlag, 2013, p. 112.

([44]) Bonsaver, *Censorship and Literature in Fascist Italy*, pp. 61 e 124; Giovanni Sedita calcula que 632 milhões de liras foram usados para subsidiar tanto jornais como indivíduos; Giovanni Sedita, *Gli intellettuali di Mussolini: La cultura finanziata dal fascismo*, Florença: Casa Editrice Le Lettere, 2010, p. 17; Asvero Gravelli, *Uno e Molti: Interpretazioni spirituali di Mussolini*,

Roma: Nuova Europa, 1938, pp. 29 e 31; o subsídio recebido pelo autor vem mencionado num apêndice publicado em Sedita, *Gli intellettuali di Mussolini*, p. 202.

(45) Philip Cannistraro, *La fabbrica del consenso: Fascismo e mass media*, Bari: Laterza, 1975, pp. 228–241.

(46) Navarra, *Memorie del cameriere di Mussolini*, pp. 114–115.

(47) Franco Ciarlantini, *De Mussolini onzer verbeelding*, Amesterdão: De Amsterdamsche Keurkamer, 1934, p. 145.

(48) Paul Baxa, «"Il nostro Duce": Mussolini's Visit to Trieste in 1938 and the Workings of the Cult of the Duce», *Modern Italy*, 18, n.º 2 (maio 2013), pp. 121–126; Frank Iezzi, «Benito Mussolini, Crowd Psychologist», *Quarterly Journal of Speech*, 45, n.º 2 (abril 1959), p. 167.

(49) Iezzi, «Benito Mussolini, Crowd Psychologist», pp. 167–169.

(50) Stephen Gundle, «Mussolini's Appearances in the Regions» *in* Gundle, Duggan e Pieri (org.), *The Cult of the Duce*, pp. 115–117.

(51) Koon, *Believe, Obey, Fight*, p. 30; Dino Alfieri e Luigi Freddi (org.), *Mostra della Rivoluzione Fascista*, Roma: Partido Nacional Fascista, 1933, p. 9; Dino Alfieri, *Exhibition of the Fascist Revolution: 1st Decennial of the March on Rome*, Bergamo: Istituto Italiano d'Arti Grafiche, 1933.

(52) Edoardo Bedeschi, *La giovinezza del Duce: Libro per la gioventù italiana*, 2.ª ed., Turim: Società Editrice Internazionale, 1940, p. 122; August Bernhard Hasler, «Das Duce-Bild in der faschistischen Literatur», *Quellen und Forschungen aus italienischen Archiven und Bibliotheken*, vol. 60, 1980, p. 497; Sofia Serenelli, «A Town for the Cult of the Duce: Predappio as a Site of Pilgrimage» *in* Gundle, Duggan e Pieri (org.), *The Cult of the Duce*, pp. 95 e 101–102.

(53) ACS, SPD CO, b. 869, f. 500027/IV, «Omaggi mandati a V.T.».

(54) Kirkpatrick, *Mussolini*, p. 170; muitos dos fasces ainda sobrevivem; ver Max Page, *Why Preservation Matters*, New Haven, CT: Yale University Press, 2016, pp. 137–138; Ludwig, *Talks with Mussolini*, p. 121.

(55) Mack Smith, *Mussolini*, p. 136; Kirkpatrick, *Mussolini*, pp. 275–276; ver também Eugene Pooley, «Mussolini and the City of Rome» *in* Gundle, Duggan e Pieri (org.), *The Cult of the Duce*, pp. 209–224.

(56) Michael Mann, *The Dark Side of Democracy: Explaining Ethnic Cleansing*, Cambridge: Cambridge University Press, 2015, p. 309; Dominik J. Schaller, «Genocide and Mass Violence in the "Heart of Darkness": Africa in the Colonial Period» *in* Donald Bloxham e A. Dirk Moses, *The Oxford Handbook of Genocide Studies*, Oxford: Oxford University Press, 2010, p. 358; ver também Mack Smith, *Mussolini*, p. 171.

([57]) Kirkpatrick, *Mussolini*, pp. 288–289.

([58]) Jean Ajalbert, *L'Italie en silence et Rome sans amour*, Paris: Albin Michel, 1935, pp. 227–228.

([59]) Mack Smith, *Mussolini*, pp. 190 e 197.

([60]) Ruth Ben-Ghiat, *Fascist Modernities: Italy, 1922–1945*, Berkeley, CA: University of California Press, 2001, p. 216; Ian Campbell, *The Addis Ababa Massacre: Italy's National Shame*, Londres: Hurst, 2017; o incidente com Graziani é contado em Navarra, *Memorie del cameriere di Mussolini*, p. 202.

([61]) Para citar apenas um exemplo, o jornalista Henry Soullier recebeu milhares de francos suíços para visitar Adis Abeba; ACS, MCP, Gabinetto, b. 10.

([62]) Romagnoli, *The Bicycle Runner*, p. 48; ACS, SPD, Carteggio Ordinario, b. 386, f. 142470, 23 de agosto de 1936.

([63]) Kirkpatrick, *Mussolini*, pp. 331–332.

([64]) Santi Corvaja, *Hitler and Mussolini: The Secret Meetings*, Nova Iorque: Enigma Books, 2008, pp. 27–28; Alfred Rosenberg, *Das politische Tagebuch Alfred Rosenbergs aus den Jahren 1934/35 und 1939/40: Nach der photographischen Wiedergabe der Handschrift aus den Nürnberger Akten*, Munique: Deutscher Taschenbuch Verlag, 1964, p. 28.

([65]) Kirkpatrick, *Mussolini*, pp. 350–354.

([66]) Galeazzo Ciano, *The Ciano Diaries, 1939–1943*, Safety Harbor, FL: Simon Publications, 2001, pp. 43–44 e 53.

([67]) Mack Smith, *Mussolini*, pp. 230 e 249.

([68]) Ciano, *The Ciano Diaries, 1939–1943*, p. 138.

([69]) *Ibid.*, p. 223, ver também p. 222; Mack Smith, *Mussolini*, pp. 237 e 240–243.

([70]) Renzo de Felice, *Mussolini il Fascista*, vol. 1, *La conquista del potere, 1921–1925*, Turim: Giulio Einaudi, 1966, p. 470; sobre o seu isolamento ver Navarra, *Memorie del cameriere di Mussolini*, pp. 45–46, e Kirkpatrick, *Mussolini*, p. 167.

([71]) Navarra, *Memorie del cameriere di Mussolini*, pp. 140 e 203; Ciano, *The Ciano Diaries, 1939–1943*, pp. 18–19.

([72]) Mack Smith, *Mussolini*, pp. 240–247.

([73]) Melograni, «The Cult of the Duce in Mussolini's Italy», p. 221.

([74]) Duggan, «The Internalisation of the Cult of the Duce», pp. 132–133.

([75]) Emilio Gentile, *The Sacralisation of Politics in Fascist Italy*, Cambridge, MA: Harvard University Press, 1996, pp. 151–152.

([76]) Emilio Lussu, *Enter Mussolini: Observations and Adventures of an Anti-Fascist*, Londres: Methuen & Co., 1936, p. 169; Romagnoli, *The Bicycle Runner*, p. 67.

(77) Christopher Duggan, *Fascist Voices: An Intimate History of Mussolini's Italy*, Oxford: Oxford University Press, 2013, pp. 177 e 257–258; Ajalbert, *L'Italie en silence et Rome sans amour*, p. 231; Paul Corner, *The Fascist Party and Popular Opinion in Mussolini's Italy*, Oxford: Oxford University Press, 2012, pp. 200 e 250.
(78) Mack Smith, *Mussolini*, p. 239.
(79) Ciano, *The Ciano Diaries, 1939–1943*, p. 264.
(80) ACS, MCP, Gabinetto, b. 43, pp. 39 ff, 20 de nov. de 1940, Mack Smith, *Mussolini*, p. 260; ACS, MCP, Gabinetto, b. 44, f. 258, p. 29, sobre o combate às rádios clandestinas.
(81) Kirkpatrick, *Mussolini*, pp. 494–495; Ciano, *The Ciano Diaries, 1939–1943*, p. 583.
(82) Kirkpatrick, *Mussolini*, p. 515.
(83) Winner, «Mussolini: A Character Study», p. 526; ACS, MCP, Gabinetto, b. 44, f. 258, 12 de março de 1943, p. 5.
(84) Angelo M. Imbriani, *Gli italiani e il Duce: Il mito e l'immagine di Mussolini negli ultimi anni del fascismo (1938–1943)*, Nápoles: Liguori, 1992, pp. 171–176.
(85) Robert A. Ventresca, *Soldier of Christ: The Life of Pope Pius XII*, Cambridge, MA: Harvard University Press, 2013, p. 192.
(86) Imbriani, *Gli italiani e il Duce*, pp. 184–185.
(87) Mack Smith, *Mussolini*, p. 298.
(88) Gentile, *The Sacralisation of Politics in Fascist Italy*, p. 152; Italo Calvino, «Il Duce's Portraits», *New Yorker*, 6 de janeiro de 2003, p. 34; John Foot, *Italy's Divided Memory*, Houndmills, Basingstoke: Palgrave Macmillan, 2009, p. 67.
(89) Ray Moseley, *Mussolini: The Last 600 Days of Il Duce*, Lanham, MD: Taylor Trade Publishing, 2004, p. 2.
(90) Romagnoli, *The Bicycle Runner*, p. 259.

CAPÍTULO 2
HITLER

(1) H. R. Trevor-Roper (org.), *Hitler's Table Talk 1941–1944*, Nova Iorque: Enigma Books, 2000, p. 10.
(2) Margarete Plewnia, *Auf dem Weg zu Hitler: Der 'völkische' Publizist Dietrich Eckart*, Bremen: Schünemann Universitätsverlag, 1970, p. 84.
(3) Adolf Hitler, *Mein Kampf*, Munique: Franz Eher Verlag, 1943, p. 235.

(4) Ernst Hanfstaengl, *Unheard Witness*, Filadélfia: Lippincott, 1957, pp. 34–37; tamanho do público em Volker Ullrich, *Hitler: Ascent 1889–1939*, Nova Iorque: Alfred Knopf, 2016, p. 95.

(5) Plewnia, *Auf dem Weg zu Hitler*, pp. 69 e 84–90.

(6) Ian Kershaw, *Hitler, 1889–1936: Hubris*, Londres: Allen Lane, 1998, pp. 162–163; Plewnia, *Auf dem Weg zu Hitler*, p. 81.

(7) Georg Franz-Willing, *Die Hitlerbewegung. Der Ursprung, 1919–1922*, Hamburgo: R.v. Decker's Verlag G. Schenck, 1962, 2.ª ed., 1972, pp. 124–128 e 218–219.

(8) Hanfstaengl, *Unheard Witness*, p. 70; Rudolf Herz, *Hoffmann & Hitler: Fotografie als Medium des Führer Mythos*, Munique: Klinkhardt & Biermann, 1994, pp. 92–93 e 99.

(9) Plewnia, *Auf dem Weg zu Hitler*, p. 90; Ullrich, *Hitler*, p. 113; Ludolf Herbst, *Hitlers Charisma. Die Erfindung eines deutschen Messias*, Frankfurt am Main: S. Fischer Verlag, 2010, pp. 147–149.

(10) Hanfstaengl, *Hitler*, p. 86.

(11) William L. Shirer, *The Rise and Fall of the Third Reich: A History of Nazi Germany*, Nova Iorque: Simon & Schuster, ed. 50.º aniversário, 2011, pp. 75–76.

(12) Adolf Hitler, *Mein Kampf*, p. 116; o termo *Traumlaller* aparece em Georg Schott, *Das Volksbuch vom Hitler*, Munique: Herrmann Wiechmann, 1924 e 1938, p. 10.

(13) Ullrich, *Hitler*, p. 189.

(14) Heinrich Hoffmann, *Hitler Was My Friend: The Memoirs of Hitler's Photographer*, Londres: Burke, 1955, pp. 60–61.

(15) Claudia Schmölders, *Hitler's Face: The Biography of an Image*, Filadélfia: University of Pennsylvania Press, 2009, p. 87; Herz, *Hoffmann & Hitler*, pp. 162–169.

(16) Hoffmann, *Hitler Was My Friend*, pp. 61–63.

(17) Ullrich, *Hitler*, pp. 199–202.

(18) Joseph Goebbels, *Tagebücher 1924–1945*, coord. de Ralf Georg Reuth, Munique: Piper Verlag, 1992, vol. 1, p. 200; Ullrich, *Hitler*, p. 208.

(19) Ullrich, *Hitler*, p. 217.

(20) Hitler, *Mein Kampf*, p. 96; Joseph Goebbels, *Die zweite Revolution: Briefe an Zeitgenossen*, Zwickau: Streiter-Verlag, 1928, pp. 5–8; «Der Führer», 22 de abril de 1929, reproduzido em Joseph Goebbels, *Der Angriff*, Munique: Franz Eher Verlag, 1935, pp. 214–216; ver também Ernest K. Bramsted, *Goebbels and National Socialist Propaganda 1925–1945*, East Lansing, MI: Michigan State University Press, 1965, pp. 195–201.

([21]) Ullrich, *Hitler*, pp. 222–223.

([22]) Herbst, *Hitlers Charisma*, p. 215; *The Times*, 10 de junho de 1931, p. 17; Richard Bessel, «The Rise of the NSDAP and the Myth of Nazi Propaganda», *Wiener Library Bulletin*, 33, 1980, pp. 20–29.

([23]) Ullrich, *Hitler*, pp. 281–282.

([24]) Heinrich Hoffmann, *Hitler wie ihn keiner kennt*, Munique: Heinrich Hoffmann, 1935 (1.ª ed., 1932); ver também Herz, *Hoffmann & Hitler*, pp. 245–248.

([25]) Bramsted, *Goebbels and National Socialist Propaganda*, pp. 202–204; Emil Ludwig, *Three Portraits: Hitler, Mussolini, Stalin*, Nova Iorque: Longmans, Green and Co., 1940, p. 27.

([26]) Gerhard Paul, *Aufstand der Bilder. Die NS-Propaganda vor 1933*, Bona: Dietz, 1990, pp. 204–207.

([27]) Ullrich, *Hitler*, pp. 330–331.

([28]) Richard J. Evans, «Coercion and Consent in Nazi Germany», *Proceedings of the British Academy*, 151, 2006, pp. 53–81.

([29]) *Ibid.*

([30]) BArch, R43II/979, 31 de março, 2 e 10 de abril de 1933.

([31]) BArch, R43II/979, 18 de fevereiro, 7, 8 e 11 de março de 1933; R43II/976, 7 de abril e 3 de julho de 1933.

([32]) BArch, NS6/215, p. 16, Circular de Martin Bormann, 6 de outubro de 1933.

([33]) Konrad Repgen e Hans Booms, *Akten der Reichskanzlei: Regierung Hitler 1933–1938*, Boppard: Harald Boldt Verlag, 1983, parte 1, vol. 1, p. 467; BArch, R43II/959, 5 e 13 de abril de 1933, 29 de agosto de 1933, pp. 25–26 e 48.

([34]) Richard Bessel, «Charismatisches Führertum? Hitlers Image in der deutschen Bevölkerung» *in* Martin Loiperdinger, Rudolf Herz e Ulrich Pohlmann (org.), *Führerbilder: Hitler, Mussolini, Roosevelt, Stalin in Fotografie und Film*, Munique: Piper, 1995, pp. 16–17.

([35]) Ullrich, *Hitler*, p. 474.

([36]) *Deutschland-Berichte der Sozaldemokratischen Partei Deutschlands (Sopade) 1934–1940*, Salzhausen: Verlag Petra Nettelbeck, 1980, vol. 1, 1934, pp. 275–277; ver também John Brown, *I Saw for Myself*, Londres: Selwyn and Blount, 1935, p. 35.

([37]) Victor Klemperer, *I Will Bear Witness: A Diary of the Nazi Years 1933–1941*, Nova Iorque: The Modern Library, 1999, p. 82.

([38]) O discurso encontra-se em Rudolf Hess, «Der Eid auf Adolf Hitler», *Reden*, Munique: Franz Eher Verlag, 1938, pp. 9–14, e as reações ao mesmo em *Deutschland-Berichte der Sopade*, 1934, pp. 470–472.

(39) Hitler, *Mein Kampf*, p. 387.

(40) BArch, NS22/425, 30 de agosto de 1934, p. 149; duas semanas depois, quando se soube que alguns dos retratos estavam a ser destruídos, uma nova circular autorizou imagens de outros líderes desde que o retrato de Hitler fosse maior; ver p. 148, 14 de setembro de 1934; sobre os *slogans* no comício de 1935 ver Louis Bertrand, *Hitler*, Paris: Arthème Fayard, 1936, p. 45.

(41) *Deutschland-Berichte der Sopade*, 1934, pp. 10–11, 471–472, 482 e 730–-731.

(42) Joseph Goebbels, *"Unser Hitler!" Signale der neuen Zeit. 25 ausgewählte Reden von Dr. Joseph Goebbels*, Munique: NSDAP, 1934, pp. 141–149; ver também Bramsted, *Goebbels and National Socialist Propaganda 1925–1945*, pp. 204–205.

(43) Bernd Sösemann, «Die Macht der allgegenwärtigen Suggestion. Die Wochensprüche der NSDAP als Propagandamittel», *Jahrbuch 1989*, Berlim: Berliner Wissenschaftliche Gesellschaft, 1990, pp. 227–248; Victor Klemperer, *To the Bitter End: The Diaries of Victor Klemperer 1942–1945*, Londres: Weidenfeld & Nicolson, 1999, p. 106.

(44) Wolfgang Schneider, *Alltag unter Hitler*, Berlim: Rowohlt Berlin Verlag, 2000, p. 83; BArch, R58/542, p. 30, *Frankfurter Zeitung*, 25 de agosto de 1938; p. 32, *Berliner Börsen Zeitung*, 7 de setembro de 1938; p. 38, *Völkischer Beobachter*, 6 de novembro de 1938.

(45) Othmar Plöckinger, *Geschichte eines Buches. Adolf Hitlers "Mein Kampf" 1922–1945*, Munique: Oldenbourg Verlag, 2006, pp. 414–15; BArch, R4901/4370, 6 de fevereiro e 5 de abril de 1937.

(46) Ansgar Diller, *Rundfunkpolitik im Dritten Reich*, Munique: Deutscher Taschenbuch Verlag, 1980, pp. 62–63.

(47) Goebbels, *Tagebücher 1924–1945*, p. 772.

(48) Sobre o número e custo dos aparelhos de rádio, ver Wolfgang König, «Der Volksempfänger und die Radioindustrie. Ein Beitrag zum Verhältnis von Wirtschaft und Politik im Nationalsozialismus» *in Vierteljahrschrift für Sozial- und Wirtschaftsgeschichte*, 90, n.º 3 (2003), p. 273; *Deutschland--Berichte der Sopade*, 1934, pp. 275–277; 1936, p. 414; 1938, p. 1326; Klemperer, *I Will Bear Witness*, p. 155.

(49) Stephan Dolezel e Martin Loiperdinger, «Hitler in Parteitagsfilm und Wochenschau» *in* Loiperdinger, Herz e Pohlmann, *Führerbilder*, p. 81.

(50) Sobre os cinemas ambulantes, ver Richard J. Evans, *The Third Reich in Power*, Londres: Penguin Books, 2006, p. 210.

(51) Hoffmann, *Hitler Was My Friend*, p. 70; Herz, *Hoffmann & Hitler*, p. 244.

([52]) Ines Schlenker, *Hitler's Salon: The Große Deutsche Kunstausstellung at the Haus der Deutschen Kunst in Munich 1937–1944*, Berna: Peter Lang AG, 2007, p. 136.

([53]) A. W. Kersbergen, *Onderwijs en nationaalsocialisme*, Assen: Van Gorcum, 1938, p. 21.

([54]) Annemarie Stiehler, *Die Geschichte von Adolf Hitler den deutschen Kindern erzählt*, Berlin-Lichterfelde: Verlag des Hauslehrers, 1936, p. 95; Kersbergen, *Onderwijs en nationaalsocialisme*, p. 22.

([55]) Paul Jennrich, *Unser Hitler. Ein Jugend- und Volksbuch*, Halle (Saale), Pädagogischer Verlag Hermann Schroedel, 1933, p. 75; Linda Jacobs Altman, *Shattered Youth in Nazi Germany: Primary Sources from the Holocaust*, Berkeley Heights, NJ: Enslow Publishers, 2010, p. 95.

([56]) Rudolf Hoke e Ilse Reiter (org.), *Quellensammlung zur österreichischen und deutschen Rechtsgeschichte*, Viena: Böhlau Verlag, 1993, p. 544.

([57]) Despina Stratigakos, *Hitler at Home*, New Haven, CT: Yale University Press, 2015, pp. 24–46.

([58]) Albert Speer, *Inside the Third Reich*, Nova Iorque: Macmillan, 1970, p. 103; Christa Schroeder, *Er war mein Chef: Aus dem Nachlaß der Sekretärin von Adolf Hitler*, Munique: Langen Müller, 1985, p. 71.

([59]) Stratigakos, *Hitler at Home*, p. 59.

([60]) *Ibid.*, p. 84.

([61]) Kristin Semmens, *Seeing Hitler's Germany: Tourism in the Third Reich*, Houndmills, Basingstoke: Palgrave Macmillan, 2005, pp. 56–68; BArch, R43II/957a, 10 de outubro de 1938, pp. 40–41.

([62]) Ulrich Chaussy e Christoph Püschner, *Nachbar Hitler. Führerkult und Heimatzerstörung am Obersalzberg*, Berlim: Christoph Links Verlag, 2007, pp. 141–142; David Lloyd George, «I Talked to Hitler» *in* Anson Rabinbach e Sander L. Gilman (org.), *The Third Reich Sourcebook*, Berkeley, CA: University of California Press, 2013, p. 77–78.

([63]) Chaussy e Püschner, *Nachbar Hitler*, p. 142.

([64]) Andrew Nagorski, *Hitlerland: American Eyewitnesses to the Nazi Rise to Power*, Nova Iorque: Simon & Schuster, 2012, pp. 84–86.

([65]) Kershaw, *Hubris*, p. 590; Max Domarus, *Hitler: Reden und Proklamationen 1932–1945*, Leonberg: Pamminger, 1988, p. 606.

([66]) *Deutschland-Berichte der Sopade*, 1936, pp. 68–70; W. E. B. Du Bois, «What of the Color-Line?» *in* Oliver Lubrich (org.), *Travels in the Reich, 1933–1945: Foreign Authors Report from Germany*, Chicago: University of Chicago Press, 2010, p. 143.

([67]) *Deutschland-Berichte der Sopade*, 1936, pp. 68–70, 141, 409, 414 e 419; Domarus, *Hitler*, p. 643.

([68]) William L. Shirer, *Berlin Diary*, Nova Iorque: Alfred Knopf, 1942, p. 86.

([69]) *Deutschland-Berichte der Sopade*, 1937, pp. 139–140, 143–146, 603, 606, 1224 e 1531.

([70]) *Ibid.*, pp. 1528 e 1531.

([71]) Ullrich, *Hitler*, p. 736; Kershaw, *Hitler: Nemesis*, pp. 110–112.

([72]) Klemperer, *I Will Bear Witness*, p. 29; Goebbels, «Geburtstag des Führers», 19 de abril de 1939, *Die Zeit ohne Beispiel*, Munique: Franz Eher Verlag, 1942, p. 102; *The Times*, 20 de abril de 1939.

([73]) «Aggrandizer's Anniversary», revista *Time*, 1 de maio de 1939; Speer, *Inside the Third Reich*, p. 149.

([74]) «Aggrandizer's Anniversary», revista *Time*, 1 de maio de 1939.

([75]) Roger Moorhouse, «Germania: Hitler's Dream Capital», *History Today*, 62, n.º 3 (março 2012); Speer, *Inside the Third Reich*, p. 69.

([76]) Goebbels, *Tagebücher 1924–1945*, pp. 1319–1320; Sebastian Haffner, *The Meaning of Hitler*, Londres: Phoenix Press, 1979, p. 34; Kershaw, *Hitler: Nemesis*, p. 184.

([77]) Klemperer, *I Will Bear Witness*, p. 305; *Deutschland-Berichte der Sopade*, 1938, pp. 406–407; Speer, *Inside the Third Reich*, p. 148.

([78]) *Deutschland-Berichte der Sopade*, 1939, p. 450; BArch, R43II/963, 15 de fevereiro de 1939, p. 56.

([79]) *Deutschland-Berichte der Sopade*, 1938, pp. 1056–1057.

([80]) *Deutschland-Berichte der Sopade*, 1939, p. 442.

([81]) Evans, *The Third Reich in Power*, p. 704.

([82]) Shirer, *Berlin Diary*, p. 201; Hoffman, *Hitler Was My Friend*, p. 115.

([83]) Hoffman, *Hitler Was My Friend*, p. 115.

([84]) Shirer, *Berlin Diary*, p. 205; Klemperer, *I Will Bear Witness*, p. 315; C. W. Guillebaud, «How Germany Finances the War», *Spectator*, 29 de dezembro de 1939, p. 8.

([85]) Shirer, *Berlin Diary*, p. 241.

([86]) *Ibid.*, p. 320.

([87]) Shirer, *Berlin Diary*, p. 336; Goebbels, *Tagebücher 1924–1945*, p. 1450; as instruções de Hitler encontram-se em BArch, R55/20007, julho de 1940, pp. 8–9; ver também Stephen G. Fritz, *Ostkrieg: Hitler's War of Extermination in the East*, Lexington, KT: University Press of Kentucky, 2011, p. 31.

([88]) Richard J. Evans, *The Third Reich at War*, Londres: Penguin, 2009, pp. 136–138.

([89]) Shirer, *Berlin Diary*, pp. 454–455.

([90]) Ernst Hanfstaengl, o seu publicitário nos Estados Unidos, mencionou repetidamente a falta de visão estratégica de Hitler no que dizia respeito aos Estados Unidos; ver Hanfstaengl, *Unheard Witness*, pp. 37 e 66.

(91) Evans, *The Third Reich at War*, p. 424.
(92) *Ibid.*, p. 507; Schroeder, *Er war mein Chef*, pp. 74–75.
(93) Bramsted, *Goebbels and the National Socialist Propaganda 1925–1945*, pp. 223–224.
(94) Evans, *The Third Reich at War*, pp. 421–422.
(95) *Ibid.*, pp. 422–423; Ulrich von Hassell, *The von Hassell Diaries: The Story of the Forces against Hitler inside Germany, 1938–1945*, Boulder, CO: Westview Press, 1994, p. 304.
(96) BArch, NS18/842, 17 de julho de 1942, p. 38.
(97) Hoffmann, *Hitler Was My Friend*, p. 227; Speer, *Inside the Third Reich*, p. 473.
(98) Evans, *The Third Reich at War: 1939–1945*, p. 714; Klemperer, *To the Bitter End*, p. 387.
(99) Speer, *Inside the Third Reich*, p. 473.
(100) Evans, *The Third Reich at War*, p. 732; Hans J. Mallaquoi, *Destined to Witness: Growing up Black in Nazi Germany*, Nova Iorque: HarperCollins, 2001, p. 251; Klemperer, *To the Bitter End*, p. 458; ver também Joachim C. Fest, *Hitler*, Boston, MA: Houghton Mifflin Harcourt, 2002, pp. 753–754.
(101) Antony Beevor, *The Fall of Berlin 1945*, Londres: Penguin Books, 2002, p. 415.

CAPÍTULO 3
ESTALINE

(1) Henri Béraud, *Ce que j'ai vu à Moscou*, Paris: Les Editions de France, 1925, pp. 46–47.
(2) Richard Pipes, *The Russian Revolution*, Nova Iorque: Vintage Books, 1991, pp. 808–812.
(3) *Ibid.*, p. 814.
(4) *Ibid.*, p. 815.
(5) Robert Service, *Stalin: A Biography*, Houndmills, Basingstoke: Macmillan, 2004, p. 132; Eugene Lyons, *Stalin: Czar of all the Russians*, Nova Iorque: J. B. Lippincott, 1940, p. 287; Stephen Kotkin, *Stalin: Paradoxes of Power, 1878–1928*, Nova Iorque: Penguin Press, 2014, p. 424.
(6) Kotkin, *Stalin: Paradoxes of Power*, p. 534.
(7) Fernand Corcos, *Une visite à la Russie nouvelle*, Paris: Editions Montaigne, 1930, pp. 404–405; Benno Ennker, «The Origins and Intentions of the Lenin

Cult» *in* Ian D. Thatcher (org.), *Regime and Society in Twentieth-Century Russia*, Houndmills, Basingstoke: Macmillan Press, 1999, pp. 125–126.

(8) Alexei Yurchak, «Bodies of Lenin: The Hidden Science of Communist Sovereignty», *Representations*, n.º 129 (inverno 2015), pp. 116–157; Béraud, *Ce que j'ai vu à Moscou*, p. 45.

(9) Kotkin, *Stalin*, p. 543; Robert H. McNeal, *Stalin: Man and Rule*, Nova Iorque: New York University Press, 1988, pp. 90–93.

(10) Service, *Stalin*, pp. 223–224.

(11) Por exemplo, RGASPI, 17 de outubro de 1925, 558-11-1158, doc. 59, p. 77.

(12) «Stalin's Word», revista *Time*, 27 de abril de 1925.

(13) Kotkin, *Stalin*, p. 648.

(14) Eugene Lyons, *Assignment in Utopia*, Londres: George G. Harrap, 1938, p. 173; Service, *Stalin*, p. 259.

(15) Alexander Trachtenberg, *The History of May Day*, Nova Iorque: International Pamphlets, 1931.

(16) Lyons, *Assignment in Utopia*, pp. 102–103.

(17) Service, *Stalin*, pp. 265–267.

(18) Lyons, *Assignment in Utopia*, pp. 206–207; o *Pravda*, num número especial sobre o Jubileu de Estaline publicado a 21 de dezembro de 1929, proclamava Estaline o «verdadeiro herdeiro» de Marx e Lenine e o «líder» do partido proletário: RGASPI, 558-11-1352, 21 de dezembro de 1929, doc. 8; ver também Jeffrey Brooks, *Thank You, Comrade Stalin!: Soviet Public Culture from Revolution to Cold War*, Princeton: Princeton University Press, 2000, pp. 60–61.

(19) RGASPI, 558-11-1352, doc. 1, 19 de dezembro de 1929; ver também «Stalin», *The Life of Stalin: A Symposium*, Londres: Modern Books Limited, 1930, pp. 12–14.

(20) Lazar Kaganovich, «Stalin and the Party»; Sergo Ordzhonikidze, «The "Diehard" Bolshvik», ambos reproduzidos em *The Life of Stalin*, pp. 40 e 87–89.

(21) Lyons, *Assignment in Utopia*, pp. 265–266; sobre os cartazes em 1929 ver James L. Heizer, «The Cult of Stalin, 1929–1939», tese de doutoramento, University of Kentucky, 1977, p. 55, citado em Sarah Davies, *Popular Opinion in Stalin's Russia: Terror, Propaganda and Dissent, 1934–1941*, Cambridge: Cambridge University Press, 1997, p. 147.

(22) A expressão «vencedor ressentido» vem da análise astuta de Stephen Kotkin em *Stalin*, pp. 474 e 591; Kotkin, contudo, não acredita que o Testamento fosse realmente obra de Lenine.

([23]) Leon Trotsky, *My Life*, Nova Iorque: Charles Scribner, 1930, pp. 309, 378 e 398.

([24]) Avel Yenukidze, «Leaves from my Reminiscences» *in The Life of Stalin*, pp. 90–96.

([25]) Lyons, *Assignment in Utopia*, pp. 381–391; «Russia: Stalin Laughs!», revista *Time*, 1 de dezembro de 1930.

([26]) «Soso was Good», revista *Time*, 8 de dezembro de 1930.

([27]) Ver Stanley Weintraub, «GBS and the Despots», *Times Literary Supplement*, 22 de agosto de 2011.

([28]) Emil Ludwig, *Nine Etched from Life*, Nova Iorque: Robert McBride, p. 348; a avaliação de Barbusse é referida por Michael David-Fox, *Showcasing the Great Experiment: Cultural Diplomacy and Western Visitors to the Soviet Union, 1921–1941*, Oxford: Oxford University Press, 2011, pp. 231–232, e por Jan Plamper, *The Stalin Cult: A Study in the Alchemy of Power*, New Haven, CT: Yale University Press, 2012, p. 133; nenhum dos dois menciona as transações financeiras que ocorreram, referidas em RGASPI, 558-11--699, 12 de outubro de 1933, doc. 6, pp. 53–54; André Gide, «Retouches à mon "Retour de l'URSS"» *in Souvenirs et Voyages*, Paris: Gallimard, 2001, pp. 803–71, citado em Andrew Sobanet, «Henri Barbusse, Official Biographer of Joseph Stalin», *French Cultural Studies*, 24, n.º 4 (nov. 2013), p. 368; sobre outros escritores estrangeiros abordados por Estaline para escrever uma biografia, ver Roy Medvedev, «New Pages from the Political Biography of Stalin» *in* Robert C. Tucker (org.), *Stalinism: Essays in Historical Interpretation*, Nova Brunsvique, NJ: Transaction, p. 207, nota 9.

([29]) Henri Barbusse, *Stalin: A New World seen through One Man*, Londres: John Lane, 1935, pp. viii e 291.

([30]) Sobre este assunto, ver, entre outros, David-Fox, *Showcasing the Great Experiment*.

([31]) Emil Ludwig, *Three Portraits: Hitler, Mussolini, Stalin*, Nova Iorque: Longmans, Green and Co., 1940, p. 104.

([32]) Lyons, *Assignment in Utopia*, pp. 340–342.

([33]) As estátuas foram vistas por Corcos, *Une Visite à la Russie Nouvelle*, p. 117, e no Interior por Malcolm Muggeridge, box 2, Hoover Institution Archives, «Russia, 16.9.1932–29.1.1933», p. 125.

([34]) Service, *Stalin*, pp. 312–313 e 360.

([35]) Richard Pipes, *Communism: A History of the Intellectual and Political Movement*, Londres: Phoenix Press, p. 66.

([36]) Sobre os «pequenos Estalines» ver Malte Rolf, «Working towards the Centre: Leader Cults and Spatial Politics» *in* Apor Balázs, Jan C. Behrends, Polly

Jones e E. A. Rees (org.), *The Leader Cult in Communist Dictatorships: Stalin and the Eastern Bloc*, Houndmills, Basingstoke: Palgrave Macmillan, 2004, p. 152; E. A. Rees, «Leader Cults: Varieties, Preconditions and Functions» *in* Balázs *et al.*, *The Leader Cult in Communist Dictatorships*, p. 10; Sheila Fitzpatrick, *Everyday Stalinism. Ordinary Life in Extraordinary Times: Soviet Russia in the 1930s*, Oxford: Oxford University Press, 1999, pp. 30–31; Rumiantsev chamou Estaline de génio em fevereiro de 1934, ver *XVII s'ezd Vsesojuznoj Kommunisticheskoj Partii, 26 janvarja – 10 fevralja 1934*, Moscovo: Partizdat, 1934, p. 143; sobre o seu culto ver Jörg Baberowski, *Scorched Earth: Stalin's Reign of Terror*, New Haven, CT: Yale University Press, 2016, pp. 224–227.

([37]) Larissa Vasilieva, *Kremlin Wives*, Nova Iorque: Arcade Publishing, 1992, pp. 122–124.

([38]) Brooks, *Thank You, Comrade Stalin!*, p. 106; John Brown, *I Saw for Myself*, Londres: Selwyn and Blount, 1935, p. 260.

([39]) Malte Rolf, «A Hall of Mirrors: Sovietizing Culture under Stalinism», *Slavic Review*, 68, n.º 3 (outono de 2009), p. 601.

([40]) Lyons, *Stalin*, p. 215.

([41]) Rolf, «A Hall of Mirrors», p. 610; Anita Pisch, «The Personality Cult of Stalin in Soviet Posters, 1929–1953: Archetypes, Inventions and Fabrications», tese de doutoramento, Australian National University, 2014, p. 135.

([42]) Brooks, *Thank You, Comrade Stalin!*, pp. 69–77; Pisch, «The Personality Cult of Stalin in Soviet Posters», p. 69.

([43]) O encontro entre Avdeenko e Mekhlis é referido em Davies, *Popular Opinion in Stalin's Russia*, p. 149; a transmissão é relatada em Eugene Lyons, «Dictators into Gods», *American Mercury*, março de 1939, p. 268.

([44]) Lyons, «Dictators into Gods», p. 269.

([45]) Nadezhda Mandelstam, *Hope against Hope: A Memoir*, Nova Iorque: Atheneum, 1983, p. 420; RGASPI, 558-11-1479, doc. 36, pp. 54–56.

([46]) Simon Sebag Montefiore, *Stalin: The Court of the Red Tsar*, Nova Iorque: Knopf, 2004, p. 164; *SSSR. Sezd Sovetov (chrezvychajnyj) (8). Stenograficheskij otchet, 25 nojabrja – 5 dekabrja 1936 g.*, Moscovo: CIK SSSR, 1936, p. 208; Sergo Ordzhonikidze, *Izbrannye stat'i i rechi, 1918–1937*, Moscovo: Ogiz, 1945, p. 240.

([47]) David Brandenberger, «Stalin as Symbol: A Case Study of the Personality Cult and its Construction» *in* Sarah Davies e James Harris (org.), *Stalin: A New History*, Cambridge: Cambridge University Press, 2005, pp. 249–70; ver também o clássico David King, *The Commissar Vanishes:*

The Falsification of Photographs and Art in Stalin's Russia, Nova Iorque: Metropolitan Books, 1997.

([48]) Kees Boterbloem, *The Life and Times of Andrei Zhdanov, 1896–1948*, Monreal: McGill-Queen's Press, 2004, pp. 176–177 e 215.

([49]) RGASPI, 558-11-1354, 20 de novembro de 1939, pp. 29–34; todas as cartas estão no documento 21.

([50]) O pedido do Museu da Revolução encontra-se em RGASPI, 558-11-1354, 29 de julho de 1940, documento 15, a lista de presentes em exposição, no documento 15.

([51]) «Foreign Statesmen Greet Stalin on 60th Birthday», *Moscow News*, 1 de janeiro de 1940.

([52]) Andrew Nagorski, *The Greatest Battle: Stalin, Hitler, and the Desperate Struggle for Moscow that Changed the Course of World War II*, Nova Iorque: Simon & Schuster, 2008, pp. 16–17.

([53]) Service, *Stalin*, p. 403; ver também David Glantz, *Stumbling Colossus: The Red Army on the Eve of World War*, Lawrence, KA: University Press of Kansas, 1998.

([54]) Service, *Stalin*, p. 409.

([55]) Anna Louise Strong, citando um relato de Erskine Caldwell no seu *The Soviets Expected It*, Nova Iorque: The Dial Press, 1942, p. 39; Alexander Werth, *Russia at War, 1941–1945: A History*, Nova Iorque: Skyhorse Publishing, 2011, p. 165.

([56]) Victoria E. Bonnell, *Iconography of Power: Soviet Political Posters Under Lenin and Stalin*, Berkeley, CA: University of California Press, 1998, p. 252; Service, *Stalin*, p. 451; Richard E. Lauterbach, *These Are the Russians*, Nova Iorque: Harper, 1944, p. 101.

([57]) Werth, *Russia at War*, p. 595; John Barber, «The Image of Stalin in Soviet Propaganda and Public Opinion during World War 2» *in* John Garrard e Carol Garrard (org.), *World War 2 and the Soviet People*, Nova Iorque: St. Martin's Press, 1990, p. 43.

([58]) Plamper, *The Stalin Cult*, p. 54.

([59]) Michael Neiberg, *Potsdam: The End of World War II and the Remaking of Europe*, Nova Iorque: Basic Books, 2015, p. 58; Paul Hollander, *Political Pilgrims: Western Intellectuals in Search of the Good Society*, Londres: Routledge, 2017, p. 1; Kimberly Hupp, «"Uncle Joe": What Americans thought of Joseph Stalin before and after World War II», tese de doutoramento, University of Toledo, 2009.

([60]) Mandelstam, *Hope against Hope*, p. 345.

([61]) Número de baixas em Timothy C. Dowling (org.), *Russia at War: From the Mongol Conquest to Afghanistan, Chechnya, and Beyond*, Santa

Bárbara, CA: ABC-Clio, vol. 1, 2015, p. 172; Richard Overy, *Russia's War: A History of the Soviet Effort: 1941–1945*, Harmondsworth: Penguin Books, 1997, p. 291; Catherine Merridale, *Ivan's War: The Red Army 1939–45*, Londres: Faber and Faber, 2005, p. 3.

(62) Werth, *Russia at War*, p. 369.

(63) Merridale, *Ivan's War*, pp. 67, 117–118 e 136; Beevor, *The Fall of Berlin 1945*, p. 424.

(64) Beevor, *The Fall of Berlin 1945*, p. 107.

(65) Isaac Deutscher, *Stalin: A Political Biography*, Nova Iorque: Vintage Books, 1949, p. 466; Beevor, *The Fall of Berlin 1945*, pp. 425–426.

(66) Service, *Stalin*, p. 543; Brandenburg, «Stalin as Symbol», pp. 265–270; *Iosif Vissarionovich Stalin. Kratkaya biografiya*, Moscovo: OGIZ, 1947, pp. 182–222.

(67) Service, *Stalin*, pp. 508 e 564.

(68) Anne Applebaum, *Iron Curtain: The Crushing of Eastern Europe, 1944–1956*, Nova Iorque: Doubleday, 2012; Jan C. Behrends, «Exporting the Leader: The Stalin Cult in Poland and East Germany (1944/45–1956)» *in* Balázs *et al.*, *The Leader Cult in Communist Dictatorships*, pp. 161–178.

(69) «Mr. Stalin 70 Today, World Peace Prizes Inaugurated», *The Times*, 21 de dezembro de 1949, p. 4; «Flags and Lights For Mr. Stalin Birthday Scenes in Moscow», *The Times*, 22 de dezembro de 1949, p. 4.

(70) RGASPI, 558-4-596, 1950; ver também McNeal, *Stalin*, pp. 291–292.

(71) RGASPI, 558-11-1379, doc. 2 e 4; ver também lista datada de 22 de abril de 1950 em RGASPI, 558-11-1420; RGASPI, 558-4-596, 1950.

(72) Service, *Stalin*, p. 548; Overy, *Russia's War*, pp. 288 e 302; Roy Medvedev, *Let History Judge: The Origins and Consequences of Stalinism*, Nova Iorque: Knopf, 1972, p. 508.

(73) Harrison E. Salisbury, «The Days of Stalin's Death», *New York Times*, 17 de abril de 1983; Brooks, *Thank You, Comrade Stalin!*, p. 237.

CAPÍTULO 4
MAO

(1) Sobre a viagem de Mao a Moscovo, ver Paul Wingrove, «Mao in Moscow, 1949–1950: Some New Archival Evidence», *Journal of Communist Studies and Transition Politics*, 11, n.º 4 (dez. 1995), pp. 309–334; David Wolff, «"One Finger's Worth of Historical Events": New Russian and Chinese Evidence on the Sino-Soviet Alliance and Split, 1948–1959», *Cold War*

International History Project Bulletin, Documento de Trabalho n.º 30 (ago. 2002), pp. 1–74; Sergey Radchenko e David Wolff, «To the Summit via Proxy-Summits: New Evidence from Soviet and Chinese Archives on Mao's Long March to Moscow, 1949», *Cold War International History Project Bulletin*, n.º 16 (inverno de 2008), pp. 105–182.

(2) *New York Times*, 15 de maio de 1927.

(3) Mao Zedong, «Report on an Investigation of the Peasant Movement in Hunan», março de 1927, *Selected Works of Mao Zedong*, Pequim: Foreign Languages Press, 1965, vol. 1, pp. 23–24.

(4) Alexander V. Pantsov e Steven I. Levine, *Mao: The Real Story*, Nova Iorque: Simon & Schuster, 2012, pp. 206, 242 e 248.

(5) Mao Zedong, «On Tactics against Japanese Imperialism», 27 de dezembro de 1935, tradução em Stuart Schram, *Mao's Road to Power: Revolutionary Writings, 1912–49*, Armonk, NY: M. E. Sharpe, 1999, vol. 5, p. 92.

(6) Alvin D. Coox, *Nomonhan: Japan Against Russia 1939*, Palo Alto, CA: Stanford University Press, 1988, p. 93.

(7) Yang Kuisong, *Mao Zedong yu Mosike de enen yuanyuan* (Mao e Moscovo), Nanchang: Jiangxi renmin chubanshe, 1999, p. 21; Pantsov e Levine, *Mao*, p. 293.

(8) Jung Chang e Jon Halliday, *Mao: The Unknown Story*, Londres: Jonathan Cape, 2005, p. 192.

(9) Edgar Snow, *Red Star over China: The Classic Account of the Birth of Chinese Communism*, Nova Iorque: Grove Press, 1994, p. 92.

(10) Lee Feigon, *Mao: A Reinterpretation*, Chicago: Ivan R. Dee, 2002, pp. 67–69.

(11) Feigon, *Mao*, p. 67; Robert M. Farnsworth, *From Vagabond to Journalist: Edgar Snow in Asia, 1928–1941*, Colúmbia, MO: University of Missouri Press, 1996, p. 222.

(12) Pantsov e Levine, *Mao*, p. 296.

(13) Jay Taylor, *The Generalissimo: Chiang Kai-shek and the Struggle for Modern China*, Cambridge, MA: Harvard University Press, 2009, p. 169.

(14) Pantsov e Levine, *Mao*, p. 324.

(15) RGASPI, 17-170-128a, Georgii Dimitrov, Relatório para Estaline sobre o Sexto Plenário do Comité Central do PCC, 21 de abril de 1939, pp. 1–3; ver também o relatório de Dmitrii Manuilsky nas pp. 14–43.

(16) Pantsov e Levine, *Mao*, p. 331; Arthur A. Cohen, *The Communism of Mao Tse-tung*, Chicago: University of Chicago Press, 1964, pp. 93–95.

(17) Gao Hua, *Hong taiyang shi zenyang shengqi de. Yan'an zhengfeng yundong de lailong qumai* (Como é que o sol vermelho nasceu sobre Yan'an?

História da Campanha de Retificação), Hong Kong: Chinese University Press, 2000, p. 580.

([18]) Gao, *Hong taiyang shi zenyang shengqi de*, p. 530; ver também Chen Yung-fa, *Yan'an de yinying* (A Sombra de Yan'an), Taipé: Institute of Modern History, Academia Sinica, 1990.

([19]) Gao, *Hong taiyang shi zenyang shengqi de*, p. 593.

([20]) Gao Wenqian, *Zhou Enlai: The Last Perfect Revolutionary*, Nova Iorque: PublicAffairs, 2007, p. 88.

([21]) Raymond F. Wylie, *The Emergence of Maoism: Mao Tse-tung, Ch'en Po-ta, and the Search for Chinese Theory, 1935–1945*, Palo Alto, CA: Stanford University Press, 1980, pp. 205–206; Gao, *Hong taiyang shi zenyang shengqi de*, pp. 607–609; Li Jihua, «Dui Mao Zedong geren chongbai de zisheng» (A propagação do culto de personalidade de Mao), *Yanhuang chunqiu*, n.º 3 (março de 2010), pp. 40–45; Theodore H. White e Annalee Jacoby, *Thunder out of China*, Londres: Victor Gollanz, 1947, p. 217.

([22]) PRO, FO 371/35777, 1 de fevereiro de 1943, p. 21.

([23]) Stuart R. Schram, «Party Leader or True Ruler? Foundations and Significance of Mao Zedong's Personal Power» *in* Stuart R. Schram (org.), *Foundations and Limits of State Power in China*, Londres: School of Oriental and African Studies, 1987, p. 213.

([24]) Frank Dikötter, *The Tragedy of Liberation: A History of the Chinese Revolution, 1945–1957*, Londres: Bloomsbury, 2013, pp. 16–17.

([25]) Dikötter, *The Tragedy of Liberation*, pp. 3 e 22–23.

([26]) PRO, FO 371/92192, 20 de novembro de 1950, p. 19; Robert Guillain, «China under the Red Flag» *in* Otto B. Van der Sprenkel, Robert Guillain e Michael Lindsay (org.), *New China: Three Views*, Londres: Turnstile Press, 1950, pp. 91–92; sobre as regras para a exibição dos retratos ver, por exemplo, SMA, 9 de setembro de 1952, A22-2-74, pp. 6–7; 29 de dezembro de 1951, B1-2-3620, p. 61; Hung Chang-tai, «Mao's Parades: State Spectacles in China in the 1950s», *China Quarterly*, n.º 190 (junho de 2007), pp. 411–431.

([27]) Dikötter, *The Tragedy of Liberation*, pp. 134–137.

([28]) *Ibid.*, p. 83.

([29]) *Ibid.*, pp. 47–48.

([30]) *Ibid.*, pp. 99–100.

([31]) *Ibid.*, p. 190; William Kinmond, *No Dogs in China: A Report on China Today*, Nova Iorque: Thomas Nelson, 1957, pp. 192–194.

([32]) John Gitting, «Monster at the Beach», *Guardian*, 10 de abril de 2004.

([33]) A obra clássica sobre este tópico é Cohen, *The Communism of Mao Tse-tung*; o autor foi ostracizado, claro, pois os professores cultos da Universidade de Harvard escreviam livros eruditos sobre a «sinificação do marxismo».

([34]) Valentin Chu, *The Inside Story of Communist China: Ta Ta, Tan Tan*, Londres: Allen & Unwin, 1964, p. 228.

([35]) Ver Richard Curt Kraus, *Brushes with Power: Modern Politics and the Chinese Art of Calligraphy*, Berkeley, CA: University of California Press, 1991.

([36]) Chow Ching-wen, *Ten Years of Storm: The True Story of the Communist Regime in China*, Nova Iorque: Holt, Rinehart and Winston, 1960, p. 81.

([37]) Dikötter, *The Tragedy of Liberation*, p. 227.

([38]) William Taubman, *Khrushchev: The Man and his Era*, Londres, Free Press, 2003, pp. 271–272.

([39]) Dikötter, *The Tragedy of Liberation*, pp. 275–276.

([40]) Pang Xianzhi e Jin Chongji (org.), *Mao Zedong zhuan, 1949–1976* (Biografia de Mao Tsé-tung, 1949–1976), Pequim: Zhongyang wenxian chubanshe, 2003, p. 534; Li Zhisui, *The Private Life of Chairman Mao: The Memoirs of Mao's Personal Physician*, Nova Iorque: Random House, 1994, pp. 182–184.

([41]) Dikötter, *The Tragedy of Liberation*, p. 291.

([42]) GSPA, o discurso de Mao a 10 de março de 1958 em Chengdu, 91-18-495, p. 211.

([43]) Li Rui, *Dayuejin qin liji* (Testemunho do Grande Salto em Frente), Haikou: Nanfang chubanshe, 1999, vol. 2, p. 288.

([44]) Frank Dikötter, *Mao's Great Famine: The History of China's Most Devastating Catastrophe, 1958–1962*, Londres: Bloomsbury, 2010, p. 20.

([45]) *Ibid.*, pp. 22–23.

([46]) Li Rui, *Lushan huiyi shilu* (Registo verídico da reunião de Lushan), Hong Kong: Tiandi tushu youxian gongsi, 2.ª ed, 2009, pp. 232 e 389–390; Li, *The Private Life of Chairman Mao*, p. 381.

([47]) Li, *Lushan huiyi shilu*, p. 232.

([48]) Gao, *Zhou Enlai*, pp. 187–188; Liu Tong, «Jieshi Zhongnanhai gaoceng zhengzhi de yiba yaoshi: Lin Biao biji de hengli yu yanjiu» (Texto-chave para entender as altas esferas políticas em Zhongnanhai: Seleção e estudo das anotações de Lin Biao), ensaio apresentado na International Conference on Chinese War and Revolution in the Twentieth Century, Shanghai Communications University, 8–9 de novembro de 2008.

([49]) Dikötter, *Mao's Great Famine*, p. 102.

([50]) *Ibid.*, pp. 116–123.

(51) Ver Frank Dikötter, *The Cultural Revolution: A People's History, 1962–1976*, Londres: Bloomsbury, 2016, p. 12.

(52) *The People's Daily*, 7 de fevereiro de 1963, citação em Cohen, *The Communism of Mao Tse-tung*, p. 203.

(53) David Milton e Nancy D. Milton, *The Wind Will Not Subside: Years in Revolutionary China, 1964–1969*, Nova Iorque: Pantheon Books, 1976, pp. 63–65; ver também Jacques Marcuse, *The Peking Papers: Leaves from the Notebook of a China Correspondent*, Londres: Arthur Barker, 1968, pp. 235–246.

(54) Lu Hong, *Junbao neibu xiaoxi: 'Wenge' qinli shilu* (História de um membro do Exército de Libertação do Povo), Hong Kong, Shidai guoji chubanshe, 2006, pp. 14–17; Daniel Leese, *Mao Cult: Rhetoric and Ritual in China's Cultural Revolution*, Cambridge: Cambridge University Press, 2011, pp. 111–113.

(55) Li, *The Private Life of Chairman Mao*, p. 412; Lynn T. White III, *Policies of Chaos: The Organizational Causes of Violence in China's Cultural Revolution*, Princeton: Princeton University Press, 1989, pp. 194–195, 206, 214–16.

(56) Carta de D. K. Timms, 6 de outubro de 1964, FO 371/175973; ver também Laszlo Ladany, *The Communist Party of China and Marxism, 1921–1985: A Self-Portrait*, Londres: Hurst, 1988, p. 273.

(57) Dikötter, *The Cultural Revolution*, p. xi.

(58) *Ibid.*, pp. 71–74.

(59) *Ibid.*, pp. 107–109.

(60) Chang Jung, *Wild Swans: Three Daughters of China*, Clearwater, FL: Touchstone, 2003, p. 413.

(61) Dikötter, *The Cultural Revolution*, p. 89.

(62) PRO, FO 371-186983, Leonard Appleyard a John Benson, «Manifestations of the Mao Cult», 28 de setembro de 1966.

(63) Louis Barcata, *China in the Throes of the Cultural Revolution: An Eye Witness Report*, Nova Iorque: Hart Publishing, 1968, p. 48.

(64) SMA, 11 de dezembro de 1967, B167-3-21, pp. 70–73; NMA, Instruções do Centro, 5 de abril e 12 de julho de 1967, 5038-2--107, pp. 2 e 58–59.

(65) HBPA, Diretiva do Ministério do Comércio, 30 de agosto de 1966, 999--4-761, p. 149.

(66) SMA, 2 de maio de 1967, B182-2-8, pp. 5–8.

(67) Helen Wang, *Chairman Mao Badges: Symbols and Slogans of the Cultural Revolution*, Londres: British Museum, 2008, p. 21.

(68) PRO, FCO 21/41, Donald C. Hopson, «Letter from Beijing», 7 de outubro de 1967.

(69) Por exemplo, Pamela Tan, *The Chinese Factor: An Australian Chinese Woman's Life in China from 1950 to 1979*, Dural, Nova Gales do Sul: Roseberg, 2008, p. 131.

(70) PRO, FCO 21/19, Percy Cradock, «Letter from Peking», 3 de junho de 1968.

(71) SMA, B103-4-1, 11 de julho de 1967, pp. 1–3; B98-5-100, 9 de dezembro de 1969, pp. 10–11; B109-4-80, 1 de agosto de 1968, p. 31; sobre as estátuas em Xangai, Jin Dalu, *Feichang yu zhengchang: Shanghai 'wenge' shiqi de shehui bianqian* (O extraordinário e o comum: mudança social em Xangai durante a Revolução Cultural), Xangai: Shanghai cishu chubanshe, 2011, vol. 2, pp. 198–228.

(72) Dikötter, *The Cultural Revolution*, pp. 240–241.

(73) «Zhongyang zhuan'an shencha xiaozu "guanyu pantu, neijian, gongzei Liu Shaoqi zuixing de shencha baogao" ji "pantu, neijian, gongzei Liu Shaoqi zuizheng"» (Relatório sobre Liu Shaoqi pelo Grupo Central de Exame de Casos), 18 de outubro de 1968, Base de Dados da Revolução Cultural; com algumas pequenas alterações, usei a tradução em Milton e Milton, *The Wind Will Not Subside*, pp. 335–339; sobre a composição do congresso, ver Roderick MacFarquhar e Michael Schoenhals, *Mao's Last Revolution*, Cambridge, MA: Harvard University Press, 2006, pp. 292–293.

(74) GDPA, 296-A2.1-25, relatório sobre Xangai, 7 de março de 1973, pp. 189–198; PRO, FCO 21/962, Michael J. Richardson, «Naming of Streets», 26 de janeiro de 1972.

(75) Chang e Halliday, *Mao*, p. 583.

(76) Chang, *Wild Swans*, p. 651.

(77) Jean Hong, entrevista, 7 de novembro de 2012, Hong Kong; Rowena Xiaoqing He, «Reading Havel in Beijing», *Wall Street Journal*, 29 de dezembro de 2011.

(78) Ai Xiaoming entrevistado por Zhang Tiezhi, 22 de dezembro de 2010, Cantão.

(79) Wu Guoping entrevistado por Dong Guoqiang, 1 de dezembro de 2013, distrito de Zongyang, Anhui.

CAPÍTULO 5
KIM IL-SUNG

(1) Robert A. Scalapino e Chong-sik Lee, *Communism in Korea. Part I: The Movement*, Berkeley, CA: University of California Press, 1972, pp. 324–325; Lim Un, *The Founding of a Dynasty in North Korea: An Authentic Biography of Kim Il-song*, Tóquio: Jiyu-sha, 1982, p. 149.

(2) Hongkoo Han, «Wounded Nationalism: The Minsaengdan Incident and Kim Il-sung in Eastern Manchuria», University of Washington, tese de doutoramento, 1999, p. 347.

(3) Han, «Wounded Nationalism», pp. 365–367; Scalapino e Lee, *Communism in Korea*, pp. 202–203; Dae-sook Suh, *Kim Il-sung: The North Korean Leader*, Nova Iorque: Columbia University Press, 1988, pp. 37–47.

(4) Charles Armstrong, *The North Korean Revolution: 1945–50*, Ithaca, NY: Cornell University Press, 2002, capítulo 2.

(5) Lim, *The Founding of a Dynasty in North Korea*, p. 152.

(6) Bradley K. Martin, *Under the Loving Care of the Fatherly Leader: North Korea and the Kim Dynasty*, Nova Iorque: Thomas Dunne Books, 2004, p. 53; Armstrong, *The North Korean Revolution*, p. 223; John N. Washburn, «Russia Looks at Northern Korea», *Pacific Affairs*, 20, n.º 2 (junho de 1947), p. 160.

(7) Armstrong, *The North Korean Revolution*, p. 150; a estimativa de um milhão encontra-se em Byoung-Lo Philo Kim, *Two Koreas in Development: A Comparative Study of Principles and Strategies of Capitalist and Communist Third World Development*, citada em Martin, *Under the Loving Care of the Fatherly Leader*, p. 56.

(8) David Allen Hatch, «The Cult of Personality of Kim Il-Song: Functional Analysis of a State Myth», tese de doutoramento, Washington, DC: The American University, 1986, pp. 106–109.

(9) Benoit Berthelier, «Symbolic Truth: Epic, Legends, and the Making of the Baekdusan Generals», 17 de maio de 2013, Sino-NK.

(10) Hatch, «The Cult of Personality of Kim Il-Song», pp. 83 e 104.

(11) Chen Jian, *China's Road to the Korean War*, Nova Iorque: Columbia University Press, 1996, p. 110; Sergei N. Goncharov, John W. Lewis e Xue Litai, *Uncertain Partners: Stalin, Mao, and the Korean War*, Stanford: Stanford University Press, 1993, pp. 142–145.

(12) Max Hastings, *The Korean War*, Nova Iorque: Simon & Schuster, 1987, p. 53; Hatch, «The Cult of Personality of Kim Il-Song», p. 153.

(13) Suh, *Kim Il-sung*, pp. 123–126; Lim, *The Founding of a Dynasty in North Korea*, p. 215.

(14) Hatch, «The Cult of Personality of Kim Il-Song», pp. 159–160.

(15) Scalapino e Lee, *Communism in Korea*, pp. 428–429.

(16) Andrei Lankov, *The Real North Korea: Life and Politics in the Failed Stalinist Utopia*, Oxford: Oxford University Press, 2013, pp. 37–39.

(17) Blaine Harden, *The Great Leader and the Fighter Pilot: A True Story About the Birth of Tyranny in North Korea*, Nova Iorque: Penguin Books, 2016,

pp. 6–7; Suh, *Kim Il-sung*, pp. 127–130; Andrei Lankov, *From Stalin to Kim Il Sung: The Formation of North Korea, 1945–1960*, Nova Brunsvique, NJ: Rutgers University Press, 2002, pp. 95–96.

([18]) Ver MfAA, A 5631, Relatório da Embaixada, 23 de março de 1955, pp. 63–64.

([19]) MfAA, A 5631, Relatório da Embaixada, 23 de março de 1955, p. 54; RGANI, 5-28-411, Diário do Embaixador V. I. Ivanov, 21 de março de 1956, pp. 165–168; uma rocha coberta de vidro é mencionada em Horst Kurnitzky, *Chollima Korea: A Visit in the Year 23*, Lulu Press Inc., 2006 (publicado pela primeira vez em 1972), p. 19.

([20]) Hatch, «The Cult of Personality of Kim Il-Song», pp. 172–175; Hunter, *Kim Il-song's North Korea*, p. 13.

([21]) Hatch, «The Cult of Personality of Kim Il-Song», pp. 176–180.

([22]) RGANI, 5-28-410, pp. 233–235; este documento foi traduzido por Gary Goldberg em «New Evidence on North Korea in 1956», *Cold War International History Project Bulletin*, n.º 16 (outono 2007/inverno 2008), pp. 492–494.

([23]) RGANI, 5-28-412, 30 de maio de 1956, pp. 190–196; este documento também foi traduzido por Gary Goldberg em «New Evidence on North Korea in 1956», *Cold War International History Project Bulletin*, n.º 16 (outono 2007/inverno 2008), p. 471; sobre este incidente, ver Andrei Lankov, *Crisis in North Korea: The Failure of De-Stalinization, 1956*, Honolulu: University of Hawai'i Press, 2005; Balázs Szalontai, *Kim Il Sung in the Khrushchev Era: Soviet-DPRK Relations and the Roots of North Korean Despotism, 1953–1964*, Stanford, CA: Stanford University Press, 2006.

([24]) Lankov, *Crisis in North Korea*, p. 154.

([25]) *Ibid.*, pp. 152–154.

([26]) Curiosamente, não há quase nenhum reconhecimento explícito nas fontes secundárias de que o sistema *songbun* se baseava naquele concebido por Mao; para uma exceção, ver Judy Sun e Greg Wang, «Human Resource Development in China and North Korea» *in* Thomas N. Garavan, Alma M. McCarthy e Michael J. Morley (org.), *Global Human Resource Development: Regional and Country Perspectives*, Londres: Routledge, 2016, p. 92; sobre as perseguições, ver Lankov, *Crisis in North Korea*, p. 164.

([27]) Lankov, *Crisis in North Korea*, p. 182.

([28]) RGANI, 5-28-314, Carta de S. Suzdalev, embaixador da União Soviética, a N. T. Fedorenko, 23 de março de 1955, pp. 13–15; RGANI, 5-28-412,

10 de maio de 1956, Relato da conversa de I. Biakov, primeiro secretário da embaixada soviética, com o diretor do Museu da História da Luta Revolucionária do Povo Coreano, pp. 249–252; BArch, DY30 IV 2/2.035/137, Boletim Informativo, 14 de março de 1961, p. 72.

([29]) Suh, *Kim Il-sung*, pp. 168–171.

([30]) BArch, DY30 IV 2/2.035/137, Boletim Informativo, 14 de março de 1961, pp. 72–73 e 79; ver também Hatch, «The Cult of Personality of Kim Il-Song», pp. 183–192; sobre a sua retirada da vida pública, ver Suh, *Kim Il-sung*, p. 187.

([31]) MfAA, A 7137, Informações sobre o Dia Nacional, 16 de setembro de 1963, pp. 45–49.

([32]) Sobre o discurso de dezembro de 1955, ver Brian R. Myers, «The Watershed that Wasn't: Re-Evaluating Kim Il-sung's "Juche Speech" of 1955», *Acta Koreana*, 9, n.º 1 (jan. 2006), pp. 89–115.

([33]) James F. Person, «North Korea's chuch'e philosophy» *in* Michael J. Seth, *Routledge Handbook of Modern Korean History*, Londres: Routledge, 2016, pp. 705–798.

([34]) MfAA, C 1088/70, Ingeborg Göthel, Report on Information, 29 de julho de 1966, p. 100.

([35]) Person, «North Korea's chuch'e philosophy», pp. 725–767; MfAA, G-A 344, 10 de novembro de 1967, Carta da Embaixada, pp. 1–7, indica que o culto aumentou com as purgas.

([36]) MfAA, C 1092/70, Relatório da Embaixada, 19 de agosto de 1968, pp. 19–20; PRO, FCO 51/80, «North Korea in 1968», 3 de julho de 1969, p. 13; FCO 21-307, «Kim Il-sung, the "Prefabricated Hero"», 3 de junho de 1967.

([37]) Suh, *Kim Il-sung*, p. 197; PRO, FCO 51/80, «North Korea in 1968», 3 de julho de 1969, p. 13.

([38]) MfAA, C 1088/70, Ingeborg Göthel, Relatório sobre o Primeiro de Maio, 5 de maio de 1967, pp. 55–58.

([39]) MfAA, C 1088/70, Hermann, Relatório da Embaixada, 5 de janeiro de 1968, pp. 76–77, e Ingeborg Göthel, Report on Information, 3 de novembro de 1967, pp. 16–17; Ingeborg Göthel, Relatório da Embaixada, 22 de setembro de 1967, pp. 18–19; C 1023/73, Relatório da Embaixada, 22 de maio de 1968, pp. 98–99; sobre salas de estudo especiais, ver também Rinn-Sup Shinn *et al.*, *Area Handbook for North Korea*, Washington: U.S. Government Printing Office, 1969, p. 276.

([40]) MfAA, C 1088/70, Ingeborg Göthel, Relatório sobre o Primeiro de Maio, 5 de maio de 1967, pp. 55–58; Ingeborg Göthel, Report on Information, 3 de novembro de 1967, pp. 16–17.

([41]) Suh, *Kim Il-sung*, pp. 231–234.

([42]) MfAA, G-A 347, Barthel, Relatório da Discussão com Samoilov, 17 de maio de 1972, pp. 16–18; ver também Suh, *Kim Il-sung*, p. 242.

([43]) «Talk to the Officials of the Propaganda and Agitation Department of the Central Committee of the Workers», 29 de outubro de 1971, documento do website Korean Friendship Association consultado a 15 de janeiro a 2016; Suh, *Kim Il-sung*, p. 319.

([44]) Harrison E. Salisbury, *To Peking and Beyond: A Report on The New Asia*, Nova Iorque: Quadrangle Books, 1973, p. 207; Suh, *Kim Il-sung*, p. 319.

([45]) MfAA, C 6877, 6 de março de 1972, pp. 76–77; MfAA, G-A 347, Carta da Embaixada, 11 de janeiro de 1972, p. 14.

([46]) Salisbury, *To Peking and Beyond*, pp. 208–209; ver também Suh, *Kim Il-sung*, pp. 316–317; ambos referem 240 000 metros quadrados para a superfície total do museu, o que parece pouco provável para noventa e duas salas; a medida de 50 000 metros quadrados é de Helen-Louise Hunter, *Kim Il-song's North Korea*, Westport, CT: Praeger Publishers, 1999, p. 23.

([47]) MfAA, C 6877, 6 de março de 1972, pp. 76–77; Sonia Ryang, *Writing Selves in Diaspora: Ethnography of Autobiographics of Korean Women in Japan and the United States*, Lanham, MD: Lexington Books, 2008, p. 88.

([48]) Salisbury, *To Peking and Beyond*, pp. 208–209; Suh, *Kim Il-sung*, pp. 316–319.

([49]) SMA, B158-2-365, 20 de dezembro de 1971, pp. 107–111, e B163-4-317, 1 de dezembro de 1971, pp. 134–135; sobre os crachás em anos posteriores, ver Andrei Lankov, *North of the DMZ: Essays on Daily Life in North Korea*, Jefferson, NC: McFarland, 2007, pp. 7–9.

([50]) Suh, *Kim Il-sung*, pp. 270–271.

([51]) MfAA, C 6877, Boletim Informativo, 28 de abril de 1972, pp. 66–67.

([52]) Salisbury, *To Peking and Beyond*, pp. 196–197 e 204–205.

([53]) *Ibid.*, pp. 214 e 219.

([54]) MfAA, C 315/78, 8 de abril de 1970, pp. 155–158.

([55]) Suh, *Kim Il-sung*, p. 262.

([56]) Lim, *The Founding of a Dynasty in North Korea*, p. 269; Suh, *Kim Il-sung*, pp. 267–268.

([57]) Suh, *Kim Il-sung*, pp. 267–278.

([58]) Philippe Grangereau, *Au pays du grand mensonge. Voyage en Corée*, Paris: Payot, 2003, pp. 134–137; Hunter, *Kim Il-song's North Korea*, p. 22.

([59]) C 6926, Kirsch, Carta da Embaixada, 21 de novembro de 1975, pp. 1–3.

([60]) Suh, *Kim Il-sung*, pp. 278–282.

([61]) Hans Maretzki, *Kim-ismus in Nordkorea: Analyse des letzten DDR--Botschafters in Pjöngjang*, Böblingen: Anika Tykve Verlag, 1991, pp. 34 e 55; Lankov, *North of the DMZ*, pp. 40–41.

(62) Don Oberdorfer, *The Two Koreas: A Contemporary History*, Reading, MA: Addison-Wesley, 1997, pp. 341–342; Barbara Demick, *Nothing to Envy: Ordinary Lives in North Korea*, Nova Iorque: Spiegel and Grau, 2009, pp. 100–101.

CAPÍTULO 6
DUVALIER

(1) Sobre a história anterior do Haiti, ver Philippe Girard, *Haiti: The Tumultuous History — From Pearl of the Caribbean to Broken Nation*, Nova Iorque: St. Martin's Press, 2010.

(2) Eric H. Cushway, «The Ideology of François Duvalier», dissertação de mestrado, University of Alberta, 1976, pp. 79 e 96–97; Martin Munro, *Tropical Apocalypse: Haiti and the Caribbean End*, Charlottesville, VA: University of Virginia Press, 2015, p. 36.

(3) John Marquis, *Papa Doc: Portrait of a Haitian Tyrant 1907–1971*, Kingston: LMH Publishing Limited, 2007, p. 92.

(4) Paul Christopher Johnson, «Secretism and the Apotheosis of Duvalier», *Journal of the American Academy of Religion*, 74, n.º 2 (junho de 2006), p. 428; Cushway, «The Ideology of François Duvalier», pp. 78–83.

(5) François Duvalier, *Guide des 'Oeuvres Essentielles' du Docteur François Duvalier*, Porto Príncipe: Henri Deschamps, 1967, p. 58.

(6) Trevor Armbrister, «Is There Any Hope for Haiti?», *Saturday Evening Post*, 236, n.º 23 (15 de junho de 1963), p. 80; ver também Bleecker Dee, «Duvalier's Haiti: A Case Study of National Disintegration», tese de doutoramento, University of Florida, 1967, p. 70.

(7) NARA, RG 59, Box 3090, Gerald A. Drew, «Political Situation in Haiti», 3 de agosto de 1957.

(8) Bernard Diederich, *The Price of Blood: History of Repression and Rebellion in Haiti Under Dr. François Duvalier, 1957–1961*, Princeton, NJ: Markus Wiener, 2011, pp. 17–18.

(9) NARA, RG 59, Box 3090, Gerald A. Drew, «Political Situation in Haiti», 3 de agosto de 1957.

(10) Mats Lundahl, «Papa Doc: Innovator in the Predatory State», *Scandia*, 50, n.º 1 (1984), p. 48.

(11) MAE, 96QO/24, Lucien Félix, «Conférence de presse de Duvalier», 4 de outubro de 1957; MAE, 96QO/24, Lucien Félix, «Un mois de pouvoir du président Duvalier», 22 de novembro de 1957; NARA, RG 59, Box 3090,

«Harassment of Haitian Labor Leaders», 10 de janeiro de 1958; Virgil P. Randolph, «Haitian Political Situation», 30 de janeiro de 1958.

([12]) *Haiti Sun*, 24 de dezembro de 1957, p. 11; Louis E. Lomax, «Afro Man Chased out of Haiti», *Baltimore Afro-American*, 15 de outubro de 1957; Stephen Jay Berman, «Duvalier and the Press», dissertação de mestrado em Jornalismo, University of Southern California, 1974, p. 28.

([13]) NARA, RG 59, Box 3090, Virgil P. Randolph, «Haitian Political Situation», 30 de janeiro de 1958; Louis E. Lomax, «Afro Man Chased out of Haiti», *Baltimore Afro-American*, 15 de outubro de 1957.

([14]) MAE, 96QO/24, Lucien Félix, «Un mois de pouvoir du président Duvalier», 22 de novembro de 1957; NARA, RG 59, Box 3090, «Harassment of Haitian Labor Leaders», 10 de janeiro de 1958; Virgil P. Randolph, «Haitian Political Situation», 30 de janeiro de 1958.

([15]) MAE, 96QO/25, Lucien Félix, telegrama, 13 de março de 1958; NARA, RG 59, Box 3090, Virgil P. Randolph, «Haitian Political Situation», 30 de janeiro de 1958.

([16]) NARA, RG 59, Box 3092, Virgil P. Randolph, «Joint Weeka No. 32», 6 de agosto de 1958; MAE, 96QO/25, Lucien Félix, «Le coup de main du 29 juillet 1958», 31 de julho de 1958.

([17]) Robert D. Heinl e Nancy Gordon Heinl, *Written in Blood: The Story of the Haitian People, 1492–1995*, Lanham, MD: University Press of America, 1998, p. 572; Robert I. Rotberg, *Haiti: The Politics of Squalor*, Boston: Houghton Mifflin, 1971, pp. 215–216.

([18]) MAE, 96QO/25, Lucien Félix, «La nouvelle constitution de la République d'Haiti», 17 de abril de 1958; Lundahl, «Papa Doc», p. 60.

([19]) Elizabeth Abbott, *Haiti: The Duvaliers and Their Legacy*, Nova Iorque: McGraw-Hill, 1988, pp. 91–92.

([20]) Bernard Diederich e Al Burt, *Papa Doc: Haiti and its Dictator*, Londres: Bodley Head, 1969, p. 139; Rotberg, *Haiti*, p. 218.

([21]) Lundahl, «Papa Doc», p. 60.

([22]) MAE, 96QO/25, Lucien Félix, «La situation politique et économique en Haiti», 3 de fevereiro de 1959; «Voyage du Président», 18 de março de 1959.

([23]) NARA, RG 59, Box 3092, «Joint Weeka No. 22», 5 de junho de 1959; NARA, RG 59, Box 3093, Gerald A. Drew «Embtel 423», 3 de junho de 1959; Rotberg, *Haiti*, p. 218.

([24]) NARA, RG 59, Box 3093, Gerald A. Drew, «President François Duvalier Resumes Active Duty», 7 de julho de 1959.

([25]) NARA, RG 59, Box 3091, Philip P. Williams, «Executive-Legislative Relations», 23 de setembro de 1959; Rotberg, *Haiti*, pp. 220–221.

(26) NARA, RG 59, Box 7, Caspar D. Green, «Memorandum», United States Operations Mission, 13 de maio de 1960.

(27) MAE, 96QO/26, «Evolution vers l'extrémisme de gauche», 9 de agosto de 1960; também Charles le Genissel, «Arrestation de M. Clément Barbot», 6 de agosto de 1960; NARA, RG 59, Box 1633, Letter to Secretary of State from Haitian Ambassador, 15 de julho de 1960; «Civilian Militia Palace Parade», *Haiti Sun*, 7 de dezembro de 1960, pp. 1 e 20.

(28) MAE, 96QO/26, «Bulletin Mensuel d'Information», 13 de abril de 1961; NARA, RG 59, Box 1633, Letter to Secretary of State from Haitian Ambassador, Charles Wm Thomas, «Haiti Re-Elects President», 9 de maio de 1961.

(29) NARA, RG 59, Box 1633, David R. Thomson, «Political Events in Haiti», 21 de maio de 1961.

(30) MAE, 96QO/26, Charles le Genissel, «Prestation de serment du docteur Duvalier», 25 de maio de 1961; NARA, RG 59, Box 1634, Ambassy Port-au-Prince, «Joint Weeka No. 21», 26 de maio de 1961.

(31) NARA, RG 59, Box 3922, «Joint Weeka No. 29», 20 de julho de 1963; Berman, «Duvalier and the Press», p. 57.

(32) Dee, «Duvalier's Haiti», pp. 154–157; Diederich, *Papa Doc*, pp. 216–17; Berman, «Duvalier and the Press», p. 62.

(33) MAE, 96QO/27, Charles le Genissel, «Mesures exceptionelles», 29 de agosto de 1963; NARA, RG 59, Box 3922, «Joint Weeka No. 38», 22 de setembro de 1963.

(34) Rotberg, *Haiti*, p. 233; NARA, RG 59, Box 3923, Norman E. Warner, «Duvalier Speech on September 30, 1963», 8 de outubro de 1963; *Hispanic American Report*, vol. 16, n.º 8 (set. 1963), p. 869; NARA, RG 59, Box 1634, «Joint Weekas No. 24 and 29», 16 de junho e 21 de julho de 1961.

(35) MAE, 96QO/54, «Présidence à vie», 13 de abril de 1964; Dee, «Duvalier's Haiti», pp. 177–178.

(36) NARA, RG 59, Box 2262, «Joint Weeka No. 26», 26 de junho de 1964; NARA, RG 59, Box 2263, «Build-Up Begins for May 22 Celebrations», 20 de maio de 1964.

(37) Jean Fourcand, *Catéchisme de la révolution*, Porto Príncipe: Imprimerie de l'État, 1964, p. 17.

(38) NARA, RG 59, Box 2262, «Joint Weeka No. 38», 18 de setembro de 1964.

(39) Rotberg, *Haiti*, pp. 239–242.

(40) Richard West, «Haiti: Hell on Earth», *New Statesman*, 29 de abril de 1966, tradução para o francês em MAE, 96QO/54, «Articles et documents», 12–19 de agosto de 1966; «Crushing a Country», revista *Time*, 27 de agosto

de 1965; relatos de mortes causadas pela fome em NARA, RG 59, Box 2263, «Joint Weeka No. 46», 12 de novembro de 1965.

([41]) Rotberg, *Haiti*, p. 243; Millery Polyné, *From Douglass to Duvalier: U. S. African Americans, Haiti, and Pan Americanism, 1870–1964*, Gainesville, FL: University of Florida Press, 2010, p. 190.

([42]) Rotberg, *Haiti*, p. 344; Michel Soukar, *Un général parle: Entretien avec un Chef d'état-major sous François Duvalier*, Porto Príncipe: Le Natal, 1987, p. 56.

([43]) NARA, RG 59, Box 2263, «Joint Weeka No. 25», 20 de junho de 1965.

([44]) NARA, RG 59, Box 2263, «Joint Weeka No. 46», 12 de novembro de 1965.

([45]) Rotberg, *Haiti*, p. 247; NARA, RG 59, Box 2263, «Joint Weeka No. 16», 24 de abril de 1966.

([46]) NARA, RG 59, Box 2263, «Joint Weeka No. 16», 24 de abril de 1966; Confidential telegram to Department of State, 26 de abril de 1966.

([47]) NARA, RG 59, Box 2263, «Joint Weeka No. 24», 19 de junho de 1966.

([48]) NARA, RG 59, Box 2263, «Alleged Statement by Haile Sellasie», 8 de maio de 1966.

([49]) NARA, RG 59, Box 2263, Confidential telegram to Department of State, 9 de junho de 1966; «Duvalier October 26 Speech», 18 de dezembro de 1966.

([50]) NARA, RG 59, Box 2263, «Joint Weeka No. 30», 31 de julho de 1966; «Joint Weeka No. 36», 9 de setembro de 1966.

([51]) NARA, RG 59, Box 2263, «Joint Weeka No. 30», 31 de julho de 1966; «Confidential Report», 2 de setembro de 1966; NARA, RG 59, Box 2172, «Joint Weeka No. 43», 29 de outubro de 1967.

([52]) NARA, RG 59, Box 2263, «Joint Weeka No. 30», 31 de julho de 1966; «Confidential Report», 2 de setembro de 1966.

([53]) NARA, RG 59, Box 2172, «Joint Weeka No. 15», 16 de abril de 1967; «The Birthday Blowout», revista *Time*, 28 de abril de 1967.

([54]) Abbott, *Haiti*, p. 144; «Coming to a Boil», revista *Time*, 25 de agosto de 1967.

([55]) NARA, RG 59, Box 2172, «Joint Weeka No. 25», 25 de junho de 1967; ver também Abbott, *Haiti*, p. 145.

([56]) NARA, RG 59, Box 2172, «Joint Weeka No. 11», 19 de março de 1967; NARA, RG 59, Box 2172, «Joint Weeka No. 37», 24 de setembro de 1967; NARA, RG 59 Box 5, «Haiti», 26 de setembro de 1967.

([57]) NARA, RG 59, Box 2173, «Duvalier Speaks Extemporaneously Again», 5 de novembro de 1967; «Joint Weeka No. 37», 24 de setembro de 1967.

([58]) Sobre a rádio ver NARA, RG 59, Box 2172, «Joint Weeka No. 2», 14 de janeiro de 1968.

([59]) Rotberg, *Haiti*, pp. 350–366.

([60]) NARA, RG 59, Box 2172, «Trip Report: Northwest Department of Haiti», 29 de dezembro de 1968.

([61]) Rotberg, *Haiti*, p. 235.

([62]) MAE, 96QO/56, Philippe Koening, «La rébellion du 24 avril», 10 de junho de 1970; «Action anti-communiste», 30 de abril de 1969; Abbott, *Haiti*, p. 152; Marquis, *Papa Doc*, p. 264.

([63]) MAE, 96QO/73, Philippe Koenig, «Haiti après la mort du Président François Duvalier», 28 de abril de 1971; NARA, RG 59, Box 2346, «Political/Economic Summary No. 3», 21 de fevereiro de 1971; «Political/ /Economic Summary No. 8», 8 de maio de 1971.

CAPÍTULO 7
CEAUŞESCU

([1]) «Obituary: Anca Petrescu», *Daily Telegraph*, 1 de novembro de 2013; Robert Bevan, *The Destruction of Memory: Architecture at War*, Londres: Reaktion Books, 2006, pp. 127–131.

([2]) John Sweeney, *The Life and Evil Times of Nicolae Ceauşescu*, Londres: Hutchinson, 1991, pp. 44–51.

([3]) Dennis Deletant, *Communist Terror in Romania: Gheorghiu-Dej and the Police State, 1948–1965*, Nova Iorque: St. Martin's Press, 1999.

([4]) Alice Mocanescu, «Surviving 1956: Gheorghe Gheorghiu-Dej and the "Cult of Personality" in Romania» *in* Apor Balázs, Jan C. Behrends, Polly Jones e E. A. Rees (org.), *The Leader Cult in Communist Dictatorships: Stalin and the Eastern Bloc*, Houndmills, Basingstoke: Palgrave Macmillan, 2004, p. 256; «Rumania: Want amid Plenty», revista *Time*, 8 de junho de 1962.

([5]) Mary Ellen Fisher, *Ceauşescu: A Study in Political Leadership*, Boulder, CO: Lynne Rienner Publishers, 1989, pp. 49–52; Vladimir Tismaneanu, *Stalinism for All Seasons: A Political History of Romanian Communism*, Berkeley, CA: University of California Press, 2003, p. 176.

([6]) Fisher, *Ceauşescu*, p. 69.

([7]) MAE, 201QO/167, Jean-Louis Pons, «50eme anniversaire de Mr. Ceausescu», 30 de janeiro de 1968.

([8]) Fisher, *Ceauşescu*, pp. 133–139.

([9]) *Ibid.*, pp. 143–145.

([10]) Sweeney, *The Life and Evil Times of Nicolae Ceausescu*, p. 95.

([11]) Na verdade, restava ainda um outro dirigente do Politburo de Gheorghiu--Dej, nomeadamente Emil Bodnaras, mas ele estava doente e não participou no congresso; Fisher, *Ceauşescu*, pp. 154–157.

([12]) Fisher, *Ceauşescu*, pp. 92–93; OSA, 300-8-3-5811, «Nicolae Ceausescu and the Politics of Leadership», 29 de março de 1973, pp. 16–18.

([13]) ANR, 2574-72-1971, Ata da reunião da Comissão Executiva (Politburo), 25 de junho de 1971, p. 11.

([14]) *Ibid.*

([15]) *Ibid.*, pp. 45–46; OSA, 300-8-47-188-23, Rumanian Situation Report, 13 de julho de 1971, pp. 9–11.

([16]) Fisher, *Ceauşescu*, p. 126.

([17]) OSA, 300-8-47-188-23, Rumanian Situation Report, 13 de julho de 1971, pp. 9–11; a referência a um «Novo Homem» é do secretário do partido Popescu; ver OSA, 300-8-47-188-24, Rumanian Situation Report, 20 de julho de 1971, p. 13.

([18]) A discussão entre Ceauşescu e Iliescu é referida em Sweeney, *The Life and Evil Times of Nicolae Ceausescu*, p. 102.

([19]) Michel-Pierre Hamelet, *Nicolae Ceausescu: Présentation, choix de textes, aperçu historique, documents photographiques*, Paris: Seghers, 1971.

([20]) ANR, 2898-19-1976, Lista de livros sobre Nicolae Ceauşescu publicados no estrangeiro, 4 de março de 1976, pp. 1–6; OSA, 300-8-47-201-3, «Situation Report», 9 de fevereiro de 1978, p. 9.

([21]) ANR, 2898-10-1973, Note of the Foreign Relations Section, 28 de maio de 1973, pp. 12–13.

([22]) O montante exato era 7,5 milhões de liras; ver ANR, 2898-21-1971, Note of the Foreign Relations Section of the Central Committee, 4 de setembro de 1971, p. 102; ver também Günther Heyden, Report on a visit to the Romanian Institute for Historical and Social-Political Studies, 27 de setembro de 1971, DY 30/IVA 2/20/357, pp. 377–378.

([23]) OSA, 300-8-3-5811, «Nicolae Ceausescu and the Politics of Leadership», 29 de março de 1973, pp. 3–15.

([24]) ANR, 2574-31-1974, Transcrição da reunião da Comissão Executiva (Politburo) do Comité Central, 27 de março 1974, p. 50–59.

([25]) Sweeney, *The Life and Evil Times of Nicolae Ceausescu*, p. 105.

([26]) Fisher, *Ceauşescu*, pp. 184–185 e 212–213; Anneli Ute Gabanyi, *The Ceauşescu Cult: Propaganda and Power Policy in Communist Romania*, Bucareste: The Romanian Cultural Foundation Publishing House, 2000, pp. 17–18; Thomas J. Keil, *Romania's Tortured Road toward Modernity*, Nova Iorque: Columbia University Press, 2006, p. 301.

([27]) ANR, 2898-19-1976, Lista de livros sobre Nicolae Ceauşescu publicados no estrangeiro, 4 de março de 1976, pp. 1–6.

([28]) OSA, 300-8-3-5850, «Ceausescu's Ideological Role is Strengthened», 29 de julho de 1976, pp. 1–9.

([29]) *Ibid.*, p. 7.

([30]) OSA, 300-8-47-201-3, «Situation Report», 9 de fevereiro de 1978, p. 2.

([31]) OSA, 300-8-47-201-3, «Situation Report», 9 de fevereiro de 1978, p. 3; PRO, FCO 28/3444, R. A. Burns, «President Ceauşescu's 60th Birthday», 8 de fevereiro de 1978, pp. 4–5.

([32]) OSA, 300-8-47-201-3, «Situation Report», 9 de fevereiro de 1978, pp. 6–10.

([33]) PRO, FCO 28/3407, R. L. Secondé, «President Ceausescu of Romania: A Summary», 24 de abril de 1978, pp. 4–5; Sweeney, *The Life and Evil Times of Nicolae Ceausescu*, pp. 111–120.

([34]) Pacepa viria a escrever um relato condenatório do regime de Ceauşescu, intitulado *Red Horizons: The True Story of Nicolae and Elena Ceausescus' Crimes, Lifestyle, and Corruption*, Washington, DC: Regnery Publishing, 1990.

([35]) ANR, 2898-28-1977, Inventário de medalhas e condecorações estrangeiras concedidas a Elena e Nicolae Ceauşescu, 21 de novembro de 1977, pp. 1–16.

([36]) Os Alemães de Leste descreveram o caso Pirvulescu em BArch, DY 30/ /IV 2/2.035/52, 23 de novembro de 1979, pp. 2–7; ver também Fisher, *Ceauşescu*, p. 240.

([37]) Jonathan Eyal, «Why Romania Could Not Avoid Bloodshed» *in* Gwyn Prins (org.), *Spring in Winter: The 1989 Revolutions*, Manchester: Manchester University Press, 1990, pp. 149–150.

([38]) OSA, 300-8-47-204-10, «Situation Report», 22 de julho de 1980, pp. 2–5; MAE, 1929INVA/4629, Pierre Cerles, Ambassador's Report, 22 de dezembro de 1980.

([39]) MAE, 1929INVA/4630, «Situation en Roumanie», 20 de dezembro de 1980.

([40]) Sweeney, *The Life and Evil Times of Nicolae Ceausescu*, pp. 130–133.

([41]) OSA, 300-8-3-5914, Anneli Maier, «Anniversary of the 1965 RCP Congress», 11 de agosto de 1982, pp. 1–4.

([42]) BArch, DY 30/11599, junho de 1982, pp. 87–89.

([43]) MAE, 1930INVA/5471, Michel Rougagnou, «Célébration du vingtième anniversaire», 23 de julho de 1985.

([44]) ANR, 2898-80-1984, Regras para exibir o retrato oficial de Nicolae Ceauşescu, 7 de março de 1984, pp. 1–4; ANR, 2989-21-1984, Note on the new ABECEDAR, 1984, p. 8.

([45]) ANR, 2898-32-1985, Relatório sobre programas especiais dedicados ao sexagésimo quinto aniversário da fundação do partido comunista, 1985, pp. 1–4.

([46]) David Binder, «The Cult of Ceausescu», *New York Times*, 30 de novembro de 1986.

([47]) ANR, 2898-36-1984, Transcrição do encontro entre Nicolae Ceauşescu e representantes da União dos Artistas Visuais, 18 de setembro de 1984, pp. 2–6.

([48]) Lucian Boia, *Romania: Borderland of Europe*, Londres: Reaktion Books, 2001, pp. 288–290.

([49]) Gabriel Ronay, «Romania Plans Village Blitz», *Sunday Times*, 23 de maio de 1988; OSA, 300-8-47-212-11, «The Rural Resettlement Plan», 16 de setembro de 1988, p. 13.

([50]) Binder, «The Cult of Ceausescu».

([51]) MAE, 1930INVA/5471, Michel Rougagnou, «Célébration du vingtième anniversaire», 23 de julho de 1985; Sweeney, *The Life and Evil Times of Nicolae Ceausescu*, pp. 157–158.

([52]) Sweeney, *The Life and Evil Times of Nicolae Ceausescu*, p. 158.

([53]) Os números são de MAE, 1930INVA/5471, Michel Rougagnou, «La vie du parti dans l'entreprise», 6 de outubro de 1983.

([54]) MAE, 1930INVA/4630, Pierre Cerles, «Le communisme à la roumaine», 24 de maio de 1978.

([55]) OSA, 300-8-47-211-1, «Ceausescu Rejects Soviet-Style Reform», 6 de fevereiro de 1980, pp. 3–6.

([56]) Sweeney, *The Life and Evil Times of Nicolae Ceausescu*, pp. 172–174.

([57]) MAE, 1935INVA/6478, Jean-Marie Le Breton, «Campagne d'élections», 16 de novembro de 1989.

([58]) Peter Siani-Davies, *The Romanian Revolution of December 1989*, Ithaca, NY: Cornell University Press, 2007, pp. 81–82; Emma Graham-Harrison, «"I'm Still Nervous", Says Soldier who Shot Nicolae Ceausescu», *Guardian*, 7 de dezembro de 2014.

CAPÍTULO 8
MENGISTU

([1]) Estelle Sohier, «Politiques de l'image et pouvoir royal en Éthiopie de Menilek II à Haylä Sellasé (1880–1936)», tese de doutoramento, Universidade de Paris 1, 2007, pp. 159–169.

(2) PRO, FCO 31/1829, Willie Morris, «Annual Review for 1974», 6 de fevereiro de 1975.

(3) Bahru Zewde, *A History of Modern Ethiopia*, Londres: James Currey, 2001, p. 234.

(4) PRO, FCO 31/1829, Willie Morris, «Annual Review for 1974», 6 de fevereiro de 1975.

(5) *Ibid.*

(6) Richard J. Reid, *Frontiers of Violence in North-East Africa: Genealogies of Conflict since c. 1800*, Oxford: Oxford University Press, 2011, p. 174; Christopher Clapham, *Transformation and Continuity in Revolutionary Ethiopia*, Cambridge: Cambridge University Press, 1988, p. 41.

(7) Shambel Tesfaye Reste Mekonnen, *Misikirnet be Derg Abalat* (Testemunhos de membros do Derg), Adis Abeba, 2007, p. 164; PRO, FCO 31/2093, D. M. Day, «Mengistu», 15 de junho de 1977.

(8) *Ethiopian Herald*, 21 de dezembro de 1974 e 30 de janeiro de 1975; Paul B. Henze, *Layers of Time: A History of Ethiopia*, Londres: Hurst, 2000, p. 290; Andargatchew Tiruneh, *The Ethiopian Revolution 1974–87*, Cambridge: Cambridge University Press, 1993, pp. 102–103.

(9) Begashaw Gobaw Tashu, *Yecoloel Mengistu Haile Maryam ena Yederggemenawoch* (Segredos de Mengistu Hailé Mariam e do Derg), Adis Abeba: Far East Trading, 2008, p. 220.

(10) Babile Tola, *To Kill a Generation: The Red Terror in Ethiopia*, Washington, DC: Free Ethiopia Press, 1989, pp. 38–39; PRO, FCO 31-2098, «Annual Review for 1976», 3 de janeiro de 1977.

(11) *Ethiopian Herald*, 29 de setembro de 1976; PRO, FCO 31/2098, «Annual Review for 1976», 3 de janeiro de 1977; Henze, *Layers of Time*, p. 291.

(12) Eshetu Wendemu Hailesselasie, *Heiwot Be Mengistu Betemengist* (Vida no palácio durante o tempo de Mengistu), Adis Abeba: Zed Printing House, 2010, pp. 81–90.

(13) *Ethiopian Herald*, 5 de fevereiro de 1977.

(14) Feseha Desta, *Abyotuna Tezetaye* (As minhas reminiscências da revolução), Adis Abeba: Tsehay Asatami Derejet, 2008, p. 80; Geset Techane (pseudónimo Zenebe Feleke), *Neber* (Was), Adis Abeba: Hetemet Alfa Asatamewoch, 2007, p. 238; Baalu Girma, *Oromay* (O fim), Adis Abeba: Mankusa Asatami, 1983, pp. 21 e 50.

(15) Fekreselasie Wegderes, *Egnana Abyotu* (Nós e a Revolução), Adis Abeba: Tsehay Akefafay Derejet, 2006, pp. 75–76; Baalu, *Oromay*, pp. 24 e 50–54.

(16) *Ethiopian Herald*, 5 de fevereiro de 1977; Begashaw, *Yecoloel Mengistu Haile Maryam*, p. 291.

(17) Marina e David Ottaway, *Ethiopia: Empire in Revolution*, Nova Iorque: Africana Publishing, 1978, pp. 142–146; Judith Ashakih, *Gift of Incense: A Story of Love and Revolution in Ethiopia*, Trenton, NJ: Red Sea Press, 2005, p. 290; Stéphane Courtois *et al.* (org.), *The Black Book of Communism: Crimes, Terror, Repression*, Cambridge, MA: Harvard University Press, 1999, p. 691.

(18) «Farewell to American Arms», revista *Time*, 9 de maio de 1977.

(19) David A. Korn, *Ethiopia, the United States and the Soviet Union*, Carbondale, IL: Southern Illinois University Press, 1986, pp. 28–29.

(20) NARA, RG 59, 1978STATE106159, 26 de abril de 1978.

(21) PRO, FCO 31-2251, C. M. Carruthers, «Leading Personalities of Ethiopia», 19 de maio de 1978; NARA, RG 59, 1978ADDIS02129, 11 de maio de 1978.

(22) NARA, RG 59, 1979ADDIS01388, 19 de abril de 1979; Donald L. Donham, «Revolution and Modernity in Maale: Ethiopia, 1974 to 1987», *Comparative Studies in Society and History*, 34, n.º 1 (jan. 1992), p. 43.

(23) Paul Henze archives, Hoover Institution, box 71, «A Communist Ethiopia?», 1981.

(24) NARA, RG 59, 1979ADDIS01388, 19 de abril de 1979.

(25) Shambel, *Misikirnet be Derg Abalat*, p. 327.

(26) Habtamu Alebachew, *Ye Kesar Enba* (Lágrimas de César), Adis Abeba: Far East Trading Publishing, 2007, pp. 122, 142–143, 145 e 150.

(27) Dawit Wolde Giorgis, *Red Tears: War, Famine and Revolution in Ethiopia*, Trenton, NJ: Red Sea Press, 1989, p. 58; BArch, DY 30/IV2/2.035/127, Report on Propaganda, 4 de abril de 1978, pp. 253–256; Baalu escreveu o livro de memórias críticas intitulado *Oromay*, usado neste capítulo, e desapareceu em 1984, provavelmente assassinado.

(28) Dawit Shifaw, *The Diary of Terror: Ethiopia 1974 to 1991*, Bloomington, IN: Trafford Publishing, 2012, p. 72; Begashaw, *Yecoloel Mengistu Haile Maryam ena Yederggemenawoch*, p. 378.

(29) Paul Henze archives, Hoover Institution, box 68, «Revolution Day», 12 de setembro de 1977, pp. 16–17; as multas são referidas em PRO, FCO 31-2093, D. M. Day, «Mengistu», 15 de junho de 1977; ver também Giorgis, *Red Tears*, p. 59.

(30) MAE, 326QONT/28, Pierre Nolet, «Chronique mensuelle», 11 de dezembro de 1979; Habtamu, *Ye Kesar Enba*, p. 122.

(31) MAE, 326QONT/28, «Note: Situation intérieure de l'Ethiopie», 27 de fevereiro de 1981.

(32) Clapham, *Transformation and Continuity in Revolutionary Ethiopia*, pp. 70–77.

(33) *Ibid.*, p. 77.

(34) François Jean, *Éthiopie: Du bon usage de la famine*, Paris: Médecins Sans Frontières, 1986, pp. 21–25; Harold G. Marcus, *A History of Ethiopia*, Berkeley, CA: University of California Press, 1994, pp. 204–205.

(35) BArch, DY 30/11498, 6 de maio de 1982, p. 12; BArch, DY 30/27158, 3 de dezembro de 1982, p. 3; PRO, FCO 31-3895, D. C. B. Beaumont, «Meeting of EC Ambassadors», 23 de setembro de 1983.

(36) *Ethiopian Herald*, 6 e 26 de julho de 1984.

(37) Henze, *Layers of Time*, pp. 306–307; Paul Henze archives, Hoover Institution, box 72, «Communist Ethiopia: Is it Succeeding?», jan. de 1985; Giorgis, *Red Tears*, p. 135, refere-se a «centenas» de norte-coreanos; ver também p. 59 para a viagem à Coreia do Norte em 1982.

(38) Paul Henze archives, Hoover Institution, box 71, «A Communist Ethiopia?», 1981; Korn, *Ethiopia, the United States and the Soviet Union*, pp. 122–123.

(39) *Ethiopian Herald*, 4 e 7 de setembro de 1984; a biografia é referida em Giorgis, *Red Tears*, p. 172.

(40) Korn, *Ethiopia, the United States and the Soviet Union*, pp. 122–123.

(41) «Ethiopians Mark 10th Anniversary of Socialist Revolution», *United Press International*, 12 de setembro de 1984; *Ethiopian Herald*, 16 de setembro de 1984.

(42) MfAA, C 1852, Travel Report, abril de 1978, p. 58; Donham, «Revolution and Modernity in Maale», p. 29.

(43) Korn, *Ethiopia, the United States and the Soviet Union*, pp. 123–124.

(44) Henze, *Layers of Time*, p. 307; Paul Henze archives, Hoover Institution, box 72, «Communist Ethiopia: Is it Succeeding?», jan. de 1985; box 73, «Exploiting Famine and Capitalizing on Western Generosity», março de 1986, p. 91; Korn, *Ethiopia, the United States and the Soviet Union*, pp. 124–126.

(45) Laurence Binet (org.), *Famine et transferts forcés de populations en Ethiopie 1984–1986*, Paris: Médecins Sans Frontières, 2013; Alex de Waal, «Is the Era of Great Famines Over?», *New York Times*, 8 de maio de 2016.

(46) Gebru Tareke, *The Ethiopian Revolution: War in the Horn of Africa*, New Haven, CT: Yale University Press, 2009, pp. 218–261.

(47) Charles Mitchell, «"Operation Red Star": Soviet Union, Libya back Ethiopia in Eritrean War», 20 de março de 1982, UPI; Messay Kebede, *Ideology and Elite Conflicts: Autopsy of the Ethiopian Revolution*, Lanham, MD: Lexington Books, 2011, pp. 307–324.

(48) Alex de Waal, *Evil Days: Thirty Years of War and Famine in Ethiopia*, Nova Iorque: Human Rights Watch, 1991, pp. 302–307.

([49]) Henze, *Layers of Time*, pp. 327–329.

([50]) Paul Henze archives, Hoover Institution, box 68, «Travel Diary, 1991 June».

POSFÁCIO

([1]) Elleni Centime Zeleke, «Addis Ababa as Modernist Ruin», *Callaloo*, 33, n.º 1 (primavera de 2010), p. 125.

([2]) «How Kim Jong Un Builds his Personality Cult», *The Economist*, 8 de junho de 2017.

([3]) Joseph Willits, «The Cult of Bashar al-Assad», *Guardian*, 1 de julho de 2011.

([4]) Kadri Gursel, «The Cult of Erdogan», *Al-Monitor*, 6 de agosto de 2014.

([5]) Tom Phillips, «Xi Jinping: Does China Truly Love "Big Daddy Xi" — or Fear Him?», *Guardian*, 19 de setembro de 2015.

([6]) Rowan Callick, «No Turning Back the Tide on Xi Jinping Personality Cult», *Australian*, 25 de novembro de 2017; Viola Zhou, «"Into the Brains" of China's Children: Xi Jinping's "Thought" to Become Compulsory School Topic», *South China Morning Post*, 23 de outubro de 2017; Jamil Anderlini, «Under Xi Jinping, China is Turning Back to Dictatorship», *Financial Times*, 11 de outubro de 2017.

AGRADECIMENTOS

Uma ideia muito vaga deste projeto remonta ao meu primeiro ano como estudante universitário em 1981, quando descobri «La fabrication d'un charisme», um artigo fascinante sobre o culto de Estaline escrito antes do seu tempo pelo meu professor Bronisław Baczko da Universidade de Genebra. O professor Baczko foi pioneiro em história cultural, e eu gostaria de reconhecer, tardiamente, que a sua obra determinou a forma como eu abordo a História em muito maior medida do que me apercebi na altura.

Escrever sobre o culto de personalidade pode ser uma tarefa arriscada. Todos os historiadores de Mussolini têm uma profunda dívida de gratidão para com Camillo Berneri, que publicou um estudo esclarecedor intitulado *Mussolini Grande Attore* em 1934, para depois ser morto por um pelotão de comunistas em Espanha três anos depois, provavelmente por ordem de Estaline. Os grandes ditadores costumam atrair grandes escritores, e um dos prazeres em estudar esses tiranos é poder estar na companhia de tantos académicos dotados, quer escrevessem na altura quer retrospetivamente. A minha dívida de gratidão para com eles está expressa, ainda que inadequadamente, nas notas.

Passei muitas semanas em arquivos por toda a Europa, mas não teria conseguido compreender os documentos no Arhivele Naţionale ale României, em Bucareste, sem a ajuda de Ştefan Bosomitu, um investigador com um conhecimento ímpar dos arquivos de Ceauşescu.

Em Adis Abeba, Eyob Girma leu pacientemente dezenas de memórias em amárico, enquanto Jen Seung Yeon Lee me ajudou com o material de propaganda da Coreia do Norte. Uma quantidade aparentemente infinita de documentos sobre guerra, revolução e paz no século xx encontra-se na Hoover Institution, e o pessoal tanto da biblioteca como dos arquivos foi irrepreensível na sua ajuda.

Robert Peckham redespertou o meu interesse na história da imagem e do poder ao emprestar-me um exemplar de *A Construção de Luís XIV*, de Peter Burke. Várias pessoas leram e comentaram versões preliminares, especialmente Peter Baehr, Gail Burrowes, Christopher Hutton, Peter e Gabriele Kennedy, Françoise Koolen, Andrei Lankov, Norman Naimark, Robert Peckham, Priscilla Roberts, Robert Service, Facil Tesfaye e Vladimir Tismaneanu. Outras foram generosas na partilha de histórias e fontes, em especial Paul S. Cha, Mihai Croitor, Brian Farrell, Sander Gilman, Paul Gregory, Paul Hollander, Jean Hung, Mark Kramer, Michelle Kung, James Person, Amir Weiner e Arne Westad.

Estou em dívida para com os meus editores, nomeadamente Michael Fishwick em Londres e Anton Mueller em Nova Iorque, e para com o meu revisor, Richard Collins, mas também para com Marigold Atkey, Chloe Foster, Genista Tate-Alexander, Francesca Sturiale e Lilidh Kendrick na Bloomsbury. Gostaria de transmitir a minha gratidão ao meu agente literário Andrew Wylie em Nova Iorque e a Sarah Chalfant em Londres. Agradeço à minha mulher, Gail Burrowes, como sempre, com amor.

Hong Kong, dezembro de 2018

ÍNDICE REMISSIVO